꿈결 속 나락(奈落)

꿈결 속 나락(奈落)

세계 마약범죄의 동향 및 실태

초판 1쇄 발행 2025년 9월 25일

지은이 김용래
펴낸이 장길수
펴낸곳 지식과감성#
출판등록 제2012-000081호

교정 정은솔
디자인 김희영
편집 김희영
검수 주경민, 정윤솔
마케팅 김윤길

주소 서울시 금천구 벚꽃로298 대륭포스트타워6차 1212호
전화 070-4651-3730~4
팩스 070-4325-7006
이메일 ksbookup@naver.com
홈페이지 www.knsbookup.com

ISBN 979-11-392-2826-7 (93330)
값 16,700원

지식과감성#
홈페이지 바로가기

꿈결 속 나락(奈落)

세계 마약범죄의 동향 및 실태

김용래 지음

신비스러운 양귀비의 드라마틱한 역사.
『꿈결 속 나락(奈落)』이라는 책을 통해,
한 떨기 양귀비 꽃잎과의 애달픈 짝사랑,
그리고 애처롭게 떨어져 가는 운명의 나락 속에서
만고(萬古)의 진리라 할 삶을 깨닫고자 한다.

지식과감정#

차례

머리말　　　　　　　　　　　　　　　　　　　11

제1장 꿈결 속 나락(奈落)에 관한 서론

제1절 마약과 인류 문명　　　　　　　　　　　18
제2절 마약과 인간의 관계　　　　　　　　　　21

제2장 국제마약류 사범의 실태

제1절 서설　　　　　　　　　　　　　　　　　28
제2절 미주 지역　　　　　　　　　　　　　　　31
　Ⅰ. 의의　　　　　　　　　　　　　　　　　31
　Ⅱ. 콜롬비아의 마약류 생산 현황　　　　　　35
　　1. 코카인　　　　　　　　　　　　　　　35
　　2. 헤로인 및 마리화나　　　　　　　　　　37
　Ⅲ. 소결　　　　　　　　　　　　　　　　　44
제3절 주요 마약류 약리작용　　　　　　　　　47
　Ⅰ. 의의　　　　　　　　　　　　　　　　　47
　Ⅱ. 케타민(ketamine)의 약리작용　　　　　　48
　　1. 케타민 의존성　　　　　　　　　　　　48
　　2. 중추신경계 작용　　　　　　　　　　　50
　Ⅲ. LSD의 약리작용　　　　　　　　　　　　51
　　1. 환각성 마약류　　　　　　　　　　　　51
　　2. 강력한 약리작용　　　　　　　　　　　52

Ⅳ. 죽음의 전주곡 마약의 금단현상   53

     1. 아편의 효과 및 중독   53

     2. 모르핀의 중독성   54

     3. 코카인의 중독증상   55

Ⅴ. 마약 중독에 따른 내성   57

Ⅵ. 금단 유발의 원인   58

     1. 약물의 과도한 탐닉   58

     2. 의학적 문제점   60

Ⅶ. 소결   61

제4절 동남아 및 기타 지역의 실태   63

Ⅰ. 의의   63

Ⅱ. 양귀비과 식물   65

Ⅲ. 소결   66

제5절 서남아 지역 실태   68

Ⅰ. 의의   68

Ⅱ. 황금의 초승달 지역 경작 및 밀매 현황   69

Ⅲ. 황금의 초승달 지역 중독자   71

Ⅳ. 소결   73

제3장 마약류 밀매조직의 특성과 실태

제1절 마약류관련 국제밀매조직   76

Ⅰ. 의의   76

Ⅱ. 러시아 마피아 조직   77

Ⅲ. 중국의 삼합회 조직   82

Ⅳ. 동남아시아 마약 관련 조직   88

Ⅴ. 일본의 야쿠자 조직   92

Ⅵ. 남미의 범죄조직 96

Ⅶ. 소결 100

제2절 메스암페타민의 실태 101

Ⅰ. 의의 101

Ⅱ. 전쟁과 마약의 남용 102

Ⅲ. 환태평양 및 세계적 확산시대 108

Ⅳ. 소결 112

제3절 마약류 밀매 및 조직범죄의 특성 114

Ⅰ. 의의 114

Ⅱ. 마약류 밀매 115

Ⅲ. 마약류 범죄조직의 동향 117

1. 콜롬비아 주요 마약조직 117

2. 콜롬비아 내 소왕국 120

Ⅳ. 소결 122

제4절 세계적 마약류 실태 123

Ⅰ. 아프가니스탄 123

Ⅱ. 동남아 지역의 필로폰 129

Ⅲ. 브라질 130

Ⅳ. 멕시코 132

Ⅴ. 마약 밀매 현황 135

1. 세계 코카인 남용자 135

2. 마약(코카)의 수익성($) 136

Ⅵ. 볼리비아 및 기타 국가 140

1. 안데스 지방 140

2. 도미니카 공화국 141

3. 오세아니아 및 기타 142

4. 펜타닐의 대유행 142

Ⅶ. 소결 144

제4장 우리나라 마약범죄의 특징

제1절 우리나라 마약범죄의 실태   146
   Ⅰ. 의의   146
   Ⅱ. 임오군란과 아편   147
   Ⅲ. 피어린 권력 투쟁과 아편의 탐닉(耽溺)   148
     1. 며느리의 치맛자락과 시부(媤父)   148
     2. 비단 치맛자락 속에 숨겨진 아편과 칼날   149
     3. 아편과 조선에 대한 식민지화   151
   Ⅳ. 코카인과 양귀비의 실태   153
   Ⅴ. 청소년층 급격한 확산   154
   Ⅵ. 소결   155

제2절 최근 마약사범의 동향   160
   Ⅰ. 의의   160
   Ⅱ. 우리나라 외국인 마약사범   160
   Ⅲ. 신종 마약 야바   163
   Ⅳ. 소결   164

제3절 마약류 사범에 대한 변화   166
   Ⅰ. 마약사범의 추이   166
   Ⅱ. 마약류 밀수사범 특징   170
   Ⅲ. 마약사범에 대한 사법부의 판단   173
   Ⅳ. 범죄수익몰수제도   174
   Ⅴ. 소결   176

제5장 대마의 성질과 실태

제1절 대마의 유래 및 약리작용   178
     Ⅰ. 대마에 대한 의의   178
     Ⅱ. 대마초 유래와 성격   180
     Ⅲ. 대마의 약리작용 및 합법화   182
         1. 대마 본질적 약리작용   182
         2. 의료용 대마 합법화 논란   191
제2절 대마의 의존성 및 사용형태   194
     Ⅰ. 대마의 내성 및 사용(吸煙)형태   194
         1. 대마의 의존성과 내성   194
         2. 대마의 사용형태   195
     Ⅱ. 소결   197

제6장 대(對)마약 정책

제1절 중남미 지역 마약 정책   204
     Ⅰ. 마약 퇴치를 위한 억압 정책   204
     Ⅱ. 협상 및 합법화 정책   205
     Ⅲ. 소결   206
제2절 기타 지역의 마약 정책   207
     Ⅰ. 동남아 지역 마약 정책   207
     Ⅱ. 서남아 지역 마약 정책   208
     Ⅲ. 기타 지역 마약 정책   212
     Ⅳ. 소결   213
제3절 마약류 사범에 관한 입법 및 정책   214
     Ⅰ. 미국 및 남미의 대마약 정책   214
         1. 의의   214

　　2. 마약류단속법　　　215

　　3. 해외 공급차단 정책　　　216

　Ⅱ. 남미 3국의 환경적 토양 및 마약 정책　　　219

　　1. 환경적 토양과 코카인　　　219

　　2. 태평양 연안의 에콰도르 및
　　　카리브해 온두라스의 마약 정책　　　221

　Ⅲ. 소결　　　223

제4절 기타 주요 국가의 대(對)마약 정책　　　225

　Ⅰ. 동남아 국가 및 기타　　　225

　Ⅱ. 서유럽 및 기타　　　227

　Ⅲ. 소결　　　241

제7장 결론: 꿈결 속 나락(奈落)　　　245

參考文獻　　　265

머리말

   오랜 세월 인류 역사와 운명을 함께해 온 마약은 환상의 교향곡으로서 오페라 멜로디(opera melody)에 따라 부르는 오케스트라의 "황홀한 심포니(rapturous symphony)"인 것이다.

   18세기 말부터 19세기 초두에 일어난 문예 부흥(르네상스) 사상적으로는 낭만주의, 후기 로맨티시즘의 선구자(a pioneer of romanticism)였던 베를리오즈(Berlioz, 1803~1869)라는 프랑스 작곡가는 자신의 심오한 철학적 세계를 투사하는 애절한 표제음악(program music)을 마약에 깊숙하게 취한 채 노래하였다.

> 애달픈 시인의 이루지 못할
> 슬픈 짝사랑
> 지옥에서 겪는 듯
> 참담한 슬픔과도 같은
> 비현실적 미련한
> 아픈 사랑이어라.
> 애틋했던 순간은 짧고
> 여린 가슴에는
> 오랜 시간 애절함만이 남아 있나니.
> 젖은 눈동자 아린 듯
> 몽환적(reamlike)이고

병적인 꿈결 속 환상만이

내 인생의 긴 여정(餘情)으로…….

달빛 아래 고요한 호숫가

한가로이 떠 있는 조각배 하나

흐르는 물결 사이 구슬프고

애달픈 노랫가락이어라.

이러한 그의 음악적 사고(思考)라는 것은 전 악장을 금단의 아름다운 꽃 양귀비 열매에서 추출한 "아편"의 작용에 의한 초자연적 기괴한 현상을 위와 같이 표현하였던 것이다.

당시 유럽에서는 마약의 근원 아편의 신묘(神妙)한 약리적 작용이 독창적이고도 창의적인 창작예술의 새로운 달관(達觀)의 경지, 마지막 뜨거운 정열까지도 불태워 버리게 한다고 굳게 믿고 있던 예술가적 사고(思考)에 기인하여 왔다.

그는 마약과 혼연일체(渾然一體)가 되어 무아의 경지에서 새로운 예술적 창작의 날개를 펴고 푸르른 창공을 날아가는 파란색 도화지에 묘사된 동화 같은 새콤달콤한 로맨스 허니문 밀월(Honeymoon Millwall) 관계만을 의식한 채 아편과의 애달픈 짝사랑을 시적인 작곡으로 탄생시킴으로써, 초현실적이고도 신비스러운 쾌락과 흥분, 다른 한편으로는 죽음에 이르는 중독현상이라는 겉과 속이 판이하게 다른 이중인격자 야누스(Janus)와도 같은 남용이라는 마약의 굴레 속으로 빠져드는 문제점, 그에 대한 폐해의 심각성, 금단증상이라는 치명적 단계에 따른 약물의 내성에서 오는 가중치(加重値)를 가볍게 간과한 것이다.

오랜 세월 인류 역사와 함께해 온 마약의 대명사 양귀비뿐만 아니라 모든 마약류의 원료에서 추출한 약물의 남용은 맑은 영혼을 마비시켜 항시 무엇인가에 쫓기는 듯 과대망상증 환자로 돌변하게 만드는 악의 축(axis of evil; 아편, 코카인, 헤로인, 메스암페타민 그리고 수많은 종류의 신종마약)으로써 인격을 황폐화시켜 개인을 파멸로 이끌고 갈 뿐이다.

오랜 세월 아편은 정신적 흥분제 및 마취약 내지 수면제로 그 효력이 널리 알려져 왔다.

참다운 인간성 회복 인간성 중심 혁신의 빛 르네상스 시대를 지나 제국주의 침략의 시대 19세기 아편전쟁으로 인하여 20세기 초까지 중국에서는 무려 4천만 명 이상이 마약이라는 악마에게 영혼을 팔아먹고 말았던 치욕의 한 시대가 도래(到來)하기도 하였다.

유구한 역사와 전통에 빛나는 숭고한 우리 한반도의 신성한 발자취를 따라, 우리 민족국가 고구려·발해의 지배하에 예속(隷屬)된 채 숨죽이며 살아가던 여진족은 중국 한족으로부터 하찮은 이민족이라고 멸시(蔑視)받고 있던 변방의 오랑캐 만주동부 및 연해주, 한반도 북부일대에 거주하던 오합지졸(烏合之卒)과도 같은 말갈족에 불과했다.

그러나 17세기 새로운 중국의 역사를 장엄하게 개척한 말갈족(금나라)의 후손 만주족(滿洲族)이 세운 화려했던 청국, 하지만 아편전쟁(阿片戰爭)과 제국주의 침략시대, 마리화나(대마초)보다도 독성이 강한 양귀비꽃과 같이 고혹적(蠱惑的)으로 닮은 여인 서태후, 그녀의 화려한 비단 치맛자락에 감추어진 아편보다도 더욱 무서운 절대권력에 대한 지나친 집착, "절대 권력은 절대적으로 부패·타락한다는 만고(萬古)의 진리(眞理)"가 전설처럼 전해지듯 풍전등화(風前燈火)와 같은 운명의 19세기 말 청나라, 태평천국(우두머리 홍수전)의 난은 명나라와 청국의 전쟁 이래로 중국 역사상 가장 크나큰 전쟁이었고, 인류 전체 역사를 통틀어도 가장 피비린내 나는(smell of blood) 군사적 내전(內戰) 중 하나로 손꼽힌다.

불의에 항거한 14년간 길고 긴 태평천국의 항쟁(抗爭)이 중국대륙을 휩쓸고 있을 당시 전근대적 봉건제 사회였음에도 불구하고 남녀평등사회와 인권향상을 위한 초석(礎石)이 되고자, 매매혼·매춘·아편흡입 및 아편기구 등의 밀거래, 도박행위뿐만 아니라 여러 명의 처첩들을 거느리는 축첩(蓄妾; concubinage) 행위에 대한 절대적 금지 사항으로 칙령(勅令)을 공포(公布)하는 등 모든 사회적 폐습과 불의를 타파하고 도덕적으로 새롭게 부활(復活)하고자 하는 살신성인(殺身成仁)의 지도력을 발휘하였으나, "인간사 삶에 있어 행복과 불행", 즉 미래에 대한 길흉화복은 예측하거나 단정하기가 어렵다고 하여 새옹지마(塞翁之馬)라 하지 않던가?

한 시대의 혁명가 절치부심(切齒腐心), 제궤의혈(堤潰蟻穴), 작은 일에도 신중했던 그의 이상주의적 통치이념은 아주 멀고도 먼 여정(旅程)으로만 남기었다.

특히, 봉건제 사회에 있어 축첩, 처첩제도라는 것은 전염병처럼 돌고 있는 양귀비 아편의 문제점과 함께 심각한 사회적 이슈(issue)로 대두(擡頭)되어 왔던 것이다.

오늘날까지도 코란 경전(the Koran of scriptures)에 의해 공식적으로 확고하게 자리 잡은 4~5명의 처첩, 여러 명의 여인들을 거느리고 살아가는 일부다처제(一夫多妻制) 사회인 이슬람권 제도와는 완전하게 다른 우리 민법 제810조(중혼의 금지; 1부 1처제) 규정에 따라 편법적 전환, 사실혼 관계를 유지하는 방식으로, 즉 삼방사첩(三房四妾) 여러 명의 처첩(妻妾)들과 불륜관계를 맺고 있는 자가 있다.

이에 따라 실례로 지인의 아비가 조강지처(糟糠之妻) 외에도 최소 다섯 명 이상의 나이 어린 여인들과 축첩 행위를 자행, 사악한 늑대가 선한 양의 가면을 뒤집어쓴 채 미소를 머금고 있는 어느 종교인 하나가 고요한 호숫가의 물을 아주 흐리게 하였고 배신에 계절에 이르러서는 위선의 시간만이 남아 있다. 그리하여 장남을 포함하

여 배다른 이복형제(異腹兄弟)가 무려 28명, 오늘날에도 주위 사람들을 깜짝 놀라게
한다.

아무튼, 이 책은 작가의 **박사학위 논문** "국제 마약류사범의 실태와 대책에 관한 연
구"를 한 권의 책으로 탄생시키기 위해 상당 부분을 창작, 각색(脚色; dramatization)
하여 출간하게 되었다는 점을, 30년이 지난 오늘날까지도 아낌없는 성원(聲援)과 함께
뜨거운 가슴으로 **박사학위 논문**을 필독하여 주신 저의 학부 및 법학석사과정의 영원
한 스승님이신 연세대학교 '김한성 교수님'께 진심으로 감사의 글을 올립니다.

끝으로, 세상에 태어나 가장 행복한 시간들을 반추(反芻)해 본다면, 지난 세월 강단
에서 많은 수강생들로부터 무한(無限)한 박수갈채(拍手喝采)를 받았을 때가 생애 가장
기쁨이 충만(充滿)된 시간들이었다는 것을 이제야 깨닫게 되었다. 감사합니다.

2025년 9월 글쓴이 김용래

제1장

꿈결 속 나락(奈落)에 관한 서론

제1절 마약과 인류 문명

2025. 5. 19. 작가의 성산과수원 언저리에서 촬영한 고혹적으로 생동감이 넘치는 양귀비 꽃잎

　인간을 흥분과 쾌감의 포로로 만들고 파멸로 유혹하는 매혹적인 물질 마약의 역사는 오랜 세월로부터 오늘날까지 인류 문명과 함께해 왔다.

　우리 인류가 섬유의 원료로서 삼베옷을 만드는 대마초를 제외한 천연마약으로는 아편계인 생아편·모르핀·코데인·데바인과 코카계인 코카인, 크랙 등이 있다. 이 중 코카(Coca)는 선사 시대(先史時代; prehistory), 즉 인류가 문자를 발명해 역사를 기록하기 이전의 시대로부터 남아메리카 오지(奧地) 산간지대에서 자랐던 코카라는 나무의 잎에서 추출한다.

　1만 년 전부터 인류가 추구한 원시적 종교의 한 형태인 샤머니즘(shamanism),

즉 하늘에 기원자 사제(司祭)이며 주술사인 "샤먼"이 불가사의한 영적인 신(神)의 세계에서 경이로운 신과의 만남을 위해 마약에 취한 채, 악령을 내쫓거나 불운을 달래기 위한 기도문을 설파(說破)했다. 영원한 불멸의 신으로서 태양의 신이나 지옥의 왕(염라대왕)에게 제사를 지내는 등 초자연적 존재와 직접적인 교류, 예언자이며 사제(司祭)에 의하여 길흉화복과 질병의 치료 등을 위한 종교적 의식과 마약은 필수 불가분의 관계로서 초자연적 신비주의 세계와의 형이상학적 체험과 함께 매개체 역할을 하여 왔다.

아마존의 슬픈 눈물 코카인, 신비의 물약 아마존의 원주민 문화는 독특하고 다채로운 제사의식(祭祀儀式)과 전통을 갖추고 있는데, 그중에서도 푸르른 코카잎을 입에 잔뜩 물고 씹으면서 마약에 취한 채 하늘에 기원하는 종교적 의식(宗教的 儀式)인 아야와스카(ayahuasca)는 특히 오늘날까지도 주목받고 있다.

그리스 신화에 등장하는 12신(神) 가운데 풍요의 여신(女神) 데메테르는 곡식과 양귀비를 양손에 들고 당당하게 서 있고, 고대 그리스 사제(司祭)들은 신탁(神託)을 받기 위해 아편을 사용하여 왔다.

기원전 3000년경 우리 인류는 메소포타미아 문명과 함께 매혹적인 양귀비를 경작·재배하여 왔으며, 수메르 문명권에서도 양귀비를 즐겨 사용한 것으로 추정하고 있다.

특히 고대(古代; ancient period)로부터 질병 치료에 사용된 약용식물로서 상세하게 기록된 기원전 1500년경 이집트 에버스 파피루스(Ebers Papyrus) 고문서(古文書)에 의하면 진통제로 양귀비 즙을 이용했다는 기록뿐만 아니라 모든 것을 태워버릴 듯 지글지글 끓어오르고 있는 불모지(不毛地) 사막 한가운데 회오리바람으로 인한 모래 폭풍 속 강한 독성을 지닌 전갈(scorpion)만이 살아 있는 황무지, 수천 년간 은밀하게 숨겨진 고대 왕가의 지하 무덤에서 발굴된 벽화, 이집트 여인들이 양귀비와 아편을 양손에 들고 서 있는 형상은 오늘날까지도 완벽하게 보존되어 있다.

특히 마약의 대명사 양귀비보다도 더 오래된 대마초에 대한 전설 속의 실체, 인류 역사와 함께 재배, 경작하기 시작한 농작물로서는 1856년 독일의 석회암 동굴에서 인간의 머리뼈가 발견된 화석 인류, 제4빙하기에 살았던 것으로 추정되는 네안데르탈인의 분묘에서 다량의 대마씨앗이 발굴된 이래 타이완(대만)에서는 기원전 8000년경으로 추정되는 무덤에서 대마섬유를 담고 있는 다수의 질그릇이 발굴된 바 있다.

또한 기원전 4000년경 중국에서는 대마초를 재배하였고 기원전 2700년경에 이르러서는 한의학의 창시자로서 『신농본초경』을 저술한 "염제 신농씨(炎帝 神農氏)"의 한족에게 배운 농사짓는 방법과 대마 잎사귀를 직접 맛보고 해독한 기록이 오늘날까지 전해지고 있다.

1세기부터 12세기까지는 아편이 인류에게 반드시 필요한 의약품으로서 터키, 오늘날 튀르키예와 인접한 에게해(Aegean Sea) 연안의 소아시아(Asia Minor)인만의 전유물(專有物)이었으나, 이후 아라비아인에 의하여 페르시아 및 인도 등지로 널리 전파, 13세기경부터 중국에서는 고혹적인 양귀비 아편은 신기한 묘약(妙藥)으로서, 인간 생명을 구할 수 있는 소중한 의약품으로서 귀한 대접을 받아 왔다.

14세기부터 16세기 인간성 해방(liberation of humanity)을 위한 문화 혁신 운동, 그 옛날 그리스와 로마의 문학적 예술사상을 본받아 인간 중심의 정신을 되살리려는 일종의 시대적 정신운동을 일컫는 이념, 아편과 함께 중세 암흑시대를 극복하고 새로운 변화를 위한 빛을 견인한 시대 이탈리아어로 "리나시타(rinascita; 부활)", 알프스를 넘어 서유럽국가에서도 자연스럽게 일어났다던 르네상스(Renaissance) 시대에도 마약의 대명사 양귀비 아편(阿片)과의 인류 역사는 현상 그대로 유지되어 왔다.

제2절 마약과 인간의 관계

남미 원주민들이 일상적으로 애용하던 코카인의 원료가 되는 코카나무 표본은 16세기 말에 이르러서 오스트리아 해군 노바라 원정대(the Novara Expeditionary Force)를 통해 유럽에 처음 선을 보였고 이듬해인 1860년에 화학자들에 의해 코카나무 잎에서 유효 알칼로이드를 순수하게 분리함에 따라 성적인 환각제로뿐만 아니라 환자의 수술 시 점막극소마취제로 사용하였다.

최근 안데스 지방에서 발견된 기원전 500년경으로 추정되는 다수의 '미라'에서 명확한 외과적 수술의 흔적이 발견되었는데, 그 당시로서는 신기루 불가사의(不可思議)한 기적과도 같은 의학적 초석(礎石)이었던 것이다.

이것은 그 당시 수술에 필요한 마취제로 코카잎을 사용했을 것으로, 고대 페루인들의 분묘를 발굴하여 확인한 결과, 코카잎을 입에 잔뜩 물고 있는 상(像)이 출토됨으로써, 코카와 고대 인간의 관계를 한층 더 명확하게 입증하고 있다.

불멸의 영광을 찾아 대서양을 건너 평화로운 남미를 침범한 에스파냐(España)의 탐험가이자 정복자들은 코카인의 나라, 잉카제국의 아리따운 공주들과 수많은 궁녀들, 그리고 엄청난 양의 황금 덩어리들을 전리품으로 높이 쌓아 놓고 초저녁 이른 밤부터 아름다운 연인의 집 정원에서 부르는 소야곡을 반주 삼아 만찬을 즐기었다.

그러나 한편으로는 총칼에 의해 처참하게 죽어 간 수많은 잉카제국의 전사자 미망인들의 아픔에 대한 눈물은 외면한 채, 그들은 매일같이 행복감에 젖어 승리의 축배를 들었던 것이다.

고요한 은하수 물결이 나지막하게 흐르는 찬란한 태양의 제국, 풀 한 포기, 물 한 모금까지도 사랑했던 슬픔을 간직하고 있는 원주민들, 태양의 신(神)을 숭배한 잉카 문명, "제행무상(諸行無常)인지라" 우주 만물은 항상 그 자리에 머물지 아니하고 변화 함에 따라 천명(天命)을 누리지 못하고 지구상에서 영원히 사라져 갔으나 코카의 문화는 그들의 유적과 함께 오늘날에도 불멸의 영광처럼 살아 숨 쉬고 있다.

잉카제국은 남아메리카에서 가장 큰 히스패닉(hispano) 이전에 존재하였던 문명 으로서 태평양 연안 지역을 통치한 대륙의 제국이었다.

코카인의 원료가 되는 코카잎과 함께 전성기를 누렸던 잉카제국은 에콰도르 북부 에서 칠레 중부까지 뻗어 있고, 100여 개의 여러 종족들을 하나로 응집(凝集)시켰을 뿐만 아니라 약 1,200만 명의 인구, 강력한 통치력을 발휘하여 지배하였음에도 불 구하고 태양의 제국은 프란시스코 피사로가 이끄는 170여 명도 채 안 되는 소수의 군사들에게 황당하게도 하루아침에 무릎을 꿇고 굴복하고 말았다.

오랜 세월 물안개가 고요하게 자욱한 고산 지역에 코카나무와 함께 우뚝 서 있던 황금 덩어리로 만들어진 18개의 황제 상(像)은 정복자들에 의해서 갈가리 분해되어 뜯겨진 채로 약탈되어 에스파냐 군함에 실려 대서양을 가로질러 사라져 갔다.

그들의 고국 스페인으로 황금을 군함에 가득가득 실어 보냈을 뿐 아니라 모든 잉 카문명을 황폐화시켰다. 그럼에도 불구하고 마약 코카인을 영원토록 간직한 잉카제 국 문명의 일부 잔재는 여전히 남아 있으며 제국의 잃어버린 영광을 오늘날에도 엿 볼 수가 있다.

코카인은 태양의 제국 잉카문명의 탄생과 그 운명을 오늘날까지도 함께하고 있는 식물이다. 수천 년간 남미 원주민들은 빈랑(檳榔; betel nut)처럼 코카나무의 잎을 씹는 습관이 있었으며 술·담배 또는 커피와 같이 기호품처럼 취급되어 왔다.

오늘날에도 남미 원주민들은 코카잎을 기호품인 담배처럼 틈만 나면 씹는 습관을 계속 유지하고 있을 뿐만 아니라 하늘에 소원을 기원(祈願)하는 주술적 목적, 즉 인 간과 초자연적인 신과 만남 외에도 배고픔과 피로감을 없애고 또한 갈증 해소 등 다 양한 용도로 사용되어 왔다.

13세기경부터 중국에서는 신기한 묘약(妙藥)으로서 인간 생명을 구할 소중한 의약품으로 귀한 대접을 받아 왔던 아편은 청나라 시대에 이르러 100세 이상 살 수 있는 무병(無病)장수 약 및 행복을 위한 정력제(精力劑)로 둔갑하여 사회에 만연되어 가는 것을 묵인하는 태도로 일관, 정권 유지를 위한 우민화 정책(愚民化政策)과도 일치된다고 믿었던 것이다.[1]

또한 무기력한 중국 정부가 마약을 가지고 정권을 지속시키려는 어이없는 기발한 착상(着想)은 정력제(精力劑)가 마약이라는 섹스 정책(sex policy)과도 일맥상통한다고도 볼 수 있다.

19세기는 단순한 변화를 위한 혁신과 혁명의 시기가 아니라 양귀비 아편 전쟁의 시대, 강력한 폭풍보다도 더욱 무서운 제국주의 침략이 절정에 치닫고, 아편 중독이라는 죽음의 늪, "슬픔의 소야곡(serenade of sorrow)", 최신 과학기술로 무장한 대영 제국 앞에 파란색 도화지에 그려 놓은 종이호랑이에 불과한 거대한 중국, 갈기갈기 찢겨진 난파선으로 전락한 허울 좋은(specious value) 청 왕조가 사악한 아편과의 싸움에서 피범벅이 된 채 나약한 투쟁만을 일삼다가 비참한 최후의 나락(奈落)으로, 한낱 늦가을(晩秋)에 흩어지는 가랑잎이었던 한 시대였다.

한편, 정신 분석학을 창안하여 새롭게 정립한 오스트리아의 의학자이며 정신분석학자인 프로이트(1856~1939)는 코카인이 정신적으로나 육체적으로나 각성제로서 효과가 있다고 굳게 믿었다.

그는 코카인을 입수한 뒤 화학적 임상실험을 거쳐, 인체의 통증을 감소시켜 주고 피로 회복에 "기적의 신약(新藥)"으로 여기며 감탄과 환호, 박수갈채(拍手喝采)를 보냈다. 그는 동료와 친구, 그리고 환자 및 자신의 여동생들뿐만 아니라 모친(母親)에게도 코카인을 나눠 주었고, 자신도 매일같이 정기적으로 코카인을 복용하였다.

그는 "신통할 정도로 운명을 가른 아주 기이한 기적의 묘약(妙藥)"이 바로 코카인이라 맹신한 것으로 오늘날까지도 전설처럼 전해지고 있다.

당시 유럽에서는 코카인이 "성적 흥분제(sexual stimulant)"로서의 특효약으로

---

1) 車河淳, 『西洋史總論』, 探求堂, 1994. 4. 25. pp.522~529.

널리 인식되면서 헤아릴 수가 없을 만큼 중독자가 속출, 마약이라는 치명적 내성에서 도저히 벗어날 수 없는 극한 상황에 빠져들게 됨으로, 날개를 잃어버린 코카나무 새의 한 떨기 낙엽처럼 운명의 나락으로 굴러떨어져 가는 자들이 부지기수였다.

마약류는 고래(古來)로부터 환자의 질병을 치료하는 의약품으로 사용되었고 여러 가지 약효가 있기 때문에 투약자의 대부분은 마약류 중독에 의한 금단현상을 심각하게 생각하고 있지 않았다. 그 때문에 국제사회의 노력에도 불구하고 마약류 수요는 오늘날에도 지속적으로 증가하고 있는 실정이다.

그러나 오랜 세월 우리나라에서도 질병 치료에 대한 목적으로 사용되어 왔던 양귀비에서 추출한 아편은 잠을 안 오게 하는 약, 몸매를 예쁘게 해 주는 살 빠지는 약, 성욕을 한층 더 증진시켜 주는 정력제(sexual enhancer) 등 인간의 그릇된 가치관이 아편의 남용이 더욱 확산되도록 부채질(鼓吹)하여 왔던 것이다.

중국 당나라 황제(현종)가 경국지색(傾國之色)보다도 더욱 아름다움의 미색을 지닌 여인 양귀비와의 뜨거운 사랑을 불태웠다는 오랜 전설, 독성을 지닌 아름다운 양귀비꽃은 두해살이식물로서 50~150cm정도의 키로 자라며 푸른 물결이 찰랑거리는 남해의 다도해 고요한 섬 지방에서 5~6월에 이르면 줄기 끝에서 한 송이씩 흰색·붉은색·자주색·노란색·주황색 등으로 너무도 고혹적이고도 아름다운 꽃을 피우며, 예쁜 연두색 달걀 모양의 열매는 7~8월에 여문다.

우리나라 민간에서 상비약으로서 양귀비꽃을 봄에 채취하여 말려서 차(茶)를 만들거나 꼬마 항아리에 넣고 설탕이나 시럽을 부어 100일 정도 발효시킨 후에 효소 1에 찬물 5를 희석해서 음용케 하였고, 양귀비 열매의 껍데기를 물에 달여 하루에 3번 공복에 마시게 하였는데, 이것은 배탈을 동반한 설사나 이질 등 응급을 요하는 질환의 특효약으로 활용되어 왔다.

양귀비를 복용하면 불안과 고통이 순식간에 깨끗이 사리지고 극적인 행복감만이 하염없이 밀려온다는 양귀비에 대한 매혹적인 측면만을 강조한 1920년대 베를린의 화학자이며 의학자인 '루이스 레빈(Louis Levin)'은 따스한 봄날 푸르른 초원 위에 벌과 나비가 날개를 펴고 곱게도 무수히 피어오르는 양귀비 꽃밭에 파묻혀 밀어를 즐기고, 샛노란 꽃잎들이 애처롭게도 하나둘 떨어지는 아픔을 간직한 채, 한 송이 고혹적인 양귀비, 하늘에서 천사가 하사한 고운 꽃 양귀비에서 추출한 아편·모르핀·헤로인 등 꿈결 속 내세(來世), 죽은 뒤에 다시 멋진 인간으로 태어나 환생한다는 미래 세상의 안식처 '영혼의 안정제'라는 이름을 명명(命名)하기도 하였다.

특히, 매혹적으로 아름다운 꽃 양귀비 재배에 관한 『세종실록 지리지』에서 '앵속'이라는 우리나라 마약류에 관한 최초 기록을 찾아 볼 수 있다. 『성종실록』에서는 조선이 일본 사절에게 예물의 항목 중에 양귀비 씨앗 1봉이 포함돼 있을 정도로 필수불가결한 민간 상비약으로서 효능이 입증된 귀한 답례의 선물이었다.

가정상비약으로서 양귀비 앵자의 약효 및 제조법이 소개된 시초는 조선 중기 광해군 2년(1610년) 명의(名醫; 의학자) '허준'에 의해 편찬된 한의학의 백과사전이라 불리는 『동의보감』 「탕액편」에서이다.

이처럼 조선 중·후기까지만 해도 양귀비는 농가에서 흔히 몇 그루씩 재배하는 식물로 약재 중 으뜸이었으나 양귀비로 인한 중독의 문제점이 매우 심각하다는 것이 사회적으로 널리 알려지면서 조선 후기부터 아편에 대한 엄격한 통제를 시작하여 왔던 것이다.

제2장

국제마약류 사범의 실태

제1절 서설

　오늘날 현대사회는 경제시장이 획기적으로 자유화되면서 각 국가는 외국과 연계된 하나의 글로벌화(Globalization)됨에 따라 마약류와 인간 간의 접촉이 더욱 빈번해지고 있다. 이에 따라 세계질서를 유지하는 데 각국은 자국의 국민만을 대상으로 하는 마약류의 억제 내지는 퇴치를 위한 사실상 노력이 불가능하기 때문에 그 어디든 마약이라는 대상과 싸우지 않으면 자국의 마약시장화를 피할 수 없는 상황에 이르게 되었다.

　현재 국제사회는 크게 4개의 마약 지역으로 분류되고 있는바, 첫째는 남미 지역의 콜롬비아·볼리비아·파라과이·브라질 등의 생산지와 멕시코·파나마·바하마·온두라스 등의 코카인 중계지인 중앙아메리카 지역, 코카인을 비롯한 마약의 최대의 소비국인 미국 등 북미 지역이다.

　두 번째는 세계 최대의 양귀비, 아편 생산지인 황금의 삼각지대(the Golden Triangle)이다.

　동남아시아의 "황금의 삼각지대" 태국·미얀마·라오스의 접경 지역, 일명 마약 왕국(쿤사 지역), 특히 미얀마 황금의 삼각지대 핵심부에서 활동 중인 샨 연합혁명군(SURA)의 최고 우두머리 쿤사(Khun Sa)의 사망에도 불구하고 그 잔당세력들이 정부의 통치권이 미치지 않는 밀림지대에서 대단위로 양귀비를 재배하여 아편을 생산, 헤로인으로 정제하여 세계시장에 마약을 공급하고 있는 실정이다.

　세 번째는, 유럽행 헤로인 생산지인 황금의 초승달 지대(golden crescent)로서 서남아시아의 아프가니스탄·이란·파키스탄의 접경 지역이다. 네 번째는, 히로뽕의 밀매 지역인 한국·일본·하와이·로스앤젤레스(LA)·대만·싱가포르·필리핀 등의 백색 삼각지대(white triangle)로 분류할 수 있다.[2] 이들 마약류의 주요 소비지는 대부분 선진국으로 미국을 중심으로 북미 지역과 유럽 지역으로 크게 나누어지는데, 최근에서 한국을 포함한 동북아시아가 급격하게 소비국으로 전락하고 있다.

19세기와 20세기 초 마약류의 흐름은 중국을 중심으로 하는 아시아 지역이었고, 특히 중국 청나라(清朝 196年; 道光20年), 즉 중국과 영국 간에 아편전쟁(Opium War)이 발발하였다.[3]

이 전쟁은 중국이 패전함으로써 장닝(江寧)조약(일명 남경조약)이 1842년 8월 29일 영국군함 콘 웰즈호에서 조인되었다. 이 조약에서 홍콩·상하이·광둥성 등 5개 항구의 개항과 치외법권의 인정 및 관세에 대한 국가 자주권의 포기 등 중국의 체면은 완전히 상실되었다. 또한 영국은 홍콩을 할양받았고 20,000상자의 몰수 아편에 대한 배상금까지 지급받았다.

이 당시 중국에 유입된 아편은 청나라 도광 15년인 1835에는 3만 상자, 도광 18년에는 4만 상자가 넘었다. 한상자의 중량이 133, 3분의 1 파운드 즉 100근, 60kg에 해당한다. 당시 아편 한 상자의 도매가격이 7, 8백 달러이고, 2만 상자의 가격은 약 150만 달러에 해당하였다. 그러나 원산지 가격은 일천 분의 1에도 미치지 못하는 헐값으로 사들여 폭리를 취한 것이다. 이 아편은 인도 벵갈지방(Bengal, India)에서 생산되어 산출되는 것이 최상품으로서, 영국 정부와 사실상 한 몸(공동정범)인 동인도회사 제품이었다.[4] 이러한 점으로 보아 영국은 아편 무역에 의해서 막대한 치부를 하였다기보다는 멋진 각본에 따라 완전히 대사기극을 연출하였기에

---

2) 鄭善太, "미국마약단속국(DEA), 수사관리자과정 세미나 歸國報告書"(법무부, 1989), 17~20면.
3) 太倫基, 『阿片戰爭과 帝國主義 侵略』, 進明出版社, 1986. 9. 1. pp.18~23.
4) 太倫基, 『阿片戰爭과 帝國主義 侵略』, 進明出版社, 1986. 9. 1. pp.18~23; 김상규, 『미몽 속의 제국』, 북랩. 2022. 3. 31. pp.66~67; 박원호 譯書·小島晋治 著. 『中國近現代史』, 지식산업사, 1988. 1. 5. pp.20~21.

국제적인 범죄행위를 자행한 것이다.

이로 인하여 아편무역의 역조현상은 은화가 서양으로 대량으로 유출되며 은화를 중심으로 하는 시장경제질서가 이루어지고 있던 당시 청조 정부의 은 가격 폭등을 초래하였고 중국 국민들의 생활을 극도로 피폐하게 만들었던 것이다.

일본에서는 종래 야쿠자 범죄조직들이 주로 메스암페타민을 밀매, 유통하는 등 뚜렷한 특성을 지니고 있었으나 오늘날에는 범죄조직도 다변화되었을 뿐만 아니라 많은 유사 종류의 마약류가 국가 영역에 관계없이 우리나라를 비롯하여 세계 각국으로 유입되기 시작하여 지역별 특성은 이미 사라진 것이다.

메스암페타민(Methamphetamine)은 강력한 중추신경 흥분제(각성제)로서, 현재 우리나라에서 가장 많이 남용되는 향정신성의약품이며 '필로폰' 또는 히로뽕이라고도 불리고 있다. 이 물질은 1888년 일본도쿄대학 의학부 나가이 나가요시(長井長義) 교수가 천식 치료제인 마황(麻黃)으로부터 에페드린을 추출하는 과정에서 최초로 발견한 약물로서 1893년 세계 최초로 합성에 성공한 마약이다.[5]

우리나라는 1980년대 후반부터 한중교류가 증가함에 따라, 삼합회 조직과 보다 밀접하게 연계(Connection)된 일부 중국계 조직원에 의해서 마약류 밀반입이 이루어지고 있었으나 2000년대 이후에는 세계적으로 마약범죄 조직들도 국적의 다양화, 밀매 및 밀수 등 그에 대한 유통수법도 첩보작전보다 더욱 치밀하게 진행되고 있다. 특히 최근 들어 우리나라에도 폭력조직들이 조직의 자금원 확보 차원에서 마약류 밀매 및 밀수사업에 뛰어들어 사회적으로 심각한 문제점을 야기시키고 있다.

---

5) 金龍來, "麻藥類事犯에 관한 國際法的 硏究", 연세대학교. 1996. p.11.

제2절 미주 지역

Ⅰ. 의의

마약류에는 마약(천연마약·합성마약), 향정신성의약품(환각제 및 각성제, 중추신경 억제제), 대마 등 크게 세 가지로 분류된다. 특히 헤로인은 양귀비에서 추출한 아편과 함께 천연마약에 해당한다.

[주요마약류 분류]

구분		약물
마약	천연마약	코카인, 아편, 모르핀, 코데인, 헤로인 등
	합성마약	펜타닐, 메사돈 등
향정신성의 약품	환각제	LSD, MDMA(엑스터시), 메스칼린 등
	각성제	메스암페타민(히로뽕; Philopon), 야바 등
	중추신경억제제	바르비탈류, 벤조디아제핀계
대마		대마초, 대마수지, 해시시(marijuana) 대마오일 등

아메리카 대륙에서 가장 해발고도가 높은 산맥인 안데스산맥은 지구상에서 가장 길게 뻗어 있는 신비롭고 불가사의한 생명의 원천(源泉)을 지닌 산맥이다. 남아메리카의 서부 해안을 따라 남북으로 길쭉하게 뻗어 있는 산맥을 따라 베네수엘라, 콜롬

비아, 에콰도르, 페루, 볼리비아, 아르헨티나, 칠레 등 7개국에 걸쳐 형성된 산맥의 길이는 약 7,000㎞이고 평균 해발 높이는 4,000m에 달한다.

코카인은 남미의 페루·콜롬비아·볼리비아 등지에서 주로 생산되는 천연마약으로 항시 비가 촉촉하게 내리고 있는 안데스산맥 동쪽의 골짜기를 따라 다량의 코카나무의 서식지가 형성되어 있다.

특히, 영원한 태양의 제국이라 일컫던 잉카문명은 히스패닉(hispanic) 이전[6] 15~16세기 사이에 존재한 남미의 강력한 국가였으나 스페인의 정복자 피사로(Pizarro)에 의하여 1532년에 멸망했다. 그가 찬란한 황금문화를 가진 전설 속의 잉카제국을 정복했을 당시 잉카인들이 매일 상습적으로 코카잎을 입에 물고 씹어 먹고 있는 것을 처음 발견했다.[7]

고요한 아침의 나라 신비로운 이국적인 땅, 초록빛 해안선과 접한 대륙을 정복한 스페인의 침략자, 위대한 정복자 프란시스코 피사로(Pizarro, Francisco)는 에스파냐 태생의 군인으로서, 단 167명의 군사를 이끌고 쿠스코(잉카의 수도; 세상의 중심 '배꼽'을 의미)를 기습적으로 점령했다. 태양의 신전, 돌로 만들어진 벽에는 수많은 황금 덩어리가 박혀 있었고 해와 달·별의 제단에는 황금이 두껍게 덮여 있었을 뿐만 아니라 황금으로 제작된 18개의 황제 상(像)이 엄숙하게 서 있었다. 영원할 것이라는 불멸의 잉카제국, 황제(아타왈파)의 용맹스러울 것이라고 철석같이 믿었던 천하무적이라는 호위무사 근위대 5,000명은 세상에 태어나서 난생 처음 보는 괴이하고도 요상한 짐승으로 보이는 '말'과 하늘에서 번개가 내려칠 때 번쩍이는 불빛과 함께 들려오는 '총소리'에 한낱 갈까마귀(jackdaw) 떼가 울부짖듯 오합지졸(烏合之卒)이 되어, 퇴각하지 못하고 혼비백산(魂飛魄散)했다. 정예부대 말을 탄 27명의 기병대 외에는 모험심만 강한 해적 패거리에 불과한 140명, 극히 적은 스페인 병사와 말 27마

---

6) 히스패닉(hispanic)이란 의미는 잉카제국 멸망 이후 스페인어를 쓰는 중·남미계 미국 이주민과 그 후손을 지칭하는 것으로 라틴아메리카 출신이라 해서 라티노(latino)라고도 불린다. Wu Mingren(吳明仁), Ancient Origins, The Inca Empire: What Made it so Powerful? November 9. 2019.
7) Wu Mingren(吳明仁), 上揭書. pp.29~30.

리에게 참으로 어이가 없게도 싸워 보지도 않고 뿔뿔이 흩어져 도망치다가 스스로 지리멸렬(支離滅裂)해 비참하게 죽임을 당하고 찬란한 제국은 하루아침에 최후를 맞이하게 되었던 것이다. 피사로에게 포로가 되어 사로잡힌 잉카의 황제는 최고의 권위에서 코카 나뭇잎처럼 천길 나락(奈落)으로 굴러떨어진 마지막 비운의 황제가 되었던 것이다.

스페인 정복자들에 의해 시작된 코카의 생산과 소비의 증가는 식량의 부족과 거래에서 얻어지는 높은 수익($), 기아(饑餓)와 과중한 강제노동으로 인하여 오는 피로감을 잊게 해 주는 데 필수적이었다.

잉카제국을 정복한 스페인의 침략자 피사로(Pizarro)는 부하들에게 왕국의 여인들을 성적 농락의 대상인 노리개로 던져 주었으나 코카에 대한 두려움 때문에 코카의 향기를 코로 느끼는 것조차 금기(禁忌)시하였다.

코카잎을 식용하며 행복하게 살아온 원주민들은 무자비한 정복자들에게 침략당한 이후 그 약효하에서 보다 장시간 혹사당하며, 또한 적게 먹고 열심히 일을 했을 뿐 아니라 식민지인의 슬프고도 끔찍한 노예라는 사실을 잘 참고 견디게 하였던 것이다. 돛단배 범선(帆船)을 타고 대서양을 가로질러 단숨에 횡단하여 건너온 탐험가이자 정복자들은 평화롭게 살아가고 있던 원주민 그들이 졸지에 처한 불행한 삶 속에서 더욱더 과중한 세금을 부과하였고, 이것은 역설적(paradoxical)으로 원주민들에게 생필품이 된 코카잎에 대한 과세를 강제함으로써 가혹한 노동과 영양실조(饑餓) 등으로 사망자가 속출, 페루의 인디안 인구는 1574년에 180만 명이었던 것이 1796년에는 60만 명 이하, 그 수가 3/1로 급격히 감소하였다.[8]

전설에 의하면 잉카황제들은 노동력을 확보하고 식량부족을 모면하게 위하여 코카 재배를 관리하고 매일 일정한 시간에 이 코카잎을 씹게 하여 배고픔, 갈증 등의 기아감(饑餓感)을 없애고 또한 일종의 정력제인 강장제로 사용하였다. 그 당시 안데스

---

8)   曺佐鎬, 『世界文化史』, 서울: 박영사, 1995. 342面; 李銀模, 前揭書, 31面.

산맥을 넘어 오늘날의 페루 및 볼리비아 지방에 사는 원주민들은 험준한 산악 지역에서 열악한 자연환경과 싸우며 생활을 하다 보니 식량이 부족하였기에 코카잎을 하늘에서 천사가 내린 고귀한 식물이라고 여기며 매일같이 즐겨 애용하게 되었던 것이다.

이 코카잎을 외과적 수술을 위한 마취제로뿐만 아니라 잉카시대 황제들이 원주민들을 통치하는 데 있어 매우 적절하게 활용했다. 황제들이 국가를 통치하는 데 있어 크나큰 기여를 한 것이 바로 코카나무였던 것이다. 한편, 최근에 들어와서 브라질·베네수엘라·에콰도르에서는 코카의 생산량을 지속적으로 늘리고 있으며, 페루는 오늘날 세계 제1의 코카잎 생산 국가이다.

이들은 시장에서 공공연하게 코카인을 판매하고 있으며 볼리비아 역시 세계 제2의 코카잎 재배 지역으로 알려지고 있다.

콜롬비아는 원래 코카나무를 거의 재배하지 않고 페루·볼리비아 등지에서 유입된 코카잎을 화학처리 하였으나, 마약사범들이 그 고유의 가치를 깨닫고 난 후에는 코카나무를 배타적으로 재배하여 코카잎에서 코카인을 가공해 세계 마약류시장에 공급하고 있다.

지난 몇 년 동안 콜롬비아가 불법적인 마약무역에서 얻은 수익은 콜롬비아의 주요 합작작물인 커피의 판매에서 얻은 이익을 훨씬 상회(上廻)하고 있으며, 이 나라에서 수출된 코카인의 4/5 이상이 세계 최대의 시장을 개설해 놓고 있는 미국을 향하고 있어 미국의 대(對)라틴아메리카 정책은 엄청난 현실적인 어려움에 직면하고 있다. 또한 점진적으로 유럽 및 아시아 지역으로 코카인의 밀수출을 증가시키고 있는 실정이다.

아울러 중앙아메리카 제국(諸國)들은 북미와 남미를 연결하는 지리적으로 유리한 위치에 있기 때문에 코카인의 중계무역지로서 적극적으로 이에 가담하고 있는 추세이므로 미국과의 분쟁소지가 상존하고 있다.

II. 콜롬비아의 마약류 생산 현황

1. 코카인

본래 코카잎은 험준한 안데스산맥에서 일반 작물로 심기에는 부적합한 식물로서 1,000~2,000m의 고산 지역에서 재배하고 있는 코카나무에서 1년에 3, 4회씩 채취하는 초목이다. 남미의 원주민인 인디오들은 코카잎을 씹으면 피로 회복과 아사 직전의 배고픔, 목마름을 없애 주는 신이 내린 선물이자, 잉카 신화에 의하면 위대한 신(神)들의 파수꾼인 '태양의 아들'이 고난과 역경 속에서 살아가는 불행한 사람들로 하여금 슬픔을 잊게 하기 위하여 내려준 영광의 선물로 알고 섭취하고 있는 약초이다.

2014년도 늦은 봄날 작가의 과수원에 딸린 염소농장에서 촬영한 애처로운 엉겅퀴 사진

한편, 영화 「브레이브 하트」에서 어린 소녀가 고사리 같은 손으로 아비를 잃은 슬픔을 안고 하염없이 눈물을 흘리고 있는 소년에게 말없이 건네주던 애처롭게도 신비스러운 엉겅퀴의 고운 꽃잎 스코틀랜드(Scotland)를 상징하는 나라꽃(national flower)의 배경이 된 늘 푸르른 문화 및 정치의 도시, 수도 에든버러에서 태어난 루이스 스티븐슨(Louis Stevenson)은 폐병[肺病; tuberculosis(abb)] 약칭(略稱) TB라는 질병으로 짧은 생(44세)을 마감한다. 그는 코카인의 기이하고도 신비스러운 쾌감과 각성작용을 이용하여 『지킬 박사와 하이드 씨』라는 인간의 선과 악의 이

중성, 즉 이중인격자에 대한 이율배반적 반전(反轉)을 거듭하는 의미심장한 글을 집필하였고, 1883년에 저술한 낭만적주의적 사고방식의 소설 『보물섬』은 해적소설로 베스트셀러가 되면서 대중문화의 영역을 한층 끌어올렸다는 평가를 불러일으켰다. 또한 정신 분석학의 창시자인 프로이트(독일어; Sigmund Freud, 1856~1939)는 코카인의 애용자이며, 그가 논문 속에서 코카인을 일상적으로 매일같이 상용함으로써 "아편 중독환자를 소멸시킬 수가 있다."라고 쓴 것처럼 당시 환자 치료에도 자주 사용된 약물이다.[9]

이들이 살아왔던 삶이란 것이 천사의 아름다운 미소와 같이 하늘을 비행하는 마법과도 같은 생을 살다 간 사람들일까? 마약의 남용, 치명적인 중독성을 심각하게 깨닫지 못한 사람들이라 판단될 뿐이다.

세계적으로 유통되고 있는 코카인의 원료인 코카나무는 문명의 요람(Cradle of Civilization) 안데스산맥의 동부에 위치한 콜롬비아의 과비아레강(Guaviare River) 기슭, 큰 나무들이 빽빽하게 들어선 깊은 숲속 정글에 있는 지역에서 재배되고 있다. 23,900헥타르의 코카 재배지가 그곳에 분포하여 총 재배 면적의 60% 이상을 점유하고 있을 뿐만 아니라 콜롬비아의 코카인 생산량은 계속 점진적으로 증가하고 있는 추세에 있으며 지난 10년간 코카인 생산량은 획기적으로 3배 가까이로 늘었다.

콜롬비아의 마약제왕 카를로스(Carlos)라는 자는 코카인이야 말로 미국을 겨냥한 '핵폭탄'이며 "나는 미제국주의하고 투쟁하고 있는 최고 총사령관이다."라며 라틴 아메리카가 코카인의 보고(寶庫)인 사실이 참으로 다행스럽고 자랑스러운 일[10]로 생각

---

9) Clark, R. Scott (2008). 『Recovering the Reformed confession: our theology, piety, and practice』. Phillipsburg, N.J. ISBN 978-1-59638-773-7; MacKinnon, D. W. & Dukes, W. F. (1962). Repression. Psychology in the making. New York: Knopf, p702.

10) 鄭善太, "痲藥類事犯의 實態와 對策", 서울대학교 대학원 석사학위 논문, 1991. 38面.

하고 있다. 그 정도로 남미사람들은 미국과의 생존권이라는 치열한 싸움에서 핵심
적 무기로서 코카인이 대단한 역할을 하고 있다고 굳게 믿고 있다.

콜롬비아는 코카인의 주원료인 코카잎의 최대 생산지로, 매년 1만 4,000t의 코카
잎을 생산하는 것으로 추정되는데 이는 세계 코카인 공급량의 80%를 차지한다.[11]

2. 헤로인 및 마리화나

(1) 양귀비 재배

양귀비는 번식력이 매우 빠르고 성장력 또한 왕성하며 열매 1개당 1,000여 개 이
상의 씨앗이 들어 있으므로 큰 열매 30~40개만 털면 0.18ℓ의 종자를 얻을 수 있다.

열매가 채 익지 않았을 때 대나무 칼로 상처를 내면 유액(乳液)이 흐르는데 이것을
모아 아편을 만드는 것이다.[12]

하염없이 고독이 밀리는 밤이 되면 뜨거운 눈물 속에서 더욱더 그리워진다는, 아
름다운 천상의 꽃이라 불리고 있는 양귀비(opium; poppy)는 본래 지중해 연안 또
는 소아시아가 원산지이다.

매혹적이게도 붉은 양귀비꽃뿐만 아니라 흰색과 샛노랗게 아름답고 청초한 꽃이
지고 나서 양귀비의 덜 익은 꼬투리에서 유액을 말려 채취한 마약은 특이한 짙은 향
내를 풍기며 독특하게도 쓴맛이 강하게 흐르는 아편(鴉片; Opium)이라는 중독성의
물질을 생성시킨다. 아편이라는 앵자속(罌子粟) 또는 앵속은 강력한 내성을 지닌 마
약으로 오늘날까지도 우리 인류문명과 운명을 함께해 왔던 고운 꽃이다.

동남아시아 지역에서 대대적으로 재배되고 있는 양귀비가 최근 남미대륙의 콜롬비
아에서도 재배되고 있는데 그 재배 면적이 급속도로 확산되고 있다.

코카의 나라, 아편 양귀비 경작 이전 16세기 스페인의 정복자들은 황금을 약탈하

---

11) 이종화, "미국 마약수사국 DEA(Drug Enforcement Administration) 마약수사훈련과정
　　을 마치고", 경찰대학 경찰학연구편집위원회, 경찰학연구 제7호(통권 제7호) 2004. 10.; 鄭
　　善太, 上揭書, 38면.
12) 김재완 外, 33~60面.

기 위한 채굴(採掘) 작업에 남미의 식민지인들을 강제 동원하였고, 한층 더 작업 능률 향상을 높이고자 코카인 남용을 상습적으로 독려(督勵)함과 동시에 혹독한 노동을 강요하였다. 이 충격적인 실체는 당시 굶주림 속에서 아사자(餓死者)가 속출하게 되며 삶과 죽음의 경계선에서 끔찍하게도 원주민 인구가 무려 1/3이 감소하기도 하였다.

남미의 안데스산맥 고원지대에선 1980년대 후반에 이르러서는 고혹적인 꽃 양귀비까지 재배하기 시작했고 2025년까지 계속하여 경작지를 확대하고 있는 실정이다.

콜롬비아에서 가장 오래된 식민지 도시, 산타 마르타(Santa Marta)는 약 40여만 명의 인구가 살고 있는 고요한 해안선을 가진 도시로, 정글 같은 국립공원으로 대표되는 에메랄드(emerald)빛의 바닷가와 물결이 부딪쳐 사방으로 흩어지는 물보라 파도가 장관(壯觀)인 아름다운 카리브해의 어촌 마을은 세계 여행객들의 해상 낙원으로 빠르게 부상하고 있다.

스페인 정복자 피사로(Pizarro)가 대서양을 가로질러 멕시코 연안 해안선에 접하고 있는 '캐리비안(Caribbean Sea; 용감한 자라는 의미)'에 상륙하여 첫 교두보(橋頭堡)를 구축하고 최초 식민지 도시 산타 마르타를 건설하였다. 오늘날 새하얀 코카인을 코끝에 분칠(粉漆)하고 마약에 취한 채 코카인과 타오르는 듯한 연정과 로맨스를 간직하고 있는 콜롬비아는 미국 마약단속국(DEA)의 최근 정보에 따르면 현재 황금의 삼각지(미얀마·라오스), 황금의 초승달 지역(아프가니스탄)에 이어 세계 4위의 양귀비 생산국으로 분류되고 있다.

특히 양귀비꽃의 표준어 명칭이 매우 독특한데 한자어인 앵속(罌粟)이 아니라 당나라 현종의 후궁, '양귀비의 미모'에 빗대 양귀비라고 칭한다.

특히 양귀비의 일종으로 아편 성분이 없는 양귀비의 애칭은 우미인초인데, 초나라(楚) '역발산기개세(力拔山氣蓋世)'라고 불린 항우(項羽)의 '사면초가(四面楚歌)', 즉 최후의 일전(一戰)의 순간까지 그의 곁에 남은 건 아내 우미인과 명마 오추뿐이었다. 그가 전쟁의 소용돌이 속에서도 한평생 영원히 사랑했던 가냘프고 고운(纖纖玉手) 연인, 그 우미인의 이름을 따서 '우미인초'라 애칭하고 문화어로는 '아편 꽃'이라 불린다. **역사적으로 시대는 다르나 중국의 최고 미인으로 당 제국을 몰락의 길로 이끌며,**

나라를 말아먹은 비극적인 사랑이라는 종말을 간직한 여인이었던 당나라 시대 양귀비는 치명적인 아편의 독성을 가진 꽃으로 이름을 영원히 남겼다.

사랑과 열정(熱情)의 꽃, 믿음에 대한 배반이라는 한 시대를 살았던 여인, 하늘에서 미(美)의 천사가 인간 세상에 강림한 듯 경국지색(傾國之色)의 아름다움을 간직한 여인이다.

당나라 현종의 극진한 총애를 받고 살아온 양귀비, 서기 755년 11월 9일 안녹산의 난이 발발(勃發)한 지 7개월 후 756년에는 군사반란이 더욱 걷잡을 수 없이 확산됨으로 인하여 당제국은 바람 앞에 놓인 등불처럼 풍전등화(風前燈火)라는 매우 위급한 형국(形局)에 처하게 되자 양귀비가 재앙을 몰고 다니는 '화근(禍根)' 덩어리라는 허무맹랑(虛無孟浪)한 죄명을 뒤집어씌워 불알이 없는 내시(內侍)에 의해 살해되었다는 풍설(風說)과 함께, 양귀비가 스스로 목을 매달고 자살했다는 야설이 혼란스럽게 정설(定說)처럼 수 세기 동안 흐른다.

아무튼, 유구한 세월 우리 영토였던 고구려를 멸망(서기 668년)시킨 당제국은 그후 1세기도 지나지 않은 시기에 멸망의 길로 접어들었다. 서기 756년 6월 12일 장안성이 함락되자 양귀비를 비롯한 황제 및 고관대작 등 지체가 높은 신하들은 탈출할 수 있는 유일한 서쪽 연춘문을 통해 살고자 하는 일념 하나로 멀고 먼 촉한의 땅으로 몹시 다급하게 몽진하게 된다.

군사반란이라는 소용돌이를 피해 변방으로 황망하게 도주하는 여정의 길, 이름 없는 어느 허름한 산사(山寺)의 "돌부처(石佛)" 앞에 이르러 황제의 절대적인 반대에도 불구하고 신복(臣僕)이라는 기본적인 예절도 망각한 최측근들, 양귀비를 죽이고자 하는 거센 강요로 인하여 애처롭게 37세 나이에 최후의 생을 마감함으로써 영원히 시들지 않는 매혹적인 독성을 지닌 불멸의 양귀비 꽃잎으로 역사에 기록되어 있다.

그러나 아름다움의 극치 절세가인(絶世佳人)이었던 양귀비가 젊은 청춘의 나이에 슬픔 속에서 희생의 재물(scapegoat)이 되어 죽임을 당한 이후 그녀가 착용하였던 지구상에서 가장 신비롭고 매혹적으로 아름다운 유품(遺品)들, 신비주의의 상징인 화려한 황후의 장신구, 왕관뿐만 아니라 귀걸이와 목걸이등 기타 귀금속(寶石)들을 독차지하기 위한 사투가 한동안 이어졌다.

청량하게 흐르는 물소리와 함께 풍진세상의 온갖 사나운 풍파 견디고 살아온 고목나무, 그 가지 위에 앉아 서글프게 우는 산새 소리와 함께 저녁노을(晚霞)은 석양에 붉게 물들고 있는데, 화용월태(花容月態)인지라 고운자태의 치맛자락을 드리운 채 꽃다운 얼굴에 하염없이 흐르는 눈물자국만을 남기고 양귀비가 잔인한 운명의 날을 맞이한 이후 나라를 망친 "요망(妖妄)한 마녀"라는 누명을 씌워 처단하자고 황제에게 압력을 행사했던 난신적자(亂臣賊子), 오로지 사리사욕(私利私慾)만을 일삼는 간신배들은 황제를 잘못 보필한 자신들의 죄악을 덮기 위한 하나의 수단으로 양귀비를 죽음으로 내몰았던 것이다.

한순간에 평화로운 세상은 사라지고 어지러운 난세(亂世)에 이르게 되니 협잡꾼이 되어 버린 기생충과도 같은 환관(宦官) 및 벼슬아치(高官大爵) 등은 어수선한 피란길에서 주인 잃은 보석 등 황금을 차지하고자 살벌한 암투를 벌이다가 황제의 노여움과 하늘의 진노(震怒)를 삼으로 인하여 역린(逆鱗)작용에 따른 우주의 섭리(攝理)에 의해 인과응보(因果應報)라고 하지 않던가, 모리배(謀利輩)들과도 같은 황제의 신하들역시 고운 양귀비의 뒤를 따라 황천길 나락으로 굴러떨어지고 말았던 것이다.

어느 나그네 하나가 첩첩산중(疊疊山中)에서 길을 잃고 헤매고 있던 중 자신 앞에 하늘에서 홀연히 내려온 미(美)의 천사나 되는 듯, 한 여인 바라보는 순간 현기증을 느낄 정도로 고혹적으로 아름다움을 간직한 양귀비였던가?

그녀가 살았던 한 시대, 안녹산(安祿山)의 반란군이 노도(怒濤)와 같이 파죽지세(破竹之勢)로 물밀듯 거대한 대륙의 온 세상을 휩쓸고 있던 환란(患亂)의 순간 처참하게 쑥대밭으로 잿더미가 된 찬란했던 수도 장안성을 바라보며 망국의 비애(悲哀)라는 천추의 한(恨) 속에서 두보(杜甫; 712년~770년(58세 사망))가 남긴 애절했던 춘망(春望)이라는 한시(漢詩)의 한 소절을 소개해 본다.

國家亡了, 靑翠的山川卻源遠流長,
나라가 망했음에도 푸른 산천은 유구하니
新春時節, 蒲公英開出黃色的花蕾,

새봄에 이르니 민들레 노란 꽃망울 피우고

回憶起奈時的情景, 卽使看到花也只流淚,

그 시절 회상함에 꽃을 봐도 눈물만 흐르니

惜別成悲恨, 老天爺也哭了,

석별이 슬픔의 한이 되어 하늘도 우는구나

　　인간사 새옹지마(塞翁之馬)라 하지 않던가. 만남과 이별이란 영원할 것은 없다는 인생무상이라는 회자정리(會者定離)의 아픔, 한 시대 숨이 막힐 정도로 매혹적 자태를 지닌 여인, 황제가 마지막까지 모든 열정을 쏟아부을 정도로 **영혼을 간직한 양귀비에 대한 황제의 애착, 그리고 당나라 최고의 천재적(genius) 귀재 시선(詩仙)인 두보(杜甫)가 함께 살았던 그 시대의 한시(漢詩)를 위와 같이 작가가 새롭게 각색(창작)해 보았다.**

　　한편, 역사적으로 요람(搖籃; cradle)에서 보았던 양귀비과 꽃봉오리의 화석이 발견된 기록으로는 미국 '뉴멕시코주', 달빛 아래 어슴푸레 물안개가 잔뜩 끼어 흐릿한 후안분지, 길을 찾기가 어려울 정도로 해발 고도가 높은 첩첩산중(疊疊山中) 한가운데 주위가 산자락으로 둘러싸인 완만한 분지에 있는 7,500만 년 전 형성된 프루트랜드 지층이라는 곳이다.

(2) 헤로인 생산

　　황금의 삼각지(the Golden Triangle) 미얀마에서의 군부 쿠데타 이후 아프가니스탄의 양귀비 아편 생산량(333t)을 누르고 2023년도 세계 1위의 아편생산국가로 등극하였을 뿐만 아니라 헤로인(메스암페타민)의 생산량(154t)도 세계 1위이다.[13]

---

13) (Amnesty International) 2023. 10. 26.; 大木豪介, 物質を通じて人間の精神を見る(물질을 통해 인간의 정신을 본다). 『마약-뇌-문명』, 정신세계사. 1991. 9. 14. 61~62면.

미얀마 군부가 2021년 2월 1일 새벽 전격적으로 쿠데타를 일으켜 헌법을 무효화하였을 뿐만 아니라 아웅산 수치 국가고문 등 정부 고위인사들을 불법 구속하고 비상사태를 선포, 정권을 장악한 이후 "아편 및 헤로인 생산량이 세계 1위"로 등극하였다.[14]

오늘날 콜롬비아 마약조직에 의한 상품의 다변화 전략으로 단위 무게당 헤로인의 가격이 코카인보다 높은 가격으로 유통되고 있다. 헤로인 가격은 ㎏당 약 6만 달러에서 8만 달러를 호가하며, 코카인의 가격인 ㎏당 2만 달러에 비하여 상대적으로 수익성($)이 매우 높다.

미국사회에서 오늘날까지도 왜? 코카인이 그토록 남용되고 있는 것인가. 미국에서 코카인이 만연된 이유 중 하나는 에이즈(HIV) 유행 때문이라는 설이다.
양귀비에서 추출한 헤로인을 투약할 때 주사기를 돌아가면서 맞던 습관, 주사기 문화(Needle Culture)가 에이즈 감염의 핵심적인 실체로 지적되었다.[15] 그러한 연유에서 주사기를 사용하지 않고도 코로 흡입 가능한 코카인이 유행병처럼 남용되고 있다는 것이 정설이다.

미국 내 조직범죄인 마피아가 영향력을 미치고 있는 2020년 이후에도 코카인 등 마약중독자 수는 무려 28배 증가하여 성인들뿐만 아니라, 신생아까지도 생아편에서 추출한 헤로인으로 인한 중독을 야기시키고 있는 실정이다. 2023년 미국 내 코카인 및 헤로인 중독자는 약 800만 명에 이르는 것으로 추정하고 있다.[16]
모든 마약은 중추신경계를 흥분시키는 각성제로서 내성을 일으켜 습관성이 되고 만성 중독증세를 일으켜 차차 다량을 사용하지 않으면 그 효력이 없게 되어 치명적

---

14) Amnesty International, op. cit. 25. 6. 19.
15) 大木康介, 麻薬 – 脳 – 文明, 物質を通じて人間の精神を見る, 精神世界史, 1994. 1. 7.
16) The Washington Times, *cocaine and heroin addicts in the United States*, 2024. 12. 5.

으로 더 많은 양을 요구하게 된다. 그러한 이유로 인하여 마약 과다복용 및 투약으로 사망자가 속출하게 되는 것이다.

(3) 마리화나 생산

대마초(삼나무)는 칸나비스 또는 시더(Cannabis; Cedar)라는 학명을 가지고 있으며, 북·남미에서는 일반적으로 마리화나라고 불린다.

대마초는 그 자체로서 사람의 육체와 정신작용에 변화를 일으키는 물질을 총칭하는 의미로 사용되고 있으나 통상 암 대마초의 잎과 꽃이 달린 잎 부분을 건조시켜 만든 담배와 유사한 물질이다.

본래 대마초에 대한 공식 명칭 "칸나비스(Cannabis)"라고 지칭되고 있다. 이것은 인간의 뇌신경계 성적인 흥분이나 환각상태에 이르도록 자극하지 않는 대마초이기 때문이다.

반면 오랜 세월 삼국시대부터 우리선조들이 여름철 시원하게 입는 삼베옷을 만들기 위한 대마를 일컬을 때는 hemp라는 명칭이 쓰이며, 의학적으로 쓰이는 대마를 가리킬 때도 hemp를 쓴다. 중독성 물질을 제거하여 식용으로 쓰는 대마 씨앗은 헴프 시드(Hemp Seed)로 사용된다.

콜롬비아의 대마관련 약물인 마리화나(marijuana)의 생산은 매우 미미(微微)한 상태나 1994년 재배면적이 5,865헥타르로 확인된 바 있는데, 특기할 만한 사항은 2000년도에는 처음으로 액체 마리화나가 출현했다는 점이다.

대마는 대마초와 그 수지(천연수지와 합성수지 총칭) 수지를 원료로 하여 제조된 것을 말한다. 대마는 온대기후에서 야생하거나 재배되며, 주로 아프리카와 아시아인들의 삼베옷 및 섬유원료로 널리 재배되어 왔던 식물이다.

마리화나 대마초는 전통적으로 삼실로 짠 천, 즉 삼베의 원료로서 고요한 아침의 나라 한반도(韓半島)에서 수천 년간 재배되어 온 식물이다. 대마재배는 오늘날 우리나

라를 비롯하여 극동의 시베리아를 비롯한 우랄산맥 등 러시아 전 지역, 이태리, 헝가리, 루마니아 그리고 뉴질랜드뿐만 아니라 폴란드, 독일 및 서유럽(베네룩스 3국·영국·아일랜드·프랑스, 스위스·독일·오스트리아), 미국, 아프리카의 콩고 등지에서도 섬유제조를 목적으로 광범위하게 경작되고 있다.[17] 특히 자유아시아방송 보도자료에 따르면, 북한에는 대마초가 아주 흔하여, 저잣거리에서조차도 쉽게 피우는 사람들을 볼 수 있다.

미국 DEA(마약단속국)은 2001년 한 달 평균 대마의 사용자를 900만 명으로 추산하고 있으며 미국 소비량의 41%가 멕시코산, 25%가 미국산이며, 캐나다의 경우 전국적으로 대마초에서 추출한 마리화나(marijuana)가 유행되고 있는 실정이다.

III. 소결

코카인의 백색 결정체를 추출하는 코카잎은 높은 산에 올라갔을 때 산소부족과 기압저하로 인하여 나타나는 두통과 식욕부진, 구토 등의 고산병에 특효약으로 널리 알려져 왔다. 외국인 여행객이 해발 0m인 페루 수도 리마(Lima, capital del Perú)로부터 겨우 한 시간 비행기로 고도 3,700m의 옛 잉카제국의 싸늘하게 식어 버린 심장 쿠스코(Cusco, el corazón del Imperio Incaico)에 도착하면, 코카차가 제공되기도 하는데, 이러한 코카인 차는 건조시킨 코카잎을 분말가루 형태로 만들어 차 봉지에 넣고 끓는 물에 담가 희석(稀釋)시켜 혼합한 것이다.

특히 마약의 대명사 양귀비라는 식물은 고래로부터 인류에게 만병통치약(panacea)처럼 사랑을 받아 온 아름다운 약초였다. 그 옛날 병·의원이나 약을 찾으려면 수십 리를 걸어야 하는 경우가 다반사였기 때문에 양귀비는 민간의 상비약으로

---

17) 「대검찰청」 犯罪白書, 2004; 이문우, 75면; 李銀模, 大麻의 性質과 그에 관한 現行法上의 規制(1995, 제7호 한국형사정책학회), p.309.

서 으뜸이었던 것이다.

마당 한쪽 구석진 곳에 10여 그루 정도 심어 두었다가 시간이 흐른 후 자라면 따서 건조시킨 다음, 급할 때 잎사귀 몇 장을 물에 달여 먹었는데, 그 정도로도 약효를 볼 수 있어 우리나라뿐만 아니라 이 식물이 자라는 세계 모든 국가에서는 근대 무렵까지 치명적인 부작용을 알지 못한 상태에서 민간 상비약으로서 애용되어 왔던 식물이다.

이와 같이 인간사에 없어서는 아니 될 필연적인 약초인 코카잎과 양귀비가 합성마약으로 다시금(순도 100%) 강력한 각성제로 정제과정을 거쳐 유통 및 남용됨으로써, 인간의 중추신경계를 작용하여 인체에 내성을 유발, 즉 심각한 금단증상의 부작용을 초래할 뿐만 아니라 치명적으로 사망에 이르게 한다.

또한 마리화나(Marijuana)라고 불리고 있는 대마초는 오래전부터 동양에서 민간요법으로 이용하여 왔고, 한의학에서는 마엽을 산약초라 하여 말라리아(瘧疾)의 치료제로 사용하였을 뿐만 아니라 대마를 건조시켜 의학적 향정신성 효과를 얻는 약제로서 생리통, 천식·불면증 및 노인성 변비치료제[18]나 비타민 B1 결핍에 따른 각기병(beriberi) 등 여러 가지 병을 고치는 데 사용되었다.[19]

특히, 노인성 변비에는 대마종자를 물에 넣고 끓여서 마시거나 삼씨 20g을 물에 달여서 이른 아침 공복에 마시면 효과가 있다. 대마 씨앗에는 지방유가 다량 함유되어 있기 때문이다.

조선시대부터 사대부 양반이라는 부자들의 전유물 특권의식 속에 남겨진 유물 같은 흰쌀밥을 주식으로 먹는 경우, 각기병(beriberi)이라는 무서운 질병이 발생한다. 수주일간 정제된 쌀밥만 먹으면 발생하는 고질병 같은 이 질병은 비타민 B1 결핍에 따른 인체의 민감한 신경계 이상 장애로 인하여 다리 등에 마미증세가 나타난다. 또한 비타민 B1의 결핍은 워닉-코사코프 신드롬(Wernicke-Korsakoff

---

18)   약산 정구영, 『약초대사전』, 글로북스, 2014. 2. 25. pp.242~243. 參照.
19)   李銀模, 前揭書, p.309.

syndrome)의 원인이 되는데, 대마초가 이러한 증상을 치료하는 특효약으로서 고대중국의 한의학에서 효과적인 치료제로 이용하여 왔다.[20] 그뿐만 아니라 비타민 B1의 결핍은 신경계와 시력의 손상을 초래하기도 한다.

20) 「서울대학교」, "의학정보실", 2024. 11. 1. 大學新聞(강지형 記者), 대마불사(大麻不似) 의료용 대마 합법화 논란, 2018. 11. 4. 參照.

제3절 주요 마약류 약리작용

Ⅰ. 의의

코카나무의 잎에서 추출한 백색의 투명한 결정 분말인 코카인의 중독이라는 심각한 폐해를 알지 못했던 19세기의 심리학자이자 정신분석학의 창시자인 프로이트(Freud)는 성욕을 인간 생활에서 주요한 동기 부여의 에너지로 새롭게 정의하였으며 꿈을 통해 '무의식적 욕구'를 관찰하는 새로운 기법을 고안해 냈다.

무의식과 억압의 방어 기제에 관한 정신분석학적 임상 치료 방식이론을 처음으로 창안해 낸 프로이트(Freud)[21]는 코카인을 정신병 치료제로 사용하였으며 프랑스에서는 코카인을 넣어 만든 와인 '뱅 마리아니(Vin Mariani)'가 전국적으로 판매 유통되기도 하였다.

그러나 죽음의 백조, 백색 가루인 코카인 중독으로 인한 금단현상을 겪고 있는 사람들은 약물의 지속적인 남용에 따라 신경 생리학적 변화가 매우 심각하게 유발되어 불쾌감 등 온갖 고통 속으로 빠져들어 가게 된다.

따라서 백색 가루의 사용을 중단하게 되면 강렬하고 심각한 신체적 및 심리적, 각종 불안한 행동 증상을 경험하는 것을 금단증상이라고 한다.

---

21) 나무위키, 2024. 8. 1.;「the Central American Daily」 "세상을 구한 의학의 전설들 (medical legends that saved the world)", October 20, 2024.

Ⅱ. 케타민(ketamine)의 약리작용

1. 케타민 의존성

케타민(ketamine)이란 신종마약은 서울 강남에서 라이브 쇼(Live show)로 아주 유명한 버닝썬 클럽, 당시 마약사건으로 세상에 널리 알려진 의존성이 강한 약물이다.

미국 마약단속국(DEA)은 케타민이란 약물은 진정제 또는 진통제로서 의학적 실습이나 의료용으로 사용되어 왔으나, 오늘날 순식간에 감각을 마비시키고 환각증세를 유발시키는 약물로 알려지면서 성폭행 등의 범죄[22]에 자주 사용되고 있다고 경고한 바 있다.

케타민(ketamine)을 비롯하여 국제적으로 광범위하게 사용되는 진정제, 진통제, 환각제, 신경안정제 등 모든 마약류는 중추신경계를 자극하는 각성제로서 약리학적 특징에 따라 내성을 가지고 있다.

의학용 약품으로 쓰이는 각성제는 암페타민(페닐아미노프로페인) 계열이 가장 유명하며 여기에는 필로폰(히로뽕)이라는 상표명으로 널리 알려져 있는 메스암페타민(페닐메틸아미노프로페인)도 포함되어 있다.

특히, 각성제는 몸속에 들어갔을 경우 부신 호르몬(興奮劑)제의 하나인 아드레날린(adrenaline)과 비슷한 방식으로 작용하기 때문에 교감신경계가 흥분된다.

교감신경계의 흥분을 통해 심장박동이 빨라지고, 혈압이 높아지는 등의 효과를 얻을 수 있으며, 이러한 작용으로 잠을 쫓고 피로를 회복할 수 있기 때문에 각성제라는 이름이 붙었다. 각성제는 우울증 같은 신경병리 증상을 치료하기 위한 약으로 사용되기도 하지만 습관성이 있기 때문에 일부는 마약 주성분으로 악용된다.

케타민(ketamine)은 약리적 효과가 매우 빨리 나타나기 때문에 가벼운 수술과 산모의 분만 및 화상 치료 등의 전신 마취제로 주로 사용된다. 단 고혈압 환자에게는 사용하지 않는 약물이다.

또한 각성제에 중독되면 조현증(정신분열증)과 유사한 환각효과가 발생하며, 약을 중단했을 때 금단증상이 일어나기 때문에 현재 한국을 비롯한 대부분의 국가에서 그

---

22) 「朝鮮日報」, "42억원 상당 케타민 유통하려다 덜미", 2024. 10. 21. (参见相关报道)

사용이 엄격하게 규제되고 있다. 따라서 다음과 같이 표를 제시하여 마약의 주요원료의 형태 및 주요 생산지, 밀매 지역, 그리고 인체에 치명적으로 미치는 반응 등을 간략하게 분류하였다.

[주요 마약의 특성]

종류	원료/형태	주요 생산 및 밀매 지역	인체에 미치는 반응
양귀비, 앵속, 아편(천연마약)	설익은 씨앗 껍질 우윳빛 진액 창출	지중해 연안 및 황금의 초승달 지역 그리고 동남아, 남미 등	호흡곤란, 무기력, 인지능력상실, 실신
대마, 해시시 (Cannabis, 북미에서 marijuana로 불림)	대마, 잎, 암나무 꽃 부근 끈적끈적한 수지가 비교적 풍부하게 생성	미트라(태양신) 파미르 고원(Pamir plat), 파키스탄, 네덜란드, 태국, 콜롬비아, 일본	성욕의 촉진제인 최음제(aphrodisiac), 혼미한 환각제, 감각능력, 신경계 감퇴
메스암페타민 (일명 히로뽕 또는 필로폰)	1893년 합성에 성공 합성화합물, 백색결정체 분말,	미얀마, 라오스, 태국 등	비정상적 감정의 포물선 상승, 강력한 중추신경흥분제(endorphin 급상승), 불면증, 발작, 구토
코카인(Cocaine) (죽음의 백색 가루)	코카잎에서 추출, 백색 알칼로이드	콜롬비아, 페루, 볼리비아, 에콰도르, 멕시코, 베네수엘라, 미국 및 유럽	중독량 0.1g, **치사량 1.0g**, 정신착란, 실신, 심장마비
LSD(Psyche; 그리스 로마 신화 Cupid가 사랑한 미소녀, 영혼의 화신)	호밀이라는 곡물에 기생, 서식(棲息)하는 미세한 곰팡이 생명체(균류),[23] 진액류에서 추출, 반 인공화합물	동유럽국가 및 구 소비에트연방공화국들	초현실적 과대망상, 가장 강력한 환각제 (도파민 작용)

23) 수천 년 전부터 우리 선조들은 호밀이나 녹두, 보리 및 찐 콩 등 곡물류를 띄워 누룩곰팡잇과의 하나인 자낭균류라는 일종의 발효제를 번식시켜 왔다. 누룩곰팡이는 아밀라아제 및 말타아제 등의 효소를 가지고 있어 녹말을 포도당으로 변화시킴으로써 누룩제조에 많이 사용되어 왔다. 이러한 균사(菌絲)는 무색으로 솜처럼 번식하고 곧게 선 균사의 가지 끝에 포자가 형성된다. 즉, 아주 미세한 곰팡이 효소로 술을 빚는 데 사용하거나 또는 청국장을 발효시키는 데 사용해 온 효모라는 인체에 유익한 균을 배양시켜 왔다. 「그랜드 국어사전」, 금성출판사, 1998. 1. p.519.

종류	원료/형태	주요 생산 및 밀매 지역	인체에 미치는 반응
ketamine (버닝썬 클럽 마약사건으로 유명해진 약물)	흰색 결정체(結晶) 또는 결정성 가루(무색 무취)	전 세계적 유통, 젊은 층에서 인기 있는 합성마약	환각, 불안감, 급성심부전증, 경련, 혈압상승 등(**전신마취제**)
ecstasy (천사의 날개) (성서 아담과 하와, MDMA)	엑스터시 (유기 화합물)	영국, 네덜란드 동유럽 등	환각(**황홀상태**), 간질발작, 히스테리 등

위와 같이 우리나라에서 '클럽 약물'이라고 불리는 케타민은 무색무취(無色無臭)한 합성마약으로서 **극적인 시간**, 약리적 작용도 빠르게 나타나 상대방 몰래 은밀하게 커피, 맥주 등 **음료수에 타서 마시게 함으로써 극히 짧은 순간 자신도 모르게 사악한 성폭력 범죄의 피해자가 된다.** 따라서 오늘날 사회적으로 많은 문제점을 야기시키고 있다.

2. 중추신경계 작용

케타민은 흰색의 결정 또는 결정성 가루로 전혀 냄새가 없으며, 페니실린 계 (penicillin series) 유도체(derivative)로서 눈 깜짝할 사이 하늘로 증발해 버린 듯 흔적도 없이 물에 매우 잘 녹는다. 이 마약류는 중추신경계의 특정 부위에 탁월한 진통효과가 주어지며, 아주 건강한 사람이 복용하면 엘에스디(LSD)나 엑스터시보다 강한 환각효과가 증폭되어 나타난다. 따라서 환상적으로 분위기가 멋진 나이트클럽 등지에서 환각작용을 위한 뜨거운 광기(狂氣), 젊음의 파티 '스페셜 케이(K)'란 애칭으로 불리며 자극제로 젊은 층에서 깊이 빠져들고 있다. 미국에서 케타민(ketamine)은 통제물질 스케줄 3으로 명명하고, 홍콩에서는 통제물질 스케줄 1로 호칭되며, 캐나다에서는 직접적인 마약류로 분류하고 있다. 또한 남미의 콜롬비아에서는 향정신성의약품으로 각각 관리하고 있다. 케타민 복용에 따른 인체에 미치는 증상에 관한 연구 결과에 따르면 신장과 방광의 손상, 기억력 장애 등 중추신경계[24]에 치명적인 손상을 가져다줌으로써 중독자들에 대한 치료에는 사실상 한계가 있다 할 것이므로 사후약방문(死後藥方文)이 될 가능성이 매우 높다.

III. LSD의 약리작용

1. 환각성 마약류

환각성 마약류인 엘에스디(LSD)는 리세르그산 디에틸아미드(lysergic acid diethylamide)란 약자에서 따온 것이다.

특히 이 약물은 20~30mg으로도 환각효과를 가져올 수 있을 만큼 엄청나게 강력한 환각제로서 맥각(麥角), 즉 호밀에 서식(棲息)하는 균사(菌絲)를 건조시킨 알칼로이드에 유도된 강한 환각작용을 가진 합성물질이다.[25] 무미, 무취, 무색의 백색분말 형태로 캡슐, 액체 등 다양한 생김새로 정제되어 유통되고 있다. 또한, psychedelic이란 환각성 마약류를 지칭하는 말로 엘에스디(LSD)의 은어로 사용되기도 한다.

즉 LSD는 그리스 로마 신화 Cupid가 사랑한 미소녀, 영혼의 화신, 사랑의 영혼 Psyche와 Delos(분명한, 보이는)의 합성어로 마치 영혼이 보이는 듯한 환각적 효과를 느끼게 된다는 의미를 가진 약물이다.

특히 액체 상태로는 '체중 7억 분의 1'의 미량(微凉)으로도 극적인 효과를 가져다 준다. 따라서 인간의 몸에 미치는 환각효과는 사용한 뒤 30분 후부터 보이기 시작하

---

24) 이숙경 外, 중추신경계에 작용하는 藥物(臨床藥理學 및 實習), 서울; 수문사, 1995. pp.23~70.

25) 현미경(microscope)으로만 관찰할 수 있는 균사(菌絲) 또는 균근은 식물에 서식(棲息), 공생 또는 기생하는 효모로서 생물 분해로 인하여 각 영양소 순환을 촉진시키고, 알코올을 발효시킬 때 사용하는 누룩곰팡이(당화)뿐만 아니라 부상자등 환자들 치료에 반드시 필수적인 항생제인 페니실린을 개발하는 등 오늘날 다양한 분야에서 사용된다. 인류 최초 항생제인 페니실린은 영국의 세균학자 플레밍(A. Fleming)이 푸른곰팡이에서 우연히 발견함으로써 폐렴, 결핵, 매독, 급성 염증(패혈증) 등 치명적 세균 감염 치료에 일대 혁신을 가져왔던 것이다. 「그랜드 국어사전」, 금성출판사, 1998. 1. p.2704.

여 무려 10시간 이상 지속시킨다.[26]

2. 강력한 약리작용

엘에스디(LSD)는 인체의 점막 표면에서, 심지어는 귀에서도 매우 쉽게 흡수되어 30~60분 내에 아주 인상적으로 작용한다. LSD는 아주 미세한 극소량으로도 강력한 환각효과를 나타낼 수 있어 1회 사용량이 100~250mg에 불과하다. 그러나 정신적 환각의 극치(極致)에 빠지는 효과는 코카인의 100배, 메스암페타민의 최대치 300배에 달하며 8~12시간 동안 지속된다. 하지만 지속적인 환각효과는 두 가지 정신병적 반응의 연장과 생리학적 재발현상 등 심각한 부작용[27]을 가져다준다.

엘에스디(LSD) 사용 직후 수많은 자극이 걸러지지 않은 상태에서 인체의 감각기관으로 동시에 밀려오는 강력한 느낌을 받는데, 특히 시각기능이 현저하게 변형되어 색채를 듣거나 소리를 보는 등 비뚤게 느끼는 사악한 사탄의 저주(咀呪)가 퍼붓는 듯한 왜곡현상, 즉 착각에서 유발되는 공감각 상태라는 초월적 증상이 나타나면서 수많은 신비로운 상태를 경험하게 된다. 즉, 환각상태에 빠지면 즐거운 상상으로 기분이 좋아질 수도 있으나 대개는 신체가 거센 폭풍 속에서 난파선처럼 조각조각 부서지는 공포감, 두려움, 극도의 불안감 등을 느끼게 된다.

엘에스디(LSD)를 남용하면 뇌와 염색체에 손상을 일으키며 눈동자가 풀리고(동공확대) 창백해지며 심박동과 혈압이 빨라지고 수전증이나 오한증(惡寒症) 등을 일으킨다.

1943년 알버트 호프만(Albert Hoffman)이 맥각(호밀)균에서 합성한 물질로서 무색·무미·무취한 백색 분말인 엘에스디(LSD)는 해괴할 정도로 강렬하고 기묘한 정신적 이상 증세를 일으키고 시각과 촉각 및 청각 등 감각을 왜곡시키는 강력한 물질이다. 엘에스디(LSD)의 환각제 특성은 5년 후, 호프만 자신이 연구실에서 실수로

---

26) 김진규, 「임상병리학 교실」, 서울대학교 출판부(서울대학교 의과대학 편), 1994. 3. 10. p. 59; 이숙경 外, 중추신경계에 작용하는 藥物(臨床藥理學 및 實習), 서울; 壽文社, 1995. p.141.
27) 이용하, 최신보건학(뇌혈관계), 신광출판사. 1993. 3. p.129; 김우겸, 「생리학 교실」, 서울대학교 출판부(서울대학교 의과대학 편), 1994. 3. 10. p.391.

알 수 없는 양의 화학 물질을 섭취했을 때 발견하였다.

나는 약간의 현기증과 함께 연이어 눈에 띄게 안절부절 못하는 증상이 나타나면서 극도로 자극된 상상을 특징으로 하는 불쾌하지 않은 취한 상태에 누워 있었다.

사몽비몽(似夢非夢) 꿈같은 어렴풋한 상태에서 눈을 감고서 일광이 불쾌할 정도로 눈부신 것을 알았다. 나는 초현실적인 환상적 그림, 강렬하고 만화경(萬華鏡; kaleidoscope) 색상 유희가 있는 특별하고도 눈부시게 고운 천사의 모습이 끊임없는 흐르고 있음을 인식했다.

— LSD에 대한 첫 경험일지 中.[28]

Ⅳ. 죽음의 전주곡 마약의 금단현상

1. 아편의 효과 및 중독

죽음의 환상곡, 아편이라는 약물은 처음 시작과 함께 필연적으로 금단증세가 자신도 모르게 정신적, 육체적으로 깊이 스며들게 된다. 아편은 모르핀, 코데인 등을 포함한 20개 이상의 알칼로이드(alkaloids)를 함유(含有)하고 있기 때문이다.

아편을 처음 투약할 때는 강한 진통효과 및 진정효과, 그리고 심리적 의존현상으로 기분이 편안하게 되지만 인체는 아편에 내성이 생기게 되어 더 많은 양을 요하게 됨으로써 투약의 횟수와 그 양이 증가하게 된다. 아편의 중독증상이 시작하게 되면 자신의 의지와 관계없이 은밀하게 지옥의 문으로 들어서 있는 것이다. 따라서 중독증상에 따른 주의력 장애·언어 장애·정신운동 지연·판단력의 심각한 장애·동공 수축·식욕 상실·성욕 상실·오심(惡心)·체온 하강·호흡 억제 등이 나타난다.

아편의 중독증상 중에서 오심(惡心)이란 위에 한, 습, 열, 담, 식체(食滯) 따위 등으로 인하여 가슴속이 불쾌하고 울렁거리며 구역질이 나면서도 토하지 못하고 신물이

---

28) 鄭奎澈, 지역사회보건학, 동일출판사. 1990. 1. 5. p.509.

올라오는 증상을 의미한다.[29]

아편의 중독에 따른 심장의 느린 서맥(徐脈)이라는 것은 심장 박동수의 감소를 초래하고 2차적으로는 주요 장기에 혈류량이 감소하게 되어, 심한 어지럼증으로 인하여 실신, 호흡 곤란, 무기력한 상태, 운동능력 감소 및 인지능력의 감퇴 등 다양한 증상을 야기시킬 수 있다.

2. 모르핀의 중독성

모르핀(morphine)은 1805년에 제르튀르너(Sertürner)가 아편에서 화학적으로 분리(分離)해 냈는데, 이는 최초로 현대적 의미의 순수한 성분의 마약 발견이라 할 수 있다. 모르핀이라는 이름 역시 제르튀르너에 의해 작명되었다. 모르핀이 수면 유도 효과가 있는 점에 착안하여 잠을 자게 하는 능력이 있다고 알려진 그리스 신화에서 등장하는 신비로운 꿈의 여신 모르페우스(Morpheus)의 이름에서 따왔다.

> 모르핀(Morphine)을 아편에서 분리하는 데 성공한 독일의 화학자 아담 제르튀르너(Adam Serturner, 1783~1841)는 그 공로를 인정받아 프랑스 화학상을 수상했으며, 이후 1827년에 머크 그룹이 제품화하였고, 1853~1855년에 주사기가 발명된 이후에는 세계적으로 널리 사용되기 시작하였다.[30]

2021년에는 미국에서 156번째로 많이 사용된 약물로, 3백만 번 이상 처방되었다. 모르핀은 아편의 주요 성분으로 이루어진 마약성 진통제의 일종이다. 중추신경계(CNS)에 직접 작용하여 피부 및 신체 내부에 직접 통증을 느끼게 하는 신경전달물질의 분비를 억제하여 아픈 증상을 줄이는 데 사용한다. 그 밖에도 진정, 진해, 최면

---

29)   鄭奎澈, 地域社會保健學, 同一出版社. 1990. 1. 5. p.509.
30)   신상구, 「약리학」, 서울대학교 출판부(서울대학교 의과대학 편), 1994. 3. 10. 「위키백과」 모르핀, 24. 5. 8. 「韓國民族文化大百科」 한국학중앙연구원, 2024. 8. 19.

효과가 있으며 급성 통증과 만성 통증 모두에 사용할 수 있다.

모르핀으로부터 분리된 코데인이란 약물은 주사, 캡슐, 알약 형태이다. 의료용으로 사용이 되며 진통, 진해에 탁월한 효과를 갖고 있다. 그러나 우리나라에서 마약성 진해 거담제의 처방은 제한되어 있다.[31]

일반적인 부작용은 호흡억제 외에도 오심·구토·변비 등의 소화기 증상으로 나타난다. 대량 섭취에 의한 급성중독에는 혼수·축동·체온 하강·호흡 억제 등이 차례로 출현하며 호흡정지에 이르러 죽음에 이른다.

모르핀 반복섭취에 의한 만성중독은 이른바 정신적 의존에 더하여 신체적 의존에 상태에 이르게 됨으로써 약의 섭취를 중단할 수 없다. 만약 중단하면 의존 정도에 따라 다르지만 하품을 하고 눈물·콧물을 흘리며 땀·열이 나고 식욕부진·불안·구토·설사·호흡수 증가, 혈압상승·체중감소 등의 심각한 증상 등이 나타난다.

모르핀은 주로 분말, 캡슐 형태이며, 오랜 세월 전쟁 당시 부상자들의 수술용 주사 약제로 사용되어 왔으며, 정신적 완화와 도취 작용이 있다. 아편보다 강한 중독성을 가지며, 중독증상은 호흡 억제, 메스꺼움, 발한, 변비증상 등이 연속적으로 발현된다.

3. 코카인의 중독증상

코카인 흡입할 경우 처음 시작 단계에서는 쾌락을 주거나 고통을 완화하는 긍정적 보상차원의 경험에서부터 시작하게 된다. 하루의 고된 업무를 마친 뒤에 마시는 한 잔의 술은 업무의 스트레스와 고통을 씻어 주는 산뜻한 청량제로서 일시적으로 행복감을 맛보게 되는 것과는 비교할 수 없을 정도로 전혀 다른 심각한 증상으로 발현된다.

금단은 중독의 핵심 증상 중 하나로 중독은 특정 행동에 과도하게 탐닉함으로써 시간이나 경제적 균형이 깨어지고 그로 인한 역기능이 초래되는 현상이다.

코카인의 지속사용에 의한 습관성 중독은 모르핀 중독과 비슷하나, 힘이 빠지고

---

31) 「韓國民族文化大百科」 前揭書, 24. 8. 19.

몸이 마르는 등 신체 소모가 두드러지며, 정신적으로는 집중곤란이나 도덕 감정의 황폐화 외에도 특유한 코카인 환각증상을 보인다.

즉, 자신이 스스로 인지할 수 없는 벌레나 작은 동물들이 신체 피부 위로 기어다니는 것처럼 느끼며 체감 환각증세가 심각하여 자신의 온몸을 쥐어뜯고 상처투성이가 되기도 한다. 또한 코카인성 비(鼻)카다르에 의해서 비중격(septonasal) 결함을 강하게 유발시킨다.

따라서 마약의 남용에 의한 급성 중독, 즉 현기증·안면의 창백·동공 산란 등으로 시작되어 정신을 차리지 못할 정도로 혼미한 명정(酩酊) 상태에 빠지게 된다.

명정상태란 약물이나 술에 취한 상태를 의미하는 것으로서 형법 제10조(심신장애) 제1항 심신장애로 인하여 사물을 변별한 능력이 없거나 의사를 결정할 능력이 없는 자의 행위는 벌하지 아니한다. 즉 명정상태는 심신장애 사유의 하나로 완전한 명정은 심신상실 상태에 이른 것이므로 그 상태에서 위법행위를 한 때 당초부터 그 범죄를 행할 의사를 가지고 심신상실에 이르게 된 행위가 아니면 형법상 원인에 있어 자유로운 행위가 아니므로 책임능력이 없다 할 것이므로 벌하지 아니한다. 특히, 형법 제10조 소정의 심신장애의 유무 및 정도를 판단함에 있어서 반드시 전문가의 감정에 의존하여야 하는 것이 아니고, 범행의 경위, 수단, 범행 전후 피고인의 행동 등 기록에 나타난 관계 자료와 피고인의 법정 태도 등을 종합하여 법원이 독자적으로 판단할 수 있다(대판 98도159).

그다음 단계로는 정신착란·환각 및 환청, 또 다음 단계로 진입하게 되면 호흡이 곤란해지며 실신상태에 이르다가 결국 사망하게 된다.[32]

첫 번째, 초기 금단증상은 일반적으로, 6~12시간 경과한 때부터 불안 증세, 불면증, 과민반응, 불쾌감, 하품, 진땀, 눈물, 콧물, 그리고 끊임없이 정신적 환각상태가

---

32) 大木康介, 麻藥 - 腦 - 文明, 物質을通じて人間의精神을見る。精神 世界史。1994年1月7日.5面; 「위키 백과」 케톤체의 過剰生産. 2024. 8. 2일 參照.

되풀이 반복되며 무엇인가에 갈망하게 된다.

두 번째는, 보통 12~14시간 내에 입모, 피부 소름, 고열, 체온조절장애, 식욕감퇴, 복통, 근육 및 관절통 등의 증상이다.

세 번째는, 약물 차단 후 24시간 후부터, 증상의 악화와 더불어 맥박의 증가, 혈압 상승, 호흡수 증가, 설사, 오심(惡心), 구토, 체중감소, 신체근육에 심한 경련 유발[33], 심각한 우울증세, 허탈한 무력감 등을 호소하게 된다.

네 번째, 심각한 고통의 시간이 다가오는데, 그것은 48~72시간 경과 후 피부 소름, 난폭한 욕구, 자아인격체 상실, 설사 및 장 경련, 심한 통증, 탈수증세, 백혈구 증가, 혈액 캐톤체의 과잉생산 근육의 경련, 이유도 없이 발차기 행동 등 극도로 이상한 행동을 유발하게 된다. 특히 헤로인의 투약자가 사용을 중단할 경우에 나타나는 금단증상의 정도와 특징은 사용자에 따라 그리고 약물의 사용량에 따라 다소 다르게 나타난다. 우선 약물을 마지막으로 사용한 후 8~14시간이 지나면 하품, 눈물과 콧물의 분비, 재채기, 발한(發汗) 등의 가벼운 증상이 나타나고 그로부터 다시 14~18시간 동안에는 위와 같은 증상과 함께 식욕의 상실, 동공의 확장, 불안감, 심각한 경련 등의 증상이 나타나고 피부에 소름이 지속적으로 돋는다.

그 후 24~36시간 동안은 호흡이 거칠어지고 열이 나며 불면증, 초조감, 혈압의 상승 등과 같은 증상이 두드러지는 등 시간의 흐름에 따라 증상이 다르게 나타난다.[34]

V. 마약 중독에 따른 내성

마약류 오용 및 남용에 의한 물질중독은 미국정신의학회의 정신 장애 분류 체계인 DSM-IV-TR(APA, 2000), 양귀비에서 추출한 아편 및 코카인 등은 물질 관련 장

---

33) 안규리 「간질성 신병변」 서울대학교 출판부(서울대학교 의과대학 편), 1994. 3. 10. p.34.
34) 김제완 外, 前揭書, 16면; 전경수 「마약과의 전쟁」(서울: 빛과 소금社, 1994), 48면; 김성일 外 「청소년 약물남용의 실태와 예방」(이화여자대학교 한국문화연구원, 1989), pp.502~503.

애(substance-related disorder)와 매우 관련성이 높다.

마약중독에 따른 정신성 물질 관련 장애에는 물질 사용 장애와 물질로 유발되는 정신장애의 범주가 있다.

이 중 물질 사용 장애의 하위 범주에 해당하는 물질 의존과 물질 남용이 있고, 향정신성물질로 인하여 유발된 장애의 하위범주에는 물질 중독과 물질에 의한 비정상적인 금단현상(material withdrawal)이 있다.

코카인 등 각성제는 기침의 특효약 에페드린으로부터 합성된 것이며 미국에서는 "뇌에 좋은 약", "초인을 만드는 약(a superman's medicine)"으로 널리 알려져 있고, 일본에서는 "돌격정 또는 묘목정(猫目錠)"이라 불리었으며, 제3제국의 아돌프 히틀러도 각성제 마약을 사용했다. 영국 바스대학교(University of Bath) 생화학, 약학박사. 세라 베일리 교수와 롤랜드 교수는 아돌프 히틀러의 주치의로서 그를 마약중독자로 만든 이상한 돌팔이(quack)의사로도 유명하다. 그들은 히틀러가 자살하기 고작 며칠 전까지 최측근에서 보좌할 정도로 두터운 신임을 받은 인물 중 하나이다.

VI. 금단 유발의 원인

1. 약물의 과도한 탐닉

약물에 의한 중독은 흔히 사용의 초기나 단기적으로는 사용자에게 보상적 측면, 생존과 번식에 도움이 되거나 쾌락을 가져다주고 그 결과에 따른 치명적인 고통을 수반(隨伴)한다.

만병통치약(panacea)처럼 코카인을 과도하게 탐닉[35]함에 따라 시간적으로나 정신

---

35)　D G Kissner, W D Lawrence, J E Selis, Diseases to the human body caused by cocaine abuse. 1987. 136권, 5호.

적, 경제적으로 생활의 균형이 깨지면서 그로 인한 역기능이 현저해지기 시작한다.

19세기에는 코카인에 와인을 섞어서 파는 제품이 인기가 매우 좋았다는 기록에 의하면, 일명 "뱅 마리아니(Vin Mariani)"라는 와인은 1 플루이드 온스당 코카인 6mg을 함유하고 있었다. 황홀경(恍惚境), 쾌락을 극대화시키기 위한 수단의 하나로서 고농축된 약물을 와인 잔에다 꽉 채워서 들이켰던 것이다.

이러한 행위는 사실상 웬만한 코카인 중독자보다 더 많은 양의 코카인을 인체에 투약하게 되는 것과 같은 효과를 안겨 주었다. 당시 교황 비오 10세는 휴대용 병(flask)에다 가득 채워 놓고서 수시로 시간 날 때마다 마셨고 또한 빅토리아 여왕, 에드워드 7세, 러시아 황후(알렉산드라 표도로브나), 스웨덴 국왕뿐만 아니라 그들의 왕족들도 만능 약, 만병통치약(panacea)이나 된 듯 코카인을 애용했다.

이 약물에 대한 위험성을 몰랐다고 하더라도 코카인을 혼합한 고농축된 와인(highly concentrated wine)을 만든 회사의 대표는 국왕에게 애국공로 훈장까지 받았다. 그뿐만 아니라 1929년 이전에는 코카콜라에도 코카인을 함유시켜 시중에 유통시켰다.

그럼에도 마약 투약자들이 어찌하여 중독 행동을 멈추지 못하고 치명적으로 약물을 탐닉하는 이유는 무엇일까? 코카인 등 마약류의 중독성 물질에 만성적으로 노출되면 뇌의 영역들은 통상적으로 중독의 핵심적 측면이 기억체계에 보상 경험과 같은 강렬한 정서적 기억과 깊은 관련이 있다.

중독성 물질에 만성적으로 노출되어 중독된 조건을 나타내는 것으로 약물에 대한 만성적 노출은 반복되는 약물 활동에 대한 동질 정체적 반응의 일종, 즉 내성으로 볼 수 있는 도파민 체계의 손상을 유발한다.

이러한 중독성 물질에 노출될 경우 신경 적응능력은 중독성 약물과 연합된 조건자극이 주어지면 곧 들어올 것으로 예상되는 약물의 효과를 상쇄하거나 감소시키기 위해 자동적으로 약물 효과와는 반대 방향의 생리적 반응이 나타난다. 그 때문에 '조건

자극'만 제시되고 약물이 들어오지 않으면 심각한 금단증상이 지속적으로 나타나게 되는 것이다.

따라서 중독성 약물 사용을 중단하면 모든 의지와 감정, 사고가 그것을 해소하기 전까지는 오직 그 중독성 약물에만 집중되고 그것 외에는 아무런 생각도 할 수 없게 뇌신경계가 마비된다. 불쾌한 금단증상은 약물 사용이 재발하는 주요 원인 중 하나이다.

2. 의학적 문제점

코카인과 달리 양귀비 아편의 남용으로 인하여 영향 결핍과 일회용 주사기를 소독하지 않고 사용함에 따른 주사바늘과 기구의 재사용 원인은 에이즈(AIDS) 감염이라는 심각한 위험에 노출된다. 특히 남성호르몬의 일종인 테스토스테론(testosterone)의 분비 저하로 인하여 불알이 없는 내시와도 같은 성기능 장애 및 파상풍(tetanus; lockjaw)뿐만 아니라 심장기능에 장애가 발생하여 정맥압이 급격하게 상승하고 충분한 양의 산소를 말초신경 조직에 공급할 수 없는 심부전(心不全) 증상으로 인한 근육의 강직과 경련, 말라리아, 빈혈, 폐렴, 결핵(tuberculosis(abb.)TB) 등의 원인이 된다.[36]

특히 당뇨병 환자 및 마약중독자는 금단증상으로 인하여 케톤체의 과잉(過剩) 생산을 초래하고, 이것은 여러 가지 의학적인 문제점을 동반한다. 아세토아세트산과 D-β-하이드록시뷰티르산의 혈중 농도가 상승하면 혈액의 pH를 낮추어 산증(acidosis)을 초래하게 되는데, 산증이 심해지면 혼수상태를 일으키고 경우에 따라 사망에 이르게 된다.

1980년대 미국에서 대유행하였던 마약류 중 하나인 크랙이란 코카인(Crack Cocaine)은 순수한 코카인을 염산에서 분리하여 물에 녹지 않는 고체로 만든 후

---

36) 김진규, 「임상병리학 교실」, 서울대학교 의과대학 편, 1994. 3. 10. p.59; 김제완 外, 前揭書, 16面.

가열해 연기로 흡입하는 마약으로서 "딱딱"거리는 소리에서 착안하여 크랙(Crack)이라 명명(命名)하였다.

일반적으로 크랙은 흡입한 뒤 순식간 10초 이내에 중추신경계에 도달해 뇌의 특정 부위를 강렬하게 자극한다.

하지만 약물의 효과가 15분 정도밖에 지속되지 않고, 곧바로 침울할 정도의 깊은 우울증을 느끼게 되는 등 금단증상과 내성이 급속하게 나타나기 때문에 그만큼 중독의 위험성도 매우 높다.

크랙이란 약물을 지속적으로 사용하면 경련, 발작, 호흡장애, 심장마비 등의 증상이 나타난다.

1980년대부터 코카인 가루를 베이킹 소다(baking soda)와 섞은 후 가열하여 만든 약물이 크랙으로 조각조각 깨어진 유리 파편의 입체 형상처럼 작은 눈꽃 결정체의 시각적 효과를 가져다주는 약물이다.

이 마약은 순도가 매우 높은 코카인의 일종으로 코카인처럼 주사기로 주입하거나 코로 빨아들이지 않고 태워서 그 연기를 담배처럼 직접 들이마시는 것이 특징이다.

이 약물을 담배 연기처럼 들이마시는 순간 어떤 것에 홀린 듯 무엇엔가 강렬하게 취한 듯 도취와 황홀감에 깊숙하게 빠져들게 된다. 그러나 크랙으로 인하여 인체에는 쉽게 내성이 유발됨에 따라 중독증상이 나타나게 되는데, 이때는 이미 몸을 망쳐버린 폐인으로서 사망선고를 받은 것과 같다.

Ⅶ. 소결

사랑의 영혼이라는 엘에스디(LSD)는 미세한 극소량을 단 1회만 투약해도 순식간에 깊숙하게 뇌구조 속으로 기습공격(surprise attack)을 감행하게 된다. 그와 동시에 오랫동안 혼미하고 복잡하던 머릿속 번민은 모두 사라지고 근사하게 꿈속에서 헤매는 것과 같이 비현실적이고도 초현실적으로 영혼의 화신(surrealistic embodiment of the soul)이 보이는 듯 매혹적인 미소녀와 아주 정겹게 뜨거운 사랑의 밀어를 10시간 가까이 지속시키는 극적인 환각효과를 나타낸다.

특히 최근 LSD는 빠른 약효뿐만 아니라 저렴한 가격으로도 누구나 쉽게 구입할 수 있고 또한 강렬하게 허깨비에 홀린 듯 8~12시간 동안 매혹적인 환각에 빠지는 효과를 얻을 수 있다는 매력적[37]인 약리작용 때문에 오늘날 무서운 속도로 확산되고 있다.

마약류의 각성효과는 인간 뇌(중추신경계의 주요부) 속 신경전달물질로서 사고력과 쾌감에 주로 관여하는 물질인 도파민을 강제로 배출시켜 아주 짧은 시간 쾌감을 맛보게 하고 한편으로는 도파민을 파괴하여 도파민 결핍을 유도하기도 한다.[38]

도파민이 눈 깜작할 순간 극적으로 증가하면 쾌감을 느끼지만 과도해지면 피해망상, 과대망상, 환각 및 환청 등의 정신분열증 같은 이상증세를 야기시킨다.

특히 마리화나(대마초)를 장기간에 걸쳐 반복적 사용함에 따른 중추신경계 마비 및 만성중독증상에 관하여는 의학적으로 명확한 임상실험을 거쳐 입증된 것인가에 대해서는 오늘까지도 논란의 여지가 있다.

---

37) Project Gutenberg T. Homas de Quincy, dramatic hallucinogenic effect that naturally lasts nearly 10 hours as if the embodiment of the soul is visible, February 2002.

38) 「아시아투데이」, "LSD 유사 신종물질", 2024. 10. 21.; 「메디컬월드뉴스」 식약처 '1디-엘에스디(1D-LSD)' 등 7종 임시마약류 지정 예고, 2023. 11. 19. 參照.

제4절 동남아 및 기타 지역의 실태

2025. 5. 19. 호젓한 산길을 따라 거닐던 나그네와 우연하게 조우(遭遇)하게 된 양귀비 꽃잎의 향기로운 향연

Ⅰ. 의의

오늘날 세계적으로 가장 많이 밀거래되고 남용되고 있는 약물 중의 하나가 헤로인이다. 헤로인의 근원적인 원료는 양귀비에서 추출한 아편, 즉 앵속(罌粟)이며 아편 성분을 함유하고 있는 앵속은 기원전 300년경부터 지중해 연안 지역에서 자생하여 왔으며, 이후 태국·중국·인도 등 아시아 지역과 멕시코 등 중남미 지역으로 확산되어 왔다.

특히, 중남미 국가 중 멕시코 시에라 마드레(Sierra Madre Mountains)의 험준한 산맥 산악지대에서의 양귀비 경작지는 범죄조직에 의해 재배되고 있는 지역으로서 험준한 오지인 이 지역에는 약 12만 명으로 추산되는 사람들이 마약조직에 의해 억압과 강요에 의해 양귀비를 재배하며 어렵게 하루하루 삶을 이어 가고 있는 실정이다.

멕시코 열대성 시에라 산맥(Sierra Mountains)의 양귀비 재배면적의 증가로 인하여 헤로인의 원료인 아편 페이스트(opium paste)의 가격이 크게 하락하였다. 최근 멕시코는 총면적 64,494에이커(7,895만 평)의 땅에 헤로인과 모르핀의 원료인 양귀비 경작하고 있으며, 일본과 러시아의 재배 및 유통 구조와 유사하다는 것이다. 유엔마약범죄사무소(UNODC)가 2014년부터 2015년 상황을 조사하여 2017년에 보고한 내용에 의하면, 최근 멕시코를 아프가니스탄과 미얀마에 이어 아편 양귀비 생산량이 세계 3위 국가로 발표한 바 있다.[39]

헤로인의 기본원료인 앵속은 온대 및 아열대 기후에서 아주 무성하게 자라는 양귀비과의 식물로서 생장조건이 최적인 타이·미얀마·라오스의 국경지대인 황금의 삼각지대(Golden Triangle)에서 오늘날 세계 생아편의 70%를 생산하여 공급한다.

또한 황금의 초승달 지역(golden crescent)을 중심으로 하여 거의 세계 전 지역에서 재배되고 있다. 앵속(양귀비; Opium poppy)[40]은 가슴이 아릴 정도로 어여쁜 꽃이 피는 1년생 화초로서 오늘날에도 그리스의 지중해 연안에 잔잔하게 흐르는 해안선을 따라 산기슭을 덮고 있다.

---

39)   Mexico News, 2017. 7. 8. 參照.

40)   金昌鉉, 「한국마약 중독자의 사적고찰」, 신경정신의학(제2권 제1호, 93), p.70.

Ⅱ. 양귀비과 식물

타이·미얀마·라오스의 접경 지역인 황금의 삼각지대의 연간 추정 생산량에 대하여, 유엔 마약범죄사무소(UNODC)가 최근 실시한 조사 결과보고서에 의하면, 2018년 미얀마 아편 재배 지역 면적은 3만 7,300헥타르로 2017년 때의 4만 1,000헥타르보다는 어느 정도 감소되었으나, 여전히 아편 생산량은 510톤에서 550톤에 이른다.[41] 황금의 삼각지대는 메콩강 유역의 지리적 조건, 즉 아주 적합한 기후와 비옥한 토양이 양귀비 재배에 천혜의 지역으로서 이곳에서의 마약 거래는 제2차 세계대전 이후부터, 당시 미얀마(버마)는 아편 생산의 주요 중심지였고, 마약 밀매업자들이 주요시장인 서방 세계로 아편을 운반하는 통로로 이용되었다. 1960년대와 1970년대에 마약 카르텔과 무장 세력이 급부상하면서 이 지역의 마약 거래가 더욱 확대됨에 따라 1970년대 황금의 삼각지대는 全 세계 아편의 약 60%와 메스암페타민의 약 40%를 생산하였다.

특히 2024. 12. 31일 자 유엔마약범죄사무소(UNODC)의 보고서에 의하면, 미얀마는 필로폰(메스암페타민), 케타민, 펜타닐 등 합성마약의 세계 최대 생산 및 제조(정제)국 중 하나이다.

2024. 12. 3. 평화로운 사회에서 비정상적인 비상계엄령을 선포한 우리나라와 매우 유사한 사건으로, 2021년 2월 초 밤 12시를 기해 미얀마 군부는 부정선거를 했다는 터무니없는 주장을 내세워 탱크 및 총칼로 무장하고 헌법기관인 중앙선거관리위원회와 국회를 일거에 점령, 민주화를 위해 부득이한 군사정변이라는 허무맹랑한 거짓 선동으로 국민을 현혹한 후, 정상적인 민주정권을 총칼로 탈취하였으나 군부세력에 대한 소수민족과 민주연합세력의 거센 저항으로 내전에 휘말린 동부 샨주 등지는 군사정권의 단속마저 사라지고 공개적으로 자유롭게 양귀비를 재배하고 이를 정제하는 등 국가 전체가 무법천지로 변질되었다.

---

41) Asia Times Korea, 2019. 4. 3일 자 參照.

2021년 2월 1일 군부 쿠데타 이후 4년간의 내전으로 인하여 마약 거래뿐만 아니라 수많은 범죄로 인하여 사회적으로 무법천지가 되어 버린 미얀마는 2022년 9월 기준, 130만 명 이상의 국민들이 실향민이 되었고, 13,000명이 넘는 어린이들이 내전[42]의 소용돌이 속에서 죽음을 당하는 희생양(scapegoat)이 되었다.

최근 수세에 몰린 군부세력은 선린우호(善隣友好)적 차원에서 러시아에서 보낸 최신예 전투기 4대를 동원해 반군이 점령한 지역에 대한 무차별 공습을 강화하면서 민간인 희생자도 매일같이 급증하고 있다.

이 지역에서 만들어진 생아편의 분말은 전통적으로 헤로인으로 가공(加工)되어 합성마약의 원료로 사용된다. 따라서 골든 트라이앵글 지대의 마약은 중국, 동남아시아, 유럽, 미국 등 세계시장으로 밀반입되고 있다. 특히, 생아편을 분말로 만들어 모르핀의 함량을 9.5~10.5%로 조절한 것이 아편가루인 것이다. 일반적으로 이러한 정제 과정을 거친 아편은 후속 처리를 통해 의료용으로 사용이 되기도 한다.

UN 보고서에 의하면, 인도에서는 약 70만 명의 헤로인 중독자가 있다고 추산되고, 말레시아는 1,600만 명의 인구 중 40만 명, 오스트레일리아는 6만 명, 태국은 1993년에 80만 명에서 2000년에는 30만 명으로 감소된 중독자들이 있다. 또한 홍콩 경찰청에 의하면 홍콩에서 남용되는 위험약물의 98%가 헤로인에 의한 중독자라고 밝히고 있다. 최근 중국에서의 마약중독자는 1,000만 명을 넘고 있다.

Ⅲ. 소결

황금의 삼각지대에서 양귀비는 매년 기록적인 수확이 계속되어 오고 있으나 서남아시아 황금의 초승달 지역에서 마약무역이 번성하기 시작하면서 국제마약시장은 양극화현상이 나타나기 시작하였고 게다가 1978년 이후 서남아시아에서 헤로인의 생

---

42)　　[AFP聯合 News](하노이=박진형特派員)최저가 신종마약의 홍수, 2025. 1. 1. (参见相关报道).

산이 급격하게 증가함으로써, 또한 멕시코가 북미시장에서의 헤로인시장의 점유율을 계속 높임에 따라 황금의 삼각지대는 유럽 및 북미에서의 중요한 지위가 약화되어 가고 있다.

1990년대와 2000년대 초반까지만 해도 미얀마의 연평균 아편 생산량은 1,000 톤으로 증가하였는데, 아편에 대한 중국의 높은 수요가 황금의 삼각지대인 미얀마에서의 아편의 불법적 재배가 증가하고 있다.

유엔마약범죄사무소(UNODC) 보고서는, 2020년에 적발된 필로폰 가운데 약 1톤은 해상에서 압수되었고 아시아 지역에서 불법 마약생산 및 판매에 대한 경제적 규모가 연간 800억 달러(약 109조 원)에 달한다고 추산하고 있다.

제5절 서남아 지역 실태

I. 의의

황금의 초승달(the golden crescent) 지역(아프가니스탄·이란·북부파키스탄)에서 매년 2,000톤 이상의 아편이 생산되어 이탈리아의 마피아와 나이제리아 커넥션 등에 의해 조직적으로 발칸반도 루트를 통해 유입되어 서유럽 헤로인시장의 65~70%를 점유하고 있다.

특히, 마피아(Mafia) 범죄 조직이란[43] 본래 이탈리아 반도 지중해 중앙부에 위치한 비릿한 바닷바람의 나라 시칠리아 섬을 주름잡던 반정부 비밀결사 조직이었다.

초기에는 정치조직이었으나 이 조직의 일부가 1920년대 미국으로 건너가 뉴욕, 시카고 등 대도시에 뿌리를 박으면서 범죄조직으로 변질되어 구성된 것이 마피아의 모태이다.

이들은 매음, 도박, 공갈, 밀수 등 마약을 이용하여 엄청난 부를 쌓았으며 매수한 정치인, 판검사, 경찰 등의 비호 아래 치외법권적 특권을 누리고 있다. 나이지리아 등 서아프리카에서 밀매조직은 동남아 또는 서남아산 헤로인을 항공편으로 아프리

---

43) 曺鮮鎬, 「세계조직범죄」(서울: 靑木社, 93), 24~36면; 최인섭, 「조직범죄 특성과 실태」, (형사 정책연구, 94 한국형사정책연구원), 16면; 国際犯罪組織が関与する犯罪インフラ事犯には、 地下銀行による不正な送金、偽装結婚、偽装旅券・在留カード等、不法就労助長 等がある。警察 庁, 国際犯罪組織の動向, へいせい(平成25年).

카, 특히 나이지리아[44]를 경유한 후 미국·유럽 등 소비지로 반입하는 루트를 이용하는데 동남아산 헤로인 밀매 관여자는 차츰 줄고 서남아산 헤로인 밀매 관여는 증가하고 있는 실정이다.

특히 헤로인은 주로 유럽에서 남용되는 마약으로 독일·이탈리아의 경우 1991년 이후에는 미국의 압수량을 상회하였다.[45]

II. 황금의 초승달 지역 경작 및 밀매 현황

약 기원전 3,300년경부터 존재하여 왔던 청동기 시대, 인더스 문명을 싹틔운 푸른 물결의 강 티베트고원에서 발원하여 인도령 카슈미르를 거쳐 파키스탄 영토의 중앙부로 팽이처럼 회전하며 세차게 흘러가는 거대한 소용돌이의 파고(波高)를 이루는 인더스강, 그 유역을 따라 볼란 고개를 넘어 해발고도 1,686m에 둘러싸인 분지, 먼동이 터올 즈음 일출이 가까운 밤의 끝자락, 새벽안개 이슬 맺힌 고즈넉한 이른 아침 오아시스에 위치한 퀘타(Quetta) 지역이란 곳이 있다.

예로부터 이 지역은 이란·아프가니스탄·중앙아시아의 문화교류 및 통상의 요지인 동시에 수세기 동안 중요한 군사상 전략적 요충지(strategic point)이기도 하였다. 제1차 아프간전쟁 때(1838~1842) 영국에 점령되어 1875년 인도에 합병되었고, 1935년 6월에는 지진으로 큰 피해를 입은 바 있다. 이 지역은 융단·양모·과실·가죽제품·곡물 등의 거래 및 염료 등의 화학공업, 과실가공·증류주 제조·양모·제분 기타의

---

44) 나이지리아 커넥션에 의해 소단위로 신체에 은닉하는 방법으로 1~2kg가량씩 운반한다. 경찰청 형사국, 「마약류 실무」 1991, 93면; 대검찰청, 94, 124면; UNODC, Nigeria Connection, United Nations Office on Drugs and Crime. 2022.

45) 헤로인의 압수량은 2000년 독일이 1,438kg 이탈리아가 1,352kg 미국이 1,241kg으로 나타난다. 대검찰청, 2001. 119~124면; Christopher Woody, Heroin use in the US has grown by a staggering amount in recent years. Nov 16, 2015, 8:33 AM GMT+9.

공업이 활발한 곳으로서 오늘날에도 마약 밀매가 성행하고 있다.

오늘날 황금의 초승달 지역, 파키스탄에서 양귀비 경작 면적은 6,280헥타르에 아편 140톤, 이란에서는 3,200헥타르에 35~70톤 정도의 아편이 생산되는 것으로 추정하고 있다.[46]

황금의 초승달 지역 아프가니스탄에서 생산된 아편류 밀수 경로는 이란과 파키스탄을 경유하여 중·서유럽 지역으로 이동하는 발칸 루트(Balkan Route), 남아시아, 걸프, 중동, 아프리카 및 그 인근 지역으로 이동하는 남부 루트, 중앙아시아 지역을 통해 러시아 연방으로 이동하는 북부 루트, 이란과 코카서스 지역(아제르바이잔, 아르메니아, 조지아)을 경유하여 러시아 연방 및 중·서유럽 지역을 거치는 코카서스 루트(Caucasus Route)로 이동되고 있다.

최근 새롭게 개척된 비밀스럽고 신비스러운 길은 버려진 자들의 대지, 척박하고 거친 황무지 같은 북서부 프론티어 지방(Frontier Province)을 거쳐 파키스탄 남쪽 교역로의 중심지인 최대 항구도시 카라치(Karachi) 해안으로 이어진다. 이곳에서 마약은 선박 또는 항공편으로 중동·유럽 및 북미시장으로 공급되는 것이다. 서남아시아에서 생산한 헤로인은 파키스탄·레바논·이란·아프가니스탄 등의 범죄조직에 의해 밀매되고 있는데 주로 유럽시장에서 많이 유통되고 있으며 미국으로는 소량이 반입되어 거래되고 있다.

특히 아드리아해, 이오니아해, 에게해, 마르마라해, 흑해에 둘러싸여 있는 유럽의 남동부 발칸반도(Balkan Peninsula)를 향한 아편의 통로 밀매를 위한 길은 세계 최대 헤로인 밀매 경로로서, 2018년도 발칸 루트에서 압수된 헤로인과 모르핀의 양은 2018년도 전체 압수량의 58%에 해당하며, 중·서유럽 지역에서 적발된 헤로인의 80% 이상이 발칸 경유지를 통하여 유입된 것으로 분석되고 있다.

아프가니스탄산을 제외한 아편 원재료의 공급원은 주로 동남아시아(특히 미얀마) 지역인데, 이 지역으로부터 태국 등 동남아시아 인접 국가, 중국 등의 동아시아 지역 또는 오세아니아(주로 호주) 지역으로 밀수입되고 있다.

---

46) 「대검찰청」 마약류 범죄백서, 2022. 參照.

Ⅲ. 황금의 초승달 지역 중독자

역사적 기록상 가장 오래된 문명인 메소포타미아 문명이 발흥하였던 아브라함 계통의 종교 발생지로서 오늘날 이슬람 문화권 중 하나인 서남아시아의 파키스탄이 세계에서 약물남용이 가장 심각한 국가 중 하나이다. 특히 페샤와르 구석진 골목거리에는 마약중독자들이 자신의 팔에 직접 주사기로 마약을 투약하고 있는 것을 흔히 목격할 수가 있다. 이들은 인권의 사각지대(死角地帶), 사실상 정부의 묵인 하에 방치된 비참한 중독자들인 것이다.

이슬람 세계는 과거 서양 제국주의 세력의 침략을 받으면서, 그들 내부로부터 강렬한 피해의식 속에서 역사에 대한 반성과 자각을 싹틔우기 시작했다. 향락과 물질을 숭배하는 서양문명을 거부하고, 원시 이슬람교의 순결한 정신과 엄격한 도덕성을 회복함으로써 이슬람 사회가 재생될 수 있다는 것, 이에 이슬람 근본주의는 경전인 『코란』을 지구상 최고 헌법가치로 삼고, 철저한 율법 준수, 반외세(反外勢), 특히 반서양문명(反西洋文明), 반미(反美)를 기치(旗幟)로 한다. 공식적으로 술을 금지한 이란 정부로서는 사회적으로 난감한 문제가 매일같이 반복되고 있다. 2018. 10월 젊은 남녀들 파티 중 31명이 사망하고 240명이 병원 응급실에 입원한 사건에서 부검결과에 따르면, 헤로인 과다복용으로 사망하거나 응급실로 이송된 것이 아니라 독성밀주를 마시고 집단 사망한 사건 이후, 술을 마시고 댄스파티를 벌인 120명의 남녀를 법원의 영장 없이 형사범으로 무더기 체포, 구금했다.

2024년도 최근의 인구통계에 따르면 파키스탄 인구는 2억 4,520만 명으로서, 이 중 657,000명의 헤로인 중독자가 있다.

이는 파키스탄의 마약 중독자를 400만 명으로 추산하고 있으나 2006년 UN이 조사한 바로는 마약 중독자는 62만 4,000명이며 이들 중 40만 명이 하드코어[47] 헤

---

47) 「대검찰청」 마약류 월간동향, 2023. 10. UNODC 발간 'WORLD DRUG REPORT 2023' 통계분석; 「조선일보」 2023. 2. 1. 2022. 11. 10. 독일 도이치 벨레 보도.

로인 중독자이고 12만 명은 주삿바늘에 의한 중독자이다.[48]

　이란에는 세계에서 많은 마약남용자가 존재하는 것으로 추정하고 있으나 실체적 정보를 공개하지 않고 있는 이란 정부에 의해 마약사범에 대한 정확한 통계는 확인할 수 없다.

　황금의 초승달 지대(Golden Crescent)의 이웃나라 파키스탄에 약 400만 명 이상의 아편에 의한 중독자가 있는 것으로 볼 때, 이슬람 근본주의(Islamic Fundamentalism)[49]를 추구하는 이곳에도 최소한 약 200만 명 정도의 투약자가 있는 것으로 유엔마약범죄사무소는 암수이론에 따라 추산하고 있다.

　　암수이론이란 범죄학에서 통상 사용하는 범죄 및 범죄자 분석의 중요한 수단 중 하나가 수사기관이나 사법기관에서 작성하는 범죄통계자료이다. 그러나 범죄통계자료라는 것은 암수범죄(暗數犯罪)의 문제점을 간과하고 있기 때문에 범죄의 제반 현상과 수치를 정확하게 파악하기가 어려운 점이 있다. 즉 암수범죄는 해당 범죄가 실제로 발생하였으나 수사기관에 인지되지 않거나 수사기관에 인지되어도 용의자 신원의 미파악 등이 해결되지 않아 공식적 범죄통계에 집계되지 않은 범죄로서, 주로 성범죄의 경우 성추행이나 성폭행을 당한 피해자가 수치심 등으로 인하여 수사기관에 신고하는 것을 꺼리거나 또는 마약범죄에서 특정 마약사범이 피해자이면서 가해자이기도 한 경우에 주로 암수이론이 적용된다.[50]

---

48)　Newsis, 2024. 7. 26. the AsiA N 2024. 7. 26. 參照.

49)　「时事常识词典」 지식엔진연구소(博文閣) 外 參照. 2024. 9. 20.

50)　宋廣燮, 「형사정책」 大旺社, 1996. p.48. p.95; 김용래, 「형사정책」, 고시연구원, 1999. 1. p.150.

Ⅳ. 소결

1989년 러시아가 황금의 초승달 지역인 아프가니스탄에서 철수하였을 당시 미국의 경제적 지원도 중단되었고 친러시아 정부에 대항하여 싸워 온 다양한 정파들 사이에 내전이 격화되었다. 이들에게 있어서 군사력 강화 및 경제적 난제에 대한 문제점을 해결하기 위해서는 양귀비로부터 얻는 소중한 자금이 유일한 원천이 되었다.

이들 여러 반군세력들은 도로에 차단벽 및 방호책을 설치하고 아편 생산자 및 유통업자들로부터 아편에 대한 세금을 달러($)로 징수하여 왔다. 이러한 혼돈 속에서 1994년 탈레반이 무자헤딘의 폭력으로부터 각 지역 마을들을 가장 잘 보호해 주는 세력으로 급부상하게 되었다.

미국은 지난 2001년 반테러 전쟁을 선언하고 아프간을 침공함과 동시에 탈레반 군사세력에 대한 완전한 척결, 아프간 민주국가 수립 및 민주 정부에 대한 영구적인 안정화에 많은 노력을 기울여 왔다.

그러나 2021년 상반기 미군이 철군함에 따라 그 기회를 최적기로 활용하여 8월에 이르러 탈레반(Taliban)이 아프간 민주 정부를 축출하고 정권을 다시 장악함으로써 미국은 지난 20년간 아프간 민주 정부 수립 및 재건사업에 천문학적인 재정($)을 투입하였으나 뼈아픈 상처만을 남기고 철수하게 되는 수모를 당했다. 오합지졸(烏合之卒) 같은 반군이 아프간 정부군을 신속하게 장악하게 된 배경에는 아프간 민주 정부의 부정부패에 따른 정부 관료들의 심각한 무능과 타락이 주요원인이다.

미군이 남기고 간 최신예 군사장비로 무장한 33만 명의 대군을 거느린 아프간 정예 국방군(ANDSF)은 고작 3만 명도 안 되는 오합지졸이나 다를 바 없는 탈레반 반군이 공격해 온다는 정보를 사전에 입수한 이후 갈가리 흩어지고 찢기어 갈피를 잡지 못한 최고지휘관과 참모들은 지리멸렬(支離滅裂) 국경을 넘어 국외로 도주하거나 미처 도망가지 못한 자들은 두 손을 들고 항복하기에 이른다.

2021년 8월 16일 탈레반 무장조직이 수도 카불(Kabul)을 장악한 이후, 이들 민족에게 새로운 하늘의 구세주(Messiah)가 재림한 듯 양귀비 경작지에 대한 축소 및 헤로인 등에 대한 밀거래를 중단하겠다고 세계적으로 공언하였지만 시간이 흐름에 따라 순교자로서의 종교적 맹신도 점차 사라지고 마약 거래를 통한 달러($) 확보, 자신들의 정권 유지를 위한 수단으로서 경제적 수익을 창출하는 데 더욱 광분하고 있다.

2019년도 힌두쿠시산맥(파미르고원) 기슭의 해발 1,790m의 고산지대 아래 사실상 드넓은 황량한 평원을 따라 양귀비 재배면적은 2018년도(263,000ha) 대비 38% 감소한 163,000ha(세계 재배면적의 68% 수준), 2013년도 관측 이래 가장 적은 면적을 기록하고 있다.

오늘날까지도 양귀비를 재배하고 있는 힌두쿠시 산맥에 위치한 파미르고원(Pamir Mountains)은 '세계의 근사한 지붕'이라는 새로운 애칭을 가지고 있다.

세계에서 가장 높은 산들 중 하나로서 평균 높이 6,100m 이상, 중앙아시아의 톈산(天山)이나 티베트고원, 카라코람, 쿤룬, 히말라야 등의 산맥에서 힌두쿠시까지 산줄기들이 하나로 형성되어 이루어진다.

인류는 기원전 3,400년 전부터 문명 발상지의 하나인 티그리스 유프라테스 강 유역 및 파미르 고원지대에서 대규모로 양귀비를 재배하기 시작하여 오늘에 이르고 있다.

특히, 매혹적인 꽃의 대명사 백옥보다 흰 빛깔 붉게 물든 양귀비꽃이 눈물겹도록 고와서 당나라 황제의 조강지처(糟糠之妻) 정실 황후(正室; 皇后; empress)도 아닌 현종의 며느리였다가 제왕(현종)의 첩 후궁이 된 후 37세에 이르러 자살하였던, 죽음에 이르도록 치명적인 아름다움을 타고나 인간의 마음을 홀려 정신을 차리지 못하게 할 정도의 중독성을 지닌 여인 양귀비의 이름을 아편에 피어나는 아름다운 꽃에 붙인 걸 보면 그녀의 미모는 치명적인 내성을 지니고 있었다.

지구상에서 견줄 만한 사람이 없을 정도로 뛰어나게 아름다운 여인, 동양 최고 절세가인(絕世佳人), 눈부시게 황홀한 절세미인으로 손꼽히는 그 여인의 이름을 따서 양귀비라고 명명하였고, 양귀비에 관한 매우 흥미로운 사실을 덧붙인다면, 산딸기처럼 어여쁜 입술을 가진 양귀비라는 여인, 그 매혹적인 입술엔 강력한 마약과도 같은 독성을 지니고 있다.

제3장

마약류 밀매조직의 특성과 실태

제1절 마약류관련 국제밀매조직

I. 의의

원칙적으로 양귀비 및 코카인 등 마약류는 의학적이고 과학적인 목적으로 관리되는 마약류 외에는 거래가 전면적으로 허용되지 않고 있으며, 주요 마약류의 생산과 소비를 연결하기 위해서는 여러 단계를 거쳐야 한다. 따라서 개인적인 차원에서 이루어지기는 매우 어렵기 때문에 범죄조직집단에 의한 밀매가 이루어지고 있다.

그에 따라 조직범죄 분야에 대한 국제화는 특히 불법적인 국제 마약 거래 분야에서 현저하게 나타나고 있기에 이에 관하여 국제사회에서 초미의 관심사로 부상하고 있다. 이러한 마약조직범죄집단은 고도의 효율성과 이윤을 추구하는 현대의 기업경영기술을 채택하여 전반적인 조직범죄의 네트워크의 효율성을 크게 향상시켜 이들의 발달유형과 영향력은 이제 각 개별국가의 통제능력을 넘어서게 되었다.

이러한 조직은 마약류 밀매를 통하여 쌓은 부를 바탕으로 거대한 범죄조직집단인 "신마피아" 조직[51]으로 성장하고 있다.

몇 년 사이 세계조직범죄를 장악한 신(新)마피아에 비하면 종래의 마피아세력은 "코

---

[51]   曺鮮鎬, 「세계조직범죄」(靑木社, 93), 24~36면; 최인섭, 「조직범죄 특성과 실태」, (형사정책연구, 01, 형사정책연구원), 16면; 科学警察研究所, "国内暴力団員の経済基盤に関する研究", 警察科学研究報告集 (第30巻第1号、1993年).

흘리개 아이들 장난"에 불과하다는 것이 각국의 정보기관들의 공통된 견해이다. 즉 종전의 마피아는 교육도 받지 못한 패거리(건달)들이었고 어떤 면에서는 순진하기도 했지만 신마피아는 훨씬 세련되고 국제화되었으며 극도로 위험하기까지 하다는 것이다. 또한 이들이 1년에 거두어들이는 "불법수익"은 미국 정부의 약 1년 예산과 맞먹는 1조 달러 이상에 달한다는 보고가 나오는가 하면 이들이 조만간 핵무기를 보유하게 될 수도 있다는 가능성까지 대두되고 있다.[52]

탈냉전시대에 각국의 정보기관들의 활동목표가 첩보활동에서 범죄소탕으로 바뀌면서 범죄의 양상이 상상을 초월할 정도로 다양화·지능화되고 있기 때문이다.

어느 나라 정보기관이든 최대의 소탕목표로 삼고 있는 것이 "초국가적 범죄제국"으로 불리고 있는 "신마피아" 조직이다. 신마피아의 등장배경을 미국중앙정보국(CIA)은 네 가지를 꼽고 있다.

첫째는 컴퓨터와 통신기술의 발달, 둘째는 공산권의 몰락, 다만 지구상에서 아직까지도 공산주의를 신봉하는 일부 국가를 제외하고, 셋째로는 사실상 국경의 기능의 소멸, 넷째는 부유한 국가의 마약류 소비성향의 증대로 인한 것이다.

II. 러시아 마피아 조직

본래 러시아 조직범죄란 좀도둑 형태로 출발하여 황제가 지배하던 러시아 제국시대로 거슬러 올라갈 수 있지만, 소비에트 연방수립과 제2차 세계대전 종전이후 1953년 스탈린 사망, 1991년 소련 해체에 따른 혼돈의 시대를 이용하여 암시장에서 꼬마갱단으로 활약하기 시작하였다.

제1차 세계대전의 소용돌이 속에서 제2차 10월 극좌혁명(공산주의 혁명)이 발발

---

52) The Editors of Encyclopaedia Britannica, organized crime, gambling prostitution organized crime heroin narcotic, Mafia, December 20th, 2020.

했을 때, 러시아는 무정부상태로서 어둠의 세계처럼 무질서했고 이를 이용하여 레닌은 이들 마피아 조직을 반동분자로 지목하고 일거에 제거하고자 시도했으나 망신만 당하고 1924. 1. 21. 53세의 나이로 병사함에 따라 모든 것은 헛된 물거품으로 돌아갔고, 이후 마피아 조직은 피비린내가 진동하는 스탈린 철권통치 기간에도 버젓이 살아남았다.

전쟁이라는 소용돌이 속에서 피어난 비극적인 사랑을 그린 영화, 황제가 지배하던 제정 러시아, 피의 일요일 학살사건 이후, 1914년 제1차 세계대전 와중, 우크라이나 전선에서 군의관으로 참전한 '유리'와 종군간호사로 변신한 '라라'와의 운명적 해후(邂逅), 다시 이별과 만남 그리고 뜨거운 포옹과 또 다른 이별, 1917년 10월 세계 최초 공산주의(볼셰비키) 혁명을 기점으로 하여 심각한 사회적 양극화, **즉 귀족층 및 상류층들은 매일같이 화려한 조명 아래 파티를 즐기고 남긴 음식들은 쓰레기가 되어 산을 이루고 있는데 비참한 노동자 등 하층민들은 누더기만을 걸치고 땔감과 먹을 것 하나 없는** 극한의 굶주림과 추위 속 혼돈 상태의 사회상, 암울했던 역사적 배경으로 한 명화 〈닥터 지바고〉 참혹한 극좌(공산주의) 레닌의 혁명 당시를 사실적으로 묘사하여 그린 명작이 오늘날까지도 길이 남아 있다.

여기서 극좌 공산주의란 자유경제 체제를 부정하는 제도로 불공정한 분배는 필연적으로 노동자 계급의 착취와 혁명을 유발한다는 철학적 사고(思考)에서 오는 고질병적 고정관념, 그것을 맹종하고 있는 한 지구는 언제나 평온할 수 없는 투쟁만이 존재하게 된다. 착취계급에 대한 투쟁의 산물을 세계사적 흐름에서 관찰해 볼 때, 공산주의 극좌사상의 공통점이란 급진적 평등주의(radical egalitarianism)에 기반을 두고 모든 사람에 대한 평등한 삶을 성취하기 위한 선택지(選擇肢)는 오로지 하나뿐, 폭력을 행동으로 옮길 것을 적극적으로 권장하고 있다.[53]

---

53) Steele, David, Post-Capitalist Society and the Challenge of Economic Calculation, Open Court Publishing Company(1992). pp.44~45.

제2차 세계대전, 독일의 히틀러가 선전포고도 없이 소련을 침공, 스탈린(Joseph Stalin)은 국가를 위해 싸울 더 많은 군인들이 필요하였을 당시와 같이, 2022. 2. 24. 새벽 러시아 푸틴 대통령에 의한 우크라이나에 대한 기습 침공으로 시작된 전쟁, 러시아에 의한 불법적 침략행위는 전쟁이 아니라 국제 테러리즘(international terrorism)인 것이다.

이 전쟁으로 인하여 오늘날까지 100만 명 이상의 사상자 발생함으로써 군인들 부족현상을 시급하게 보충하기 위한 수단으로서 감옥에 수감된 죄수들이 군에 입대하면 사면(赦免)과 함께 억대의 포상금(褒賞金)을 지급하겠다고 제안, 수많은 범죄자들이 제2차 세계대전 당시에도 오늘날처럼 참전하였으나 유일하게 마피아 조직만이 정부의 요청을 거절하였다.

그러나 일부 조직은 우두머리의 명을 어기고 참전, 전쟁에 참전한 이들을 조직의 반역자(배신자)로 낙인찍어 변절한 수카(망할 계집애)라고 지금까지도 불리고 있다.

스탈린 통치, 총칼을 앞세운 30년간이라는 긴 세월 동안의 공포정치, 대숙청을 벌여 수십만 명이 넘는 무고한 국민들을 총살시켰을 뿐만 아니라 굴라크(ГУЛАГ)라 불리는 감옥에 수백만 명의 사람들을 강제 수용했을 당시, 혹한(酷寒)의 날씨 굶주림과 추위 속에서 아사(餓死)하여 무수히 많은 수용자들이 죽어 나갔다. 이러한 지옥보다도 참혹한 수용시설에서도 그 일부가 살아남게 된 마피아 조직은 범죄 집단으로 서서히 몸집을 늘리며 성장해 나아갔다.

특히 이들 마피아 범죄조직의 엘리트들은 저승사자처럼 현란하고 무시무시한 문신을 통해 자신의 지위를 표징으로 삼기 시작, 이것이 오늘날 러시아 마피아의 기괴하고도 유일한 문신의 상징이 되었다.

냉전시대, 1970년대와 1980년대 이민 정책을 확대한 미국은 소련에 거주하는 수많은 유대인들을 받아들였고 이스라엘 인으로 신분을 세탁(identity laundering), 국적을 위장(僞裝)한 많은 러시아인들이 브라이튼 비치(Brighton Beach)로 알려진 남부 브루클린 지역(우크라이나의 리틀 오데사로 불림)에 정착했다. 이로써 러시아

마피아 조직범죄가 미국 대도시로 독버섯처럼 진출하게 된 하나의 계기가 되었다.[54]

2025. 8월 현재까지 러시아와 치열한 전쟁으로 인하여 우크라이나는 100만 명 이상의 사상자가 발생했다. 특히 남부 흑해연안에 위치한 동화 속 멋진 항구도시 Odessa[55](현재 러시아가 침공)와 유사한 풍광을 지닌 곳이라 하여 작은 오데사라고 불리는 브루클린(Brooklyn)에는 가장 많은 여러 인종이 모여 살고 있는데, 실제로 두세 블록만 걸어가면 지역 거주민들의 인종이 바뀌면서 거리 풍경이 180도 변하는 기묘한 광경이 연출된다.

심한 경우 한 나라에서 또 다른 나라로 여행을 하고 있는 듯 신기한 분위기를 느낄 정도이다. 한 예로, 미국자치령 카리브해 연안의 푸에르토리코(Puerto Rico; 한국명 그대 이름 요한) 이민자들과 이탈리아, 폴란드, 우크라이나, 러시아, 포르투갈 등 유럽의 이민자 및 유대인들과 중국계 화교(華僑)들뿐만 아니라 범죄 사각지대(a crime blind spot)에서 이스라엘 사람으로 위장, 신분을 세탁한 러시아인까지도 모두 한동네에 공존하고 있다.

이곳에 처음 뿌리내린 러시아 마피아 조직은 교묘한 수법을 이용하여 짐 가방에 은닉해 온 마약을 소량으로 밀매, 성매매 업소를 운영(抱主) 및 공갈 사기 등 기상천외(奇想天外)하고도 다양한 유형의 불법행위를 자행하면서 조직범죄 관련 집합체로 점차 키워 나갔던 것이다.

이들은 모스크바에 아지트를 본거지로 두고 국내는 물론이고 해외로 조직을 확장하고 있다. 옛 소련 출신 이민자가 많은 뉴욕과 벨기에의 앤트워프, 이스라엘 텔아비브 등의 지하세계를 장악하기 위한 공세를 지속적으로 펴고 있다.

오늘날 러시아 마피아 조직에 대한 정확한 정보는 사실상 한정되어 있으나 러시아

---

54) 1993년부터 2001년 연방수사국(FBI) 수장이었던 루이스 프리(Louis Free)는 향후 러시아 마피아가 미국에 가장 큰 위협이 될 것이라 언급하였다.Russian Mafia, F. Varses, The Russian Mafia(Oxford University Press, 2001).

55) Volchek Dmitry, [Anton Malewski and Izmailovskaya Organized Crime Group in the 1990s] October 30, 2017. Original document on November 29, 2023.

전역에서 많은 합법 사업체를 운영하고 있으며, 살인과 폭력을 일삼는다. 이들은 어린 소녀들은 납치, 마약에 중독 시킨 후 매춘을 강요하여 돈벌이를 할 뿐만 아니라 갈취, 뇌물 수수, 신용카드 사기, 인신 매매, 무기 거래, 주식 사기, 검은 자금의 세탁, 온라인 사기, 해킹 등을 포함한 모든 종류의 범죄 활동에 관여하면서 러시아 및 미국 등 지하 세계에서 암약 중이다.

특히 러시아 마피아의 영향력은 러시아 국경을 넘어 미국 시카고, 샌프란시스코, 마이애미와 미국 중서부 미시간주에 있는 그랜드래피즈(Grand Rapids) 및 뉴욕 중심지까지 미치고 있다.

미국연방수사국(FBI)은 미국 내에서만 5개의 대규모 러시아 범죄조직을 적발하였고 이들은 현재 220개의 갱단[56]으로 나뉘어져 17개 도시에서 암약 중인 것으로 파악되고 있다.

러시아 마피아 조직은 상층부로 진입하여 러시아 외교관, 고위군 간부, 서방과의 합작회사 운영 등 광범위하게 형성되어 있다. 이들은 마약밀매 및 암달러상 등 모든 범죄행위를 자행하며, 검은 돈의 수익으로 새로운 부르주아 계급(the bourgeoisie)을 형성하고, 피 묻은 돈으로 고급 세단을 몰고 노출이 심한 외설적인 미녀들을 대동하고 다니면서 백화점이나 호텔 카지노, cabaret(나이트클럽) 등지에서 마구 달러를 현금으로 뿌리고 있다.[57]

---

56) ロシアのマフィア犯罪組織は幼い少女まで拉致、売春をさせて金儲けをするだけでなく、喝取、賂物、クレジットカード詐欺、人身売買、武器去來、株式詐欺、黒い資金の洗濯,オンライン上詐欺,ハッキングなどすべての種類の犯罪 活に関与しながらロシアおよび米国など地下世界で暗躍中だパルモ, 悪名高き世界10の危険なギャング(凄まじい入れ墨), 2017. 4.

57) 조선호, 前揭書, 49~50면;「동아일보」2001. 10. 16. 2면;「중앙일보」2001. 12. 30. 7면; Russian Mafia(Durham, NC: Carolina Academic Press, 2008.

Ⅲ. 중국의 삼합회 조직

현대사에서 마약의 가장 큰손이라고 할 수 있는 삼합회(three-party meeting) 조직은 그 뿌리가 중국 근대사에 닿아 있다.

1664년 만주족이 명 왕조를 멸망시키고 청나라를 건국했을 당시 청에 항거한 소림사 승려들이 명왕조의 부흥을 위하여 만든 비밀결사조직이었던 것이 오늘날에는 마약과 연관된 거대한 범죄조직으로 변질되어 왔다.[58]

삼합회의 삼(三)은 하늘과 땅, 인간이라는 "천지인(天地人)"을 의미하는데, 애당초 정치적인 목적을 위해 출발한 이 조직은 명 왕조 부활을 위하여 조직된 단체였으나 이들 목적의 달성이 현실적으로 어려워지면서 범죄조직으로 변질되었다. 이후 그들 조직의 영원한 존속을 위해 아편 밀매 등을 시작했다.

그러나 중국 민족의 아버지로 일컬어지고 있는 '손문'도 삼합회의 회원이었을 뿐만 아니라 국공내전 때 장개석 중화민국 제1~5대 총통(1887. 10. 31.~1975. 4. 5.)은 삼합회의 조직을 동원해 공산주의자 모택동(Chairman Mao)의 팔로군(八路軍) 공산당 휘하 야전군과 정강산을 중심으로 치열하게 싸우기도 하였다.

모택동은 게릴라전에 있어서 가장 핵심적 요소는 민심(民心)이라는 것, 민의(民意)를 벗어나서는 유격전에서 승리를 거둘 수 없다는 신조를 지니고, 민의를 '물과 물고기'에 비유한 바 있다. 즉, 물고기는 물을 떠나서 절대적으로 살 수 없듯, 유격전에 탁월한 능력을 갖춘 그는 험준한 산악지형 및 주민들에 대한 유화정책을 적절하게 활용, 장개석 군대를 이기기 위해서 그는 절대적으로 주민들에게 피해를 주지 않는 자체 규율을 만들어 이를 엄수토록 하였다. 그 규율을 일찍부터 체계화된 삼대규율(三大規律) 및 팔항주의(八項注意)인 것이다.

---

58) 최명숙 "조직범죄에 관한 연구", 서울대학교 법학박사학위 논문. 91; 「동아일보」 05. 12. 30. 7면; J. O. Finckenauer, Mafia, Organized Crime(Oxford: One world, 07).

2012. 10. 3.~10. 11.까지 중국여행, 험준한 협곡(峽谷) 10월 4일 자 작가가 찍은 사진

중국 정강산(井冈山)은 극좌(極左) 소비에트 파쇼세력이라는 공산주의(fascism) 혁명의 근거지로서 서쪽으로는 후난성과 경계를 이루고 있으며 장시성 서남부 깊숙한 변경에 위치하고 있다. 평균 해발 고도는 381.5m, 가장 높은 곳은 우리나라 한라산(漢拏山; 1,947m)보다 약100m 정도 낮은 1,841m이다.

이 지역은 완만한 기울기를 유지하고 있는 한라산과 달리 온 사방이 깎아지른 절벽으로 둘러싸여 물은 맑고 산은 높은 산고수청(山淸水秀)이라 자연경관이 뛰어난 천혜의 험준한 산악지형으로, 모택동식 유격전술이라는 용병술의 전법을 이곳에서 개발하여 향상시켜 나아갔다.

중화소비에트공산당 국부(國父)로 추앙받고 있는 마오쩌둥의 극좌이념 및 사상은 오늘날 공산주의 행동강령의 지침서이다.

그러나 우크라이나의 선량한 국민 수백만 명을 아사(餓死; 홀로도모르)시켜 죽인 희대(稀代)의 저승사자인 붉은 악마 소련의 스탈린, 그 자의 꼭두각시(괴뢰정권) 김일성에 의해 1차 서울 함락, 낙동강까지 후퇴 이후 백두산에서 발원한 한반도 꼭대기 압록강까지 진격한 국군 및 유엔군, 그리하여 대한민국 모든 국민들은 통일이 완성된 줄 알고 꿈결 속 행복감에 젖어 있을 당시, 1949년 10월 중국대륙을 석권한 마오(Mao)는 다음 해인 1950년 10월 한반도를 기껏해야 대단할 것 하나 없는 자신의 전리품 정도로 여기고 침략, 6.25 전쟁(남북한 사망 및 실종 약 300만 명, 유엔군과 한국군 사상자 77만 6,030명, 미군사망자 3만 8,000명), 춘추전국시대 세계사에 있어 가장 웅대한 만리장성과 함께 몰락의 길을 걸었던 진나라 시황제와도 같은 절대 권력을 가진 마오(Mao)의 명령 한마디로 통일을 눈앞에 두고 있던 대한민국 압록강을 넘어 한반도 전역을 집어 삼킬 듯이 무서운 기세로 기습 침공한 중공군의 대공세, 특히 중국대륙을 석권한 그자는 "귀신이 곡할 노릇" 도저히 설명할 수 없는 기이하고도 탁월한 용병술로 서울을 단숨에 파죽지세(破竹之勢)로 진격하여 함락시킴으로써 잿더미가 된 수도(首都)를 버리고 치욕적인 1.4 후퇴, 전쟁의 광기(狂氣)에 사로잡힌 마오(Mao)의 사병과도 같은 군대, 이때 240만 명 이상 참전한 중공군 사상자는 97만 2,600명 이상,[59] 인해전술(人海戰術)로 인하여 우리 어머니의 품속과도 같은 신성한 한반도를 초토화시켰을 뿐만 아니라 허리를 두 동강으로 잘라 버린 대한민국 역사상 가장 크나큰 재앙을 안겨 준 저주받은 사탄이 바로 모택동(毛沢东)이다.

또한 1958년~1962년 가장 치명적[마오(Mao)의 대기근] 연비어약(鳶飛魚躍) 천지조화(천지만물)의 오묘한 하늘의 자연스러운 법칙(理致), 자연 생태계의 순리를 역행하는 메뚜기의 천적인 "참새 박멸 운동"으로 인해 메뚜기 떼가 걷잡을 수 없이 창궐, 농작물 대습격으로 인하여 국토의 황폐화 14년간 전국토를 초토화시킨 중국역사상 최대 규모 반란(태평천국의 난) 추정사망자 2천만 명~3천만 명(청국시대 아편 중독자 4천만 명)보다 참새 죽이기 운동으로 인해 굶어 죽은 아사자(餓死者)가 무려 6천만 명, 마오(Mao)치하 끔찍한 참상이었다.

1963년 사회주의운동 및 1966년 대륙을 피로 물들인 문화 대혁명(무자비한 파괴와 학살의 비극), 서방국가들 자료에 의하면, 이 혁명기에 공산당의 박해(迫害)로 인

---

59)　국방부군사편찬연구소 및 국가기록원(6.25 전쟁 통계자료집), 2023, p.89, p.118.

하여 죽임을 당한 사망자는 약 4,500만 명으로 추산된다.

특히 러시아와 우크라이나 및 이스라엘과 팔레스타인 그리고 이란과의 비극적인 전쟁의 세계사, 남북한 군사력 증강을 위한 군비경쟁이 최고조에 달하고 있는 오늘날까지도 한반도의 항구적인 평화, 통일된 대한민국이라는 미래의 희망을 "저승의 세력 인민해방군"의 군화발로 영원히 짓밟아 버린 천인공로(天人共怒)할 불법적 만행을 자행하였던 사악한 악마의 우두머리였다.

모택동(毛泽东)은 중국인들에게는 불가사의 신적(神的)인 존재, 서방인들에게는 장막에 가려진 죽음의 절대 권력자, 수천만 명 주검의 시신이 산을 만들고 통곡 속에 흘린 피는 원한의 강을 이루게 한 저승사자로서 상상을 뛰어 넘는 전무후무한 사생활 여성편력 등 마오(Mao)에 대한 기존 인상을 뒤엎는 충격적 생애, "황제 마오(Mao)"의 사생활에는 타락한 권력[60]과 아편이라는 독성이 없는 양귀비 꽃 같은 여인들(문란한 성생활)만 있을 뿐, 산처럼 높고 끊임없이 흐르는 물처럼 고결한 인품과 은덕이라는 "산고수장(山高水長)", 즉 혁명당시 내세웠던 민초(民草)들과의 공존과 조화로운 삶을 강조하던 삼대규율 및 팔항주의 기치(旗幟)라는 이념은 한낱 여측이심(如廁二心)인지라, 손안에 권력을 장악한 후에는 오만(傲慢)과 교만(驕慢)으로 인하여 초심(初心)을 잃고 바람결에 허무하게 종지부를 찍고 날려 버렸다. 새로운 중화공산주의를 건국한 그는 죽지 않고 영원토록 불로장생(不老長生)하리라는 착각 속에서 한바탕 덧없는 영화로운 삶 일장춘몽(一場春夢) 빠져 살다가 불구대천지 원수(不俱戴天之怨讐)인 장개석이 죽은 지 1년 후(1976. 9. 9.) 사망, 한 시대를 풍미(風靡)했던 지도자의 죽음 치고는 홀로 고립된 채 쓸쓸하게도 음침한 골짜기 저승의 나락으로 떨어지다.

특히, 당시 마오(Mao)는 공산주의 행동강령의 지침서를 지키지 않은 자에게는 그 지위고하를 막론하고 엄하게 문책하였고, 심한 경우에는 총살형으로 다스렸다. 그뿐

---

60) 리즈수이(손풍삼 譯書), 12억 人民이 神처럼 떠받들어 온 마오이즘(毛澤東의 私生活), 고려원, 1995. 3. 5. 제14장(타락한 권력의 낮과 밤), pp.242~257.

만 아니라 아편중독과 주색에 빠져 갓 19세 젊은 나이에 비참하게 생을 마감한 청국 서태후의 아들, 제10대 황제(同治帝)의 죽음에 대한 흑막(黑幕)을 잘 알고 있던 마오는 아편의 흡연을 절대적으로 금지하는 포고령을 반포하기도 하였으나 이후 아편을 공공연하게 판매하고 그 수익금을 군자금에 충당하였다.

중국 역사상 가장 악명 높은 여인 서태후(西太后; 1835~1908), 그녀는 청나라 말기 황태후로서 제9대 황제 함풍제의 추존황후이자 제10대 황제(同治帝)의 모친이다. 그녀는 제11대 황제 광서제의 큰어머니이자 청나라 마지막 황제인 선통제의 큰할머니이다. 제9대 황제(咸豊帝)이후 모조리 날개를 잃어버린 허수하비 황제였기에 실질적으로 중국 역사상 청조(淸朝)의 마지막 황제의 역할까지 한 사람도 바로 서태후인 것이다.

화려한 비단치마를 걸친 여인, 황제보다도 권위와 위엄이 넘치는 희대의 악녀, 매끼 식사 때마다 산해진미(山海珍味)를 차려야 했고, 한 번 맛을 본 음식은 두 번 다시 먹지 않았으며, 한 끼 식사 준비에 들어간 은화(銀貨)는 부잣집 1년 치 생활비에 맞먹는 돈이다. 그 여인의 탐욕에 대한 극치가 바로 인공호수인 개인별장(避暑地) 이화원(頤和園)이며 황실의 정원이나 사실상 서태후가 독차지하였다. 그곳을 완성하기 위해 강제 동원된 연 인원이 무려 30만 명이며, 더 큰 충격은 이화원을 짓기 위해 청나라 1년 예산 1/3을 유용하여 국방비(북양함대 예산)를 모조리 탕진하였다.[61]

그 결과 청일 전쟁(1894. 7. 24.~1895. 4. 17.)에서 참담한 패배를 당한 후 잇따라 서구 열강들의 먹잇감으로 전락한 중국대륙은 갈기갈기 찢기고야 말았다. 청나라 말기 무소불위권력을 가진 그녀는 중국역사상 가장 표독스러운 악녀로서 청국 1년 예산의 1/3을 들여 초호화판 회갑연을 개최하였고, 색정 도착증(色情倒錯症)이라는 남성편력(遍歷)지닌 여인, 회춘(回春)한다는 명분을 내세워 미소년과 청년들을 강

---

61) 박원호 譯書·小島晋治 著, 「中國近現代史」, 지식산업사, 1988. 1. 5. pp.68~69.

제 수용하는 인공 섬을 만들고 밤이면 밤마다 한 사람씩 데려다가 엽기적인 성적 행위, 아편중독에 의한 금단증상과도 유사하게 변질된 이상야릇한 관음증세(觀淫症勢)로 인하여 괴기한 풋사랑(同寢)과도 같은 밤을 지새웠다.

미망인 서태후는 이 같은 문란(紊亂)한 애정행각을 가진 후 이를 영원히 은닉 및 은폐하기 위해 매일 여명(黎明; dawn)이 되기 전 자신과 밤을 지새운 미소년이나 젊은이를 무조건 살해하였다. 속칭 미남섬에 잡혀간 젊은 미소년들은 단 한 사람도 살아서 돌아가지 못했다.

그러나 화무십일홍(花無十日紅)이라 하지 않던가, 떨어지는 꽃잎임에도 불구하고 밤이 되면 발정 난 암캐가 되어 요부(妖婦)로 변신한 채 미쳐 날뛰던 시절, 친자식(황제)도 아편굴에 집어넣고 죽인 여인, 쇠퇴해 가는 청나라 말기 머리에서 발끝까지 사치품(황금)으로 치장한 희대(稀代)의 권력자, 그 여인 생애 1, 2차 아편전쟁과 태평천국의 난(亂), 14년간 최악의 군사반란이 발발하였던 한 세기, 숱한 곡절 속 파란만장(波瀾萬丈)한 삶을 풍미(風靡)하다가 꿈결 속 나락(奈落)으로 사라져 간 여인이다.

한편, 모택동, 그가 러시아 볼셰비키혁명을 단순하게 수용만 한 게 아니라 인민의 폐부(肺腑) 깊숙한 곳까지 꿰뚫고 전체주의 붉은 극좌사상을 전파하여 중화 소비에트 공산정권을 수립하였다.

그 배경에는 장개석 군대의 무능과 부패도 크게 한몫 했지만, 그는 천재적인 탁월한 지도력(genius leadership)을 발휘하여 강력한 정부군에 비해 수십 배 열세인 병력과 형편없는 무기체계를 극복하고, 최종 승리를 거둠으로써 마침내 대륙을 석권하게 되었던 것이다. 중국대륙이 공산화될 당시 삼합회 조직은 국민당정권이 붕괴되면서 대거 대만과 홍콩 등지로 넘어왔다. 사실상 삼합회의 활동은 다양하고 광범위하며 마약밀수, 매춘뿐만 아니라 고리대금과 검은 돈세탁(money laundering)에 이르기까지 손을 안 대는 것이 없다.

Ⅳ. 동남아시아 마약 관련 조직

2025. 5. 19. 작가가 찍은 사진, 척박한 대지 지구상 어디에서나 끈질긴 생명력을 지닌 애처로운 양귀비

    동남아시아 마약 왕 쿤사(KUNSA)는 서방세계에 수천 톤에 달하는 양귀비에서 추출한 마약을 밀거래하여 왔으며 쿤사의 반군 게릴라 조직원은 약 48,000명 정도인 것으로 알려져 있는데, 이 단체는 미얀마의 깊은 정글 속에서 미사일 등 최신무기로 정부군에 대항하여 왔으며 상대적으로 열세인 미얀마 정부군은 이를 토벌할 능력을 상실하여 1989년부터는 토벌작전이 중단된 상태였으나, 2007년 10월 26일 마약 왕 쿤사(KUNSA)가 당뇨병에 따른 수많은 합병증세로 비참하게 정글에서 객사한 이후, 쿤사 조직은 정부군에 항복하기에 이르렀다.

    쿤사(KUNSA) 그의 본명은 장서복이고, 중국 장개석이 이끌던 국민당군 출신의 장군을 지낸 부친과 샨족 모친 사이에서 태어난 중국계이다. 50년대 20대 초반 인민해방군에 밀려 중국과 버마 국경 지역을 침략한 국민당군에 저항, 맞서 싸운 버마군의 용병에 불과했으나, 60년대 들어 그의 운명은 서서히 바뀐다. 그의 이용가치를 높게 평가한 버마당국의 지원을 받아 수많은 부하들을 거느리게 되었고 국민당군이 군자금 조달을 위해 밀조하던 마약의 중요성에 눈을 뜨기 시작한 것이 중요한 운명적 계기로, 황금의 맛을 본 쿤사는 국민당군 토벌보다는 마약밀매와 그 세력 확장에

전념하게 되어 급기야 70년대 이후 황금의 삼각대지 최고 맹주로 군림하게 되었고, 당시 치열하게 전개된 베트남전에 참전한 미군들이 쿤사가 제조한 마약의 단골 고객이 되었다.

베트남전이라는 호재로 전무후무한 호황을 누리면서 미국과는 불구대천의 악연이 되기도 하였다. 지난 1993년에는 미얀마로부터 근거지인 샨주에서 독립을 선포하고 최측근 부하들의 간곡한 청을 받아들여 대통령에 취임하기도 하였다. 그러나 1996년 미얀마 정부군에 투항한 이후 은둔 생활을 하다가, 2007년 10월 30일 지병으로 사망했다.[62]

그의 죽음이후 황금의 삼각지(the Golden Triangle)에서의 마약 재배가 일시적으로 다소 감소하였으나 이후 항복을 거부한 샨족 군벌의 잔당 세력과 와족 '와방연합군' 등이 중국의 잔혹한 범죄조직인 삼합회와 손을 잡고 조직을 재정비한 후 양귀비재배를 증가시키고 있다.

마약산업 성장의 가장 든든한 배후에는 군사정권의 휘하(麾下) 민병대조직이라고 NYT(The New York Times)는 지적한 바 있다. 또한 반군조직역시 전쟁 자금조달을 위해 마약 거래에 적극적일 뿐만 아니라 세계적 범죄조직인 삼합회까지 중국 당국의 단속 강화를 피해 합성마약 생산거점(공장)을 인접 지역으로 옮기면서 미얀마는 합성마약 분야에서도 세계적인 생산국가가 되어 버렸다.[63]

2021년 2월 1일 미명에, 비상계엄령을 선포하고 정권을 장악한 군부에 의해 살해된 민간인은 5,350명에 이르고, 불법적으로 체포된 사람은 약 2만 7,400명에 달

---

62) 「뉴스피플」 2008. 6. 9. 15면; Hecho con en Asunción, World's largest annual average drug production of 4,000 tonnes(heroin production based on poppies is 2,500-3,000 tonnes per year), December 12, 2024.

63) Advancing the power of facts(AP), he Seriousness of Human Rights Violations by Myanmar's Military Government. December 22. 2024.

한다. 국제인권단체(HRW)가 위와 같이 집계하고 있으나 실제 살해된 사망자 수는 이보다 훨씬 더 많을 것으로 추산한다.

2024. 12. 21일 미얀마 소수민족 무장단체 아라칸군(AA)의 대공세로 위기에 몰려 있던 미얀마 군사정권은 전략요충지인 서부사령부 한 곳을 추가로 빼앗기는 수모를 당했다. 지난 8월 북동부 샨주에서 반군인 민주주의동맹군(MNDAA)에게 북동부사령부를 내준 데 이어 두 번째로 지역 사령부를 반군에 빼앗긴 것이다. AA와 MNDAA 및 민주 진영(임시정부) 국민통합정부(NUG) 산하 시민방위군(PDF)은 총공세로 진격, 지난해 10월 말 중국과 접한 북동부 샨주를 점령한 이래, 라카인주 전체를 장악한 바 있다. 2025년 1일 9일에 이르러서는, 271㎞에 이르는 미얀마의 양귀비 재배 경작지를 포함하여 방글라데시 국경지대를 완전히 점령하는 큰 전과를 이루었다.[64]

미얀마 정부군은 비상계엄령에 대한 해제를 요구하며 평화적인 시위를 벌인 국민들의 가슴을 향해 발포, 총칼로 무자비한 살상을 하였을 뿐만 아니라 잔혹한 고문도 수없이 자행해 오고 있는 실정이다.[65]

폴커 튀르크(Falker Turk) 유엔 인권최고대표는 유엔 안전보장이사회가 미얀마 군부의 인권 침해를 국제형사재판소(ICC)에 회부해야 한다고 권고했다.[66]

---

[64] Advancing the power of facts(AP); 聯合News, 2025. 1. 9. 前揭書.

[65] Myanmar military civilian repression (lethal) report, United Nations High Representative Office for Human Rights (OHCHR), September 18, 2024.

[66] U.N. High Representative for Human Rights Falker Turk recommends that the U.N. Security Council refer Myanmar's military to the International Criminal Court (ICC) for human rights violations. December 24, 2024.

OHCHR의 보고서에 따르면,[67] "군부는 국가의 법률 시스템을 사유화하여 군정체제에 반대하는 거의 모든 행위를 범죄화하고 있다." 이것은 미얀마 전역에서 심화되고 있는 인권에 대한 심각한 위기에 따른 법치주의의 실종을 여실하게 보여 주는 것이다. 군사정부에 의해 체포된 민간인은 군사수용시설에 수감, 음식과 물을 주지 않고 사람을 천장에 매달거나 뱀이나 곤충 등 야생 동물과 함께 수용시설에 감금하여 공포를 유발케 하는 등 인간으로서는 도저히 행할 수 없는 기상천외한 고문과 학대유형의 사례도 폭로되고 있다.[68]

비상계엄령을 선포하고 쿠데타를 일으켜 하루아침에 정권을 장악한 미얀마 군부는 부패와 타락, 무자비한 살상과 고문이라는 악행을 자행함으로써 국민들로부터 신뢰를 잃었다. 전의를 상실한 하급 장교들과 정규군 병사들은 체계적인 군사훈련도 받지 못한 무질서한 양귀비 재배농민들과 아편밀매를 본업으로 하는 소수민족이 연합한 오합지졸 농민군에 의해 지리멸렬하여 참패를 당하고 계속 쫓기고 있는 신세가 되었다.

이러한 내전 상황 하에서도 황금의 삼각지대 마약조직은 오늘도 양귀비 재배면적을 확대하고 있으며, 이렇게 생산된 아편을 이용하여 새로운 신제품이라는 정제된 마약으로 세계에 공급하고 있다.

이곳 동남아시아에서 경작하여 생산된 양귀비꽃에서 추출한 아편은 세계에서 가장 많은 물량으로 연간 평균 생산량 4,000톤에 달하고 이를 순도 96%까지 높인 헤로인으로 가공한 생산량도 연간 2,500~3,000톤에 이른다.

---

67) Liz Throcel, OHCHR spokesperson, said at least 1,853 people were killed by harsh torture in custody after the coup in Myanmar, among these deaths "88 children and 125 women." December 21, 2024.

68) U.N. High Representative for Human Rights Falker Turk, op. cit. p.5.

V. 일본의 야쿠자 조직

일본의 야쿠자 폭력조직에 대한 역사는 17세기 에도막부(江戸幕府時代), 사무라이 전성시대로 거슬러 올라간다.

> 잔혹한 범죄조직 야쿠자의 원조(始祖)격인 사무라이란 뜻은 단순하게 칼잡이(검술사)라는 언어가 아니라 고귀한 사람, 또는 고귀한 사람을 섬기는 검객, 즉 주군(領主)의 호위무사인 가신그룹(私兵; 家兵集團)을 의미한다.[69]

15세기 중반부터 16세기 후반까지 약 130년간을 일본 전국시대라고 칭한다. 천왕의 권위가 추락하고 쇼군과 막부까지 힘의 균형을 잃으면서 군웅할거의 형국이 지속되었다. 이 와중에 봉건영주인 다이묘(영주)들과 쇼군(장군) 간에 수많은 전쟁이 벌어졌다.

이러한 군웅할거 혼돈의 시대, 어지러운 국면을 수습한 3인방이 바로 1592년 5월 23일(음력 4. 13.) 조선을 침략한 원흉(元兇) 도요토미 히데요시(豊臣秀吉), 오다 노부나가(織田信長), 도쿠가와 이에야스(德川家康) 세 사람이다. 이들에게는 "3영걸"이라는 명예로운 이름이 영원하고도 불멸한 것처럼 따라다녔다. 이들은 잔혹한 내전이라는 홍역을 치르던 일본을 차례차례 통일하고 평화의 시대를 여는 위대한 업적을 이루었다.

17세기 에도막부(江戸幕府時代), 1603년 도쿠가와 이에야스(德川家康), 강호막부의 초대 쇼군(將軍)이 강호에 창시한 무인정권이 들어서면서 얽히고설키듯 복잡하게 전개된 전란이 종결되었고, 일본 전역에서 깃발을 휘날리며 위엄을 내세웠던 사무라이들은 졸지에 실업자가 되었던 것이다.

전국시대 사무라이(戦国時代の侍)는 훌륭한 직업군인과도 같은 최상의 존재였으나

---

69) 東京大学歴史研究所,「サムライ」という言語は「サブラウ」という単語から派生し, 高貴な人の味方を慎んだり, 仕えることを意味. 1989年11月.

에도막부(江戸幕府) 시대가 도래하면서부터 사무라이는 깨끗이 청산해야 할 쓸모없는 집단이 되어 버렸던 것이다.

이런 이유로 사무라이 중 학문적 식견이 있는 자는 관리나 학자가 되었고, 재산을 가진 자들은 부유한 상인으로 변신한 자들도 있었으나 대부분의 낭인들은 주군(領主)이 매달 준 급료를 유곽(遊廓)에 들락거리며 여인들의 치마폭에 탕진하고 쥐뿔도 가진 것이 없는 빈털터리 가난뱅이들이었다.

본시 거의 모든 사무라이(浪人)라는 자들은 전쟁터에서 칼을 휘두르며 싸우는 것 이외에 별다른 기술이 없는 자들이었기 때문에 유랑민족(Gypsy)처럼 떠돌이 낭인이 되거나 서로 모여 군소 깡패 조직을 형성하고 대낮에 술에 대취했거나 아편을 투약, 흥분된 상태로 떼거지(beggars in groups)로 몰려다니면서 시민들에게 공포감만을 심어 주었다.

일본학사원(にっぽんがくしいん) 기록에 의하면 칼날이 잘 드는지 시험하겠다면서 무차별적 살인을 자행한 집단으로 변질되었던 자들이 사무라이들이다.

에도막부시대(江戸幕府時代)에 들어와서 점차 상업과 공업이 활성화되면서 대도시가 발달하기 시작하였고, 이들이 대도시에 모여 다니면서 상인들을 외부세력의 위험으로부터 보호해 주겠다는 허울 좋은 명목을 내세워 갈취와 폭력을 행사하기 시작하였던 것이 오늘날 야쿠자의 뿌리로 형성되었던 것이다.[70] 메이지유신 이후(明治維新以降) 1800년대 말기에 이르러 야쿠자는 극우 극수주의를 기반으로 성장, 일본 정부 최고관료들과 결탁하여 무소불위 폭력조직으로 변질되어 활동하기 시작하였다.

2차 세계대전 발발 이전부터 일본이 주변 국가들을 침략, 식민지를 개척할 당시 야쿠자가 해외로 진출하기 시작해 한국, 중국 등 주요 도시에 야쿠자 낭인이라는 조직이 진출하게 된 계기가 되었다.

---

70) 每日新聞, 日本におけるヤクザ暴力組織に関する歴史的研究に関する考察. 東京夕刊. 2021. 7. 30. 橋本 昌宗, 「組織」に加え暴発する「個人」も　警視庁公安部が対峙する新たな治安上の脅威, 2024. 10. 8.

이들은 주로 식민지 국민들을 살해[71]하였을 뿐만 아니라 핍박, 방화, 협박과 공갈 및 갈취, 성폭행 등을 사명으로 여기며 야쿠자의 조직은 더욱 성장하여 국가적인 각종 이권사업에도 개입하여 왔다.

1592년(임진왜란) 일본과의 유혈이 낭자한 7년간의 전쟁, 300년이란 기나긴 세월 원한 품은 노적봉 아래 이순신 장군의 한(恨)이 서린 넋이 가슴에 맺히듯 이후 약 300년이 지난 1895년 10월 8일 미명(未明; 乙未事変), 48명의 일본 낭인(칼잡이)들이 조선의 국모 명성황후를 잔혹하게 시해한 사건 역시 야쿠자 조직의 전신인 사무라이들의 망나니 칼춤에 의해 자행된 국제적인 치졸한 범죄행위였다. 한편, 참혹한 1, 2차 아편전쟁(1839~1860)을 겪었지만 임오군란(壬午軍亂; 1882) 당시 조선에 파병된 청나라 병사들 사이에서 전염병처럼 널리 퍼져 있던 아편이 조선에도 공공연하게 유행하며, 그렇게 반입된 아편이 일본 낭인들에게 전래되었고, 당시 마약에 취한 낭인들이 벌인 추악한 범죄는 오늘날까지 역사적 치욕으로 남아 있는 것이다.

태평양 전쟁이 끝난 직후 일본 정부가 더 이상 야쿠자를 보호해 줄 수 없게 되면서 전쟁으로 파괴된 지역을 대상으로 하여 건설업자로 둔갑해, 수많은 건설현장을 수주하면서 이권사업으로 막대한 조직의 자금을 형성하게 된 것이다.

특히, 일본에 주둔한 미군정은 야쿠자 조직과 긴밀한 관계를 유지하면서 자금을 지원하게 되었는데, 일본 내 공산주의자들이 급격하게 성장하면서 미군정으로서는 공산당을 견제하고자 하는 수단으로 야쿠자를 이용할 필요가 절실하였던 것이다.

오늘날 일본에서 가장 강력하고 잔인하기로 악명이 높은 야쿠자 조직은 끈끈한 가족이라는 형태를 유지하며, 절대적인 상명하복 관계를 형성하고 있는 폭력조직으로

71) 서민교, 明成皇后 弑害事件(경복궁 무력침입과 명성황후를 포함 조선인 집단 살해사건). 高麗大學校 歷史研究所(한국학술정보 국립중앙도서관) 제59권. 2004; 金ヨンレ。(論文の作成者)一部の内容は学術的次元で事実関係に符合するように野説による。2024年 12月 27日; 高橋 寛次, 経済 産業・ビジネス。「伝説の侍」に非ず, 日本の侍 (浪人) 歴史学本流。2024年 8月 5日.

제2차 세계대전 이후 혼란기를 틈타 그 세력을 더욱 확장시켰다.[72)]

그 당시부터 오야붕과 꼬붕의 관계가 서서히 모습을 보이기 시작하여 오늘날 야쿠자의 도덕적 예절이라는 것, 즉 꼬붕은 오야붕에게 오로지 복종과 충성을 위하여 죽음으로 보답하고, 오야붕은 꼬붕의 집안 살림살이 등을 안락하게 챙겨 주는 문화가 자리매김한 것이다.

2001년 일본 경찰청 통계에 따르면 4,305개의 많은 단체에 무려 98,300여 명의 폭력단원들이 활동하고 있으며 일반 시민들의 법과 질서에 대한 확고한 신념에 혼란을 야기하고 있다. 이 조직들은 자금 확보를 위하여 메스암페타민 등 마약류 거래에 깊숙하게 개입하여 연 총수입의 34.8%인 약 457억 9천만 엔의 수익을 창출하고 있으며 야쿠자는 일본의 마약 및 「향정신약취체법」 사범 중 50% 이상, 마약류 거래 사범의 60%를 차지하고 있다.[73)]

일본의 야쿠자는 폭력단속대책법(폭력단원에 의한 부당행위방지등에 관한 법률; 1991년 법률 제77호)이 제120회 국회에서 통과되어 1992년 3월 1일부터 시행, 일본 내에서 활동에 제약을 받게 됨에 따라 더욱 해외로 진출을 가속화하기 시작했던 것이다.[74)]

---

72) 山本檀 松浦端午, "山口組と 稲川會 – 沿革と現況", 搜査研究 320호. 2001; パルモ, 悪名高き世界10の危険なギャング, 2014. 4.
73) 山本檀 松浦端午, "山口組と 稲川會 – 沿革と現況", 搜査研究 320호. 2001.
74) 조선호, 131面; 「중앙일보」 1995. 7. 25. 5면; 조승철 「마약류 사범에 관한 연구」(석사학위 논문, 동국대학교, 1993), 89~91면; 신의기, 31면.

VI. 남미의 범죄조직

오늘날 마약류 범죄는 그 특성상 국제화 현상을 보일 수밖에 없는데 콜롬비아의 메델린 카르텔과 같은 국제적 규모의 범죄조직이 세계시장을 지속적으로 공략하고 있는 실정이다.

이 마약조직의 역사를 보면, 1675년에 콜롬비아 Antioquia주의 주도(州都)에 세워진 메델린 카르텔, 파블로 에스코바르(Pablo Escobar)라는 두목에 의해 설립된 마약조직이다. 이 단체는 마약 밀매로 조직화된 네트워크를 구축하고, 그 조직의 주 자금원인 마약의 생산, 가공, 판매, 인질에 대한 몸값 획득 등에서 얻은 수익금으로 최대의 재벌이 되었다.

1980년 초반부터 콜롬비아 정부와 항쟁을 벌인 이 집단은 최대 마약조직으로서 게릴라조직을 지배하며 항상 미국과 대립을 위한 투쟁이나 영리적 목적으로 유괴 및 인질, 유력인사에 대한 암살 등을 자행하여 왔다.

> 콜롬비아 현지 언론에 의하면, 22. 5. 10일 암살당한 마르셀로(Marcelo) 검사 암
> 살범이 검거되었는데, 이들은 치밀하게 암살 계획을 세운 뒤 살인의 대가로 15만
> 달러 상당을 받은 것으로 알려졌다.[75] 이들에게 청부살인을 지시한 배후(암살 교사
> 범)는 아직도 미궁 속에 있다.

2006년 AUC라는 내부파벌에서 분열하여 다시금 탄생되었고, 이후에도 메델린 카르텔의 두목은 무소불위의 권력을 유지하고 있다.[76]

2025년 기준으로 콜롬비아에서 가장 큰 마약조직의 카르텔은 콜롬비아 중부 안티오키아 주(州) 해발 1,500m의 적도 부근의 고원 지대에 위치해, 연중 20℃ 정도의 시원한 날씨를 항시 유지하기 때문에 '영원한 봄의 도시'라는 애칭을 가진 곳에 아지

---

75) 「남미동아 뉴스」, 2022. 6. 6. (参见相关报道)
76) 「연합뉴스」, "에콰도르에서 마약 카르텔 두목 탈옥", 2024. 1. 9. 참조.

트를 자리 잡고 있다.

24. 1. 8일 여명, 에콰도르에서 마약갱단두목 탈옥 사건이 발생, 대통령 선거 유력 후보 암살을 지시한 혐의를 받고 있는 마약두목은 남미에서 가장 악명 높은 폭력적 마약밀매집단의 리더로 손꼽히는 '마시아스(Macías)'라는 자이다. 그는 최고 보안등급 교도소 중 한 곳에서 연기처럼 하늘로 증발해 버렸다.

일명 '피토'라는 자는 2011년 상습적 마약밀매 및 살인죄 등의 죄목으로 징역 34년 형을 선고받고 복역 중, 피토가 수감자가 맞는가 싶을 정도로 교도소 내에서 코카인을 흡입하면서 자유롭게 생활, 경찰관들을 들러리로 내세우고 정부군과의 평화협정을 발표하는가 하면 자신을 아름답게 미화(美化)하는 노래 뮤직비디오에 직접 출연하기까지 했던 인물이다.

우리나라에서도 무기수 탈옥사건이 발생, 일명 '신창○'이라는 강도 살인범, 철통같은 5중 경계 철조망 및 방호시설을 갖춘 세계 최고보안등급의 부산교도소 화장실 환풍구 통해 탈출한 희대(稀代)의 탈옥수, 1997. 1. 20일 탈옥, 부산에서 탈옥한 탈옥수가 서울에도 나타나고 광주 및 울산, 그리고 대구에서도 보았다는 목격자 신고로 인하여 유령처럼 "동에 번쩍 서에 번쩍" 경찰을 우롱이라도 하듯 홍길동처럼 제멋대로 전국을 활보하고 다녔다.

그 당시 칠흑 같은 암흑 속에 숨어 있는 탈옥수를 체포하지 못한 허물을 뒤집어씌워 파면 및 해임 등 중징계함으로써 그자의 형체(形體)도 모른 채 옷을 벗게 된 교도관 및 경찰관이 약 50여 명에 이른다.

실례로 탈옥수와 관련된 흥미로운 한 토막의 해프닝(happening)같은 일화를 소개한다. 서울 달동네 은은한 불빛아래 드넓은 한강줄기는 잔잔한 호수처럼 아름답게 발치 아래 있고 북서쪽으로는 인왕산, 그리고 북악산 아래 청와대는 집 안 뜨락이나 되는 듯이 아주 가깝게 보이는 고즈넉한 금호산(金湖山; 일명 해병대산)은 6.25전쟁 당시 거센 풍랑 속 파도처럼 노도(怒濤)와 같이 파죽지세(破竹之勢)로 밀고 내려오는 피에 굶주린 중공군의 남하작전으로 인하여 1.4 후퇴, 이 야만적인 침략자들을 저지하기 위해 끝까지 치열하게 사지(死地)에서 악전고투(惡戰苦鬪)를 벌이고 있던 우리국군 및 유엔군은 인민해방군이 서울을 폐허로 초토화시키고 있을 그때 한강 이남으로 더 이상 후퇴하지 않기 위하여 죽음의 최후 방어선과도 같은 전략적 요충지로 해병대가 주둔했다고 하여 붙여진 이름하에 해병대산, 그 후 말이 없는 세월은 화살처럼 순식간에 흘러 약 반세기가 지난 1997년 1월초부터 새파랗게 젊은 날 작가가 3년간 공직으로 근무했던 해병대산, 그 어느 날 해병대산 아래 있는 여관에 탈옥수가 투숙했다는 촌각(寸刻)을 다투는 흥분된 목소리의 112신고 전화를 받고 은밀하게 출동한 경찰관은 실오라기 하나 걸치지 않고 한 여자와 침대에 누워 꿈결 속 천국에서 낮 뜨거운 정사(情事)를 질펀하게 벌이고 있던 알몸 상태인 자를 순식간에 덮쳐 수갑부터 채우고 보니 머리칼은 노란 빛깔로 염색을 하였으나 마른 체형과 함께 얼굴은 탈옥수와 아주 흡사하게 닮은꼴의 유명 국가대표 선수였다. 세계적으로도 널리 잘 알려진 대표 팀의 주장(主將)선수인 그는 해산(解産)달이 임박한 만삭(滿朔)의 아내 몰래 어느 연인과 오랫동안 불륜관계를 유지하고 있었는데 이러한 사실이 세상에 알려지면 영원토록 치욕의 불명예스러운 낙인이 찍힐 것이라는 두려움 때문에 시커먼 모자를 푹 눌러쓰고 모든 사람들의 눈을 피해 산 아래 후미진 골목길에 있는 여관들만을 전전하며 애정행각을 벌이고 있었던 것이다.

아무튼, 경찰 비상령이 발동된 상태에서 모든 주요도로 및 고속도로의 톨게이트(tollgate)에는 검문소가 설치되어 물 샐 틈 없이 삼엄하게 24시간 불심검문 중이었으나 이를 비웃기라도 하듯 전국을 휘젓고 다니는 오리무중(五里霧中)의 "강도 살인범", 그에 대한 실체는 없고 단지 "탈옥수의 그림자"만을 쫓아다니는 형국이었다.

특히, 죄의식(罪意識) 하나 없는 희대의 탈옥범은 탈옥하자마자 서울의 어느 벼락부자 졸부(猝富) 집에 침입, 현금 수억 원을 절취한 후 룸살롱 등(퇴폐 술집)에서 뭇 여자들을 품고 돈다발을 마구 뿌리고 다녔다.

당시 서울 강남 은마아파트 35평 한 채 값이 약 1억 5천만 원, 현금 5억씩 검은색 골프채 가방에 가득가득 담고 여인들과 애정행각을 자행, 거액의 현상금이 붙은 그자는 총 907일간 전국에서 신출귀몰(神出鬼沒)하였고 미모의 여자와 아파트에서 살림을 차리고 꿈결 속에서 행복한 신혼부부로 변신한 탈옥수가 전남 순천에서 체포됨으로써 그자가 못다 쓴 현금이 서울 강남의 아파트 네 채 값, 무려 6억 원 이상을 소지하고 있었고 이 거액은 압수되었다.

1999. 7. 16일 체포되기 전까지 국민들을 깜짝 놀라게 하는 등 혹세무민(惑世誣民)세상을 어지럽히고 다녔던 희대(稀代)의 탈옥사건, 그로 인하여 선량한 많은 사람들에게 씁쓸한 상처만을 남겨 주었다.

한편, 1980년대부터 90년대 초반까지 세계적으로 악명을 떨친 마약 갱단 메델린 카르텔(Medellín Cartel)은 콜롬비아에서 최대의 마약범죄조직의 집단으로 그 수익금($)은 한 달에 최대 7,000만 달러에 달하며, 최대 총 580억 달러 이상의 자산을 가지고 있었다.

또한 멕시코에서 가장 강력한 마약 카르텔이었던 시날로아 카르텔(Cártel de Sinaloa)은 오늘날에도 여전히 강한 영향력을 행사하고 있으며 멕시코의 로스 제타스(Los Zetas) 및 기타 소규모 카르텔과 세력 확장을 위해 공개적으로 피투성이가 된 채 암투를 벌이고 있다.[77]

멕시코 마약 세계에서 암살자라는 이름으로 유명한 인물로는 멜리사(Melissa)란 여성이다. 또 다른 마약세계를 장악하기 위해 죄책감을 전혀 느끼지 않고서 무려 150명 이상을 살해한 그녀는 마약상의 보디가드로서 2015년에 체포,[78] 구속되기 전까지 해맑은 미소를 지닌 살인자였다.

---

77) 牡丹堂(パルモ), 最も悪名高い10人の女ギャング, メリッサ·カルデロン(血に飢えたメキシコ人女性) 2021. 10.
78) 牡丹堂(パルモ), 売上高基準で世界5大暴力犯罪組織, 2017. 9. 19.

Ⅶ. 소결

러시아와 중국의 조직범죄들이 신마피아의 중추세력으로 급부상하고 있는 것도 나름대로 타당한 근거를 갖고 있는 셈이다. 소련붕괴 이후 시장경제 도입과정에서 급성장하고 있는 러시아판 마피아 조직은 라틴아메리카에서 유럽에 이르는 마약밀매경로를 개설하고 중앙아시아를 세계 마약시장의 새로운 중심축으로 변모시키고 있다. 세계 최대의 범죄조직인 중국의 삼합회와 일시 와해되었던 쿤사의 새로운 잔당세력과 연계되어 유럽, 미주 등지에 마약을 지속적으로 공급하고 있는 실정이다.

1997년 홍콩이 중국에 반환되는 것을 계기로 인하여 삼합회 마약조직은 그들의 근거지를 해외로 진출하는 것을 더욱 가속시켰던 것이다.

특히, 홍콩반환(香港返還)은 영국이 1997년 7월 1일에 청나라 영토였던 홍콩을 중화인민공화국에게 반환한 사건이다. 홍콩 이양된 후 홍콩 특별행정 자치구 정부가 성립되었고, 과거 홍콩 총독부의 기구와 공무원은 홍콩 특별행정부로 이관되었다.

제1차 아편전쟁(1839~1842)과 제2차(1856~1860) 아편전쟁의 승리와 함께 홍콩 섬이 영구 할양(割讓)된 이후 홍콩은 대영 제국의 영토가 되었다.

1997. 7. 1일까지 홍콩에 주둔했던 영국군이 완전하게 철수하고, 중국 본토의 인민해방군이 주둔하게 되었다.

제2절 메스암페타민의 실태

I. 의의

마약의 종류 중 하나, 무색 결정체 또는 흰 가루로, 냄새가 없는 각성제인 필로폰(Philopon)은 메스암페타민의 상품명이다

메스암페타민은 국내에서 히로뽕이라고도 불리는 필로폰으로서 화학적으로 정제한 합성마약이다.

오늘날 필로폰의 주요 생산지는 동남아시아와 멕시코로 동남아시아의 마약조직은 주로 미얀마와 라오스, 태국의 접경 지역 골든 트라이앵글 지역에서 활동하고 있다.

멕시코 마약 카르텔은 미국 캘리포니아 주와 접하고 있는 시나로아주(sinalogía)를 중심으로 필로폰을 생산해 수많은 소비자가 있는 미국시장으로 차량이나 사람 편 등을 통해 밀수출하고 있다.

국제사회에서 불량국가로 낙인찍힌 북한에서도 외화벌이를 위해 주로 필로폰을 합성하여 제조하는 것으로 알려지고 있다. 특히 북한 지역은 험준한 산악지대가 많고 외부와 고립돼 있는 데다가 함흥 지방을 중심으로 일제강점기 당시 세워진 화학공장들이 오늘날까지도 존재하고 있어 필로폰을 생산하여 만주 길림성 등 중국 접경 지역에 밀수출하고 있다.

II. 전쟁과 마약의 남용

혼돈의 정치사 악마보다도 더 잔혹한 전쟁터에 있어서 반드시 필수적인 동지적 가치를 지니고 있는 것이 마약인가?

전제군주(an absolute monarch)가 지배하던 시대, 영국에 의해 발발된 1차 아편전쟁(Opium Wars, 1839~1842)은 19세기 중반에 대영 제국이 청나라와의 무역에서 우위를 점하기 위하여 값싼 인도산 아편을 대대적으로 밀수함에 따라 중국 정부와 심각한 대립으로 인한 마찰에 의해서 일어난 전쟁이다.

청나라는 아편전쟁 전까지만 해도 국력이 막강한 대국, 동양이지만 무시할 수 없는 체급의 소유자 등 신비스러운 이미지를 갖고 있었기 때문에 어지간하면 긁어 부스럼을 만들지 말자는 식으로 인식하고 크게 문제를 제기하지 않았으나 아편전쟁 이후에는 허울뿐인 종이호랑이의 허약한 실체가 완전히 드러나자 청은 서구 열강에게 아주 거대한 호구로 전락하게 되었다.

영국과 프랑스가 비슷한 시기에 참전한 크림전쟁(1853~1856)에서는 두 나라가 무려 40만 대군을 투입하여 러시아 제국을 상대로 전쟁을 수행한 데 비하여 크림전쟁이 끝나던 해인 1856년 10월에 발발한 2차 아편전쟁(1856. 10. 8.~1860. 10. 24.)에서는 고작 2만 명도 안 되는 병력으로 거대한 중국에게 무릎을 꿇려 "치욕 100년간"의 역사를 기록하게 하였다.

우크라이나 크림반도에서 발발한 크림전쟁[79]은 나폴레옹 전쟁이후 유럽 국가들끼리 최초로 벌인 전쟁으로, 이때 참패한 러시아는 본격적으로 근대화를 추진하게 된다. '백의의 천사' 플로렌스 나이팅게일은 야전병원에서 처참하게 죽어 가는 부상자들에

---

79) ジョージムショー(アン・ジョンミ訳), 圖解世界史が簡單にわかる戰爭の地圖帳,出版社 イダメディア, 2017. 3.; Andrew Lambert, The Crimean War: British Grand Strategy against Russia(1853~1856), (King's College London, UK), pp.77~81; HISTORY, A&E Networks, Florence Nightingale and the Crimean War In October of 1853(November 9, 2009).

게 마약성 진통제(모르핀)를 투여하는 등 치료에 헌신했으며, 세계의료간호학 발전에 획기적으로 기여했다. 이로써 여성들이 군의관으로 전쟁에 참여할 수 있는 새로운 역사의 선구자로서 시금석이 되었다.

크림 전쟁(Capture the Crimean War Picture) 2025. 6. 19.

제2차 아편전쟁(1856~1860)은 영국, 프랑스, 러시아가 참전, 수도 베이징까지 점령되고 처절한 약탈과 유린이 자행되었다. 아편전쟁에서 청나라가 완패함으로써 중화사상은 뿌리째 흔들리게 되었고, 이후 본격적으로 서양의 세력이 동양으로 점점 진출하는 서세동점(西勢東漸)의 시대가 개막된다.[80]

서구 열강에게 문호를 개방한 일본은 급속한 발전과 함께 제국주의 대일본 천황의 군대라는 시커먼 장막에 숨겨진 얼굴을 차츰 보이기 시작하더니, 1894년 청일전쟁

---

80) Christopher Thorne, The Limits of Foreign Policy. New York: Capricorn, 1973. p.329; Meirion and Susie Harries, Soldiers of the Sun: The Rise and Fall of the Imperial Japanese Army p.163; 2003. Ben Walsh, GCSE Modern World History - second edition 2001, p.247; Guo Rugui, China's Anti-Japanese War Combat Operations(The defense of Harbin), 1931. 9. 18. Emergency and Northeast falls to the enemy. 2005. 7.; 車河淳, 前揭書, 529面.

을 일으켜 동양의 전통적인 대국인 중국을 참혹하게 굴복시켰다. 강력한 군사력에 의한 일본의 침략전쟁으로 인하여 세계열강(列強)의 경각심을 더욱 불러일으키는 데 충분하였던 것이다.

이후 군비를 더욱 현대화시켜 1931. 9. 18일 만주를 침략하고, 팔다리를 부러뜨린 허수아비 괴뢰정권을 세운 일본은 제2차 세계대전 직전까지 만주를 속국처럼 완전하게 지배하였다. 만주대륙을 점령할 당시 일본은 국가 정책적 차원에서 중국인들을 대상으로 하여 아편을 공공연하게 유포시켰다는 사실은 중국을 아주 만만하게 보이는 동네북으로 취급했다는 것이다. 당시 거대한 중국이 황당무계(荒唐無稽)하게도 보잘 것 하나 없는 섬나라 일본에게 끔찍하게 참패(慘敗)당한 청일전쟁의 결과에 따라 종이호랑이에 불과하다는 사실이 전 세계에 널리 알려지면서 제국주의 세력의 먹잇감으로 전락했다. 중국은 사면초가(四面楚歌)에 몰렸고, 서구 열강은 앞을 다투어 간악한 제국주의적 침략의 본성을 드러내게 되었다.

아편전쟁 이전 청나라의 아편 수입량은 1770년대에 연평균 200상자였으나 1838년에는 한 해에 4만 상자까지 이르렀다. 이로 인해 아편 중독자도 급격하게 증가해 1800년 이전에는 3억 명 중국 인구 중 아편중독자가 고작 10만 명이었으나 1839년에는 1,000만 명이 사용할 아편이 중국 내로 유입됐다. 이후 아편중독자는 시간이 흐름에 따라 순식간에 양적으로 변화하게 되었고 기하급수적으로 증가(Exponential increase)해 4,000만 명으로 폭증하였던 것이다.

아편전쟁으로 홍콩(香港)을 수중에 넣은 영국은 중국 정부의 강력한 반대에도 불구하고 싸구려 인도산 아편을 중국인에게 공공연하게 대규모로 판매하여 천문학적인 이익을 취하였다.

또한 스페인 내전(Spanish Civil War, 1936~1939)[81], 3년간에 걸친 피비린내 나는 전쟁의 과정에서 마약을 군인뿐만 아니라 일반인들도 투약하였다.

---

81) Adam Hochschild, Spain in Our Hearts: Americans in the Spanish Civil War(1936-1939), Publication date March 29, 2016.

스페인 역사 중 3년간 지속된 내전으로 인해 30만 명에서 많게는 60만 명이 희생되었을 뿐만 아니라 내전 과정에서 치유할 수 없는 수많은 상처를 남겼고, 그로 인해 스페인 사람들은 상처를 치유하는 대신 마약에 취한 듯 침묵과 망각(忘却)을 선택해 왔다.

19세기 자연스럽게 유럽에 유입되었던 흥분제인 코카인과 달리 스페인 내전과 제2차 세계대전에서 초인간적 존재(superhuman being)로 만드는 약물로 불리던 히로뽕은 필로폰이라고도 칭했으며 공식 약명으로는 메스암페타민이다.

기독교 신학에서 미래의 이상주의 국가를 의미하는 제3제국 나치 독일은 육·해·공군 할 것 없이 병사들에게 강력한 효과를 가진 마약을 배급한 바 있다. 정신적 환각효과에 빠진 군대는 밤낮없이 진군했고 불사조(Phoneix)처럼 적진으로 몸을 불사르듯이 돌격하였던 것이다.

독일의 최대 시사 주간지 『스피겔(Spiegel)』에 따르면, 제2차 세계대전 당시인 1940년 4~7월까지 필로폰 성분의 마약(페르비틴)을 독일군에게 지급하였고 그 양이 무려 3천 500만 정[82]에 이른다.

필로폰은 제2차 세계대전 중 군인과 노동자들의 각성제로 사용되었으며 일본 천황의 군대 가미카제 특공대 조종사들이 미국 항공모함을 침몰시키기 위한 자살 임무를 수행하기 전에 투여받은 것으로 널리 알려진 바 있다.

제2차 세계대전 이후 필로폰은 각성제와 다이어트 보조제, 우울증에 특효약 등으로 사용되며 일반인에게 빠르게 확산되었다.

제2차 세계대전 당시 일본은 실제 히로뽕(메스암페타민, 일본어; hiropon)을 자살특공대·전투 중 통신에 관한 기술요원 및 군수공장 근로자들의 정신적 집중력이나 육체적인 힘을 증진시켜 임무수행의 능률을 가일층 높이기 위하여 사용하여 왔다.

---

82) 「연합뉴스」, "이팔전쟁과 마약", 2023. 10. 19. 참조.

이러한 목적으로 사용되던 메스암페타민(hiropon)이 세계 최초로 비(非)의료학적인 목적에 사용된 것은 스페인 내전에서였다.[83]

세계대전의 서막으로 세상에 잘 알려진(1936. 7. 18.~1939. 4. 1.) 스페인 내전 (Spanish Civil War)은 제2차 세계대전의 전주곡으로 묘사되기도 한다.
역사적 전설이 된 스페인 내전, 열정의 꽃(pasionaria; flor de la pasión) 에스파냐(España), 스페인 내전에 참전한 어니스트 헤밍웨이(Ernest Hemingway), 그의 소설 작품 『누구를 위하여 종은 울리나(For Whom the Bell Tolls)』, 세상에서 가장 아름다운 노래와 춤을 가진 스페인 민족, 따사로운 햇살과 기름진 천혜(天惠)의 대지, 침묵의 땅에서 사실상 의료용으로 사용되지 아니한 경우에도 마약이 내전 당시 전투에 참가한 군인들 사이에 투약되기도 하였다.

또한 제2차 세계대전 중에는 이를 이른바 초인을 만드는 약물(superman drug)로 사용된 바 있다.[84]
1960~1975년까지 이어진 비극적인 베트남 전쟁(월남전)은 미국 역사상 가장 최악의 악몽과도 같은 수렁 속 전쟁으로, 정글 속에서 보이지 않는 게릴라전을 감행하는 북베트남군을 상대로 미국에게 있어서는 치명적인 손실을 안겨 준 전쟁이었다. 특히 이 전쟁의 소용돌이 속에서 1970년도에 쿤사가 지배하고 있는 골든 트라이앵글에서 유통된 마약으로 인하여 미군 약 22,000명 이상이 아편에 중독되어 강제 퇴역 당했다.

---

83) 「조지 오웰」(옮긴이 김승욱), 카탈로니아 찬가(Himno nacional de Cataluña), 문예출판사, 2023. 12. 14. pp.69~108.
84) 일본에서는 제2차 대전당시 히로뽕[hiropon] 등 모든 마약류를 공공연하게 감기약(판피린 및 코프시럽)처럼 동네약국에서도 자유롭게 판매하였다. 金龍來. 연세대학교, 前揭書. 16~19면.

베트남 전쟁 당시 미군 사망자 5만 8천 명이었으며, 1970년도에 동남아 쿤사가 지배하고 있는 황금의 삼각지대에서 유통된 마약으로 인하여 전쟁이 끝난 1975년에는 병사의 35%가 암페타민 및 기타 마약에 중독되었다.[85] 이들은 전쟁의 공포를 잊고자 마약에 손을 대다가 중독으로 이어진 사례가 대다수이다.

2023년 10월 발발한 이스라엘과 팔레스타인 전쟁에서도 암페타민을 주성분으로 하는 합성마약인 캡타곤(Captagon)이 사용된 것으로 확인되었다. 이슬람 국가(IS) '지하드(이슬람 성전) 마약'으로도 불리는 캡타곤은 중추신경과 교감신경을 흥분시키는 각성제로서[86], 이 마약을 투약하게 되면 며칠 동안 잠을 자지 않아도 될 뿐만 아니라 스스로 무적이라고 생각하며 두려움 없는 살인 병기가 된다.

2023. 10. 7일 이스라엘 남부 지역에 침투해 닥치는 대로 민간인을 살해하고 납치한 팔레스타인 무장군벌(an armed warlord)의 최고지도자(야히야 신와르; 일명 중동의 도살자), 그의 魔下 하마스 대원들이 당시 "전투 마약"으로 불리는 캡타곤을 복용했다는 증거를 제시한 바 있다. 당시 전투 후 시신으로 수습된 하마스 대원들 배낭과 주머니에서 캡타곤 알약 수십만 정이 발견되었다.[87]

2024. 12월 현재 이스라엘과 전쟁 중인 레바논에서의 헤즈볼라 또한 시리아에서 생산되는 마약 "캡타곤" 거래 수익원을 기반으로 하여 정치뿐만 아니라 레바논의 의료, 교육 등 사회 전 분야에 걸쳐 깊이 개입하고 있다.[88]

---

85) Author Adam Janos, According to a Pentagon study, by 1973 up to 20 percent of soldiers were habitual heroin users. September 18. 2024.
86) 栗本教授, 覚せい剤「麻薬とイスラム圏国家の宗教戦争、そして聖戦」、大阪大学校、2017年4月15日。pp.35~39.
87) USA TODAY, Were the Hamas attacks on Israel so brutal because the killers were high on the drug Captagon? Josh Meyer, Kim Hjelmgaard, November 2, 2023.
88) 백승만, 전쟁과 약(기나긴 惡緣의 歷史), 동아시아, 2022. p.159.

헤즈볼라는 1980년대 초 설립된 레바논의 시아파 이슬람 계열의 정치적 정당이자 무장 테러조직이며, 전쟁비용의 주요 자금원의 일부가 마약이다.

마약은 군대와 결코 떼어 놓을 수 없는 필수 군사 의약품으로 전쟁에서 부상을 당한 군인들에게 있어서 가장 무시무시한 것은 외상이기 때문에 마약(마약성 진통제) 없는 군 야전병원 의료란 절대적으로 존재할 수 없는 것이다. 이 때문에 아편이 발견된 이래로 마약은 오늘날까지 군인들의 소중한 생명을 살리는 데 엄청난 공헌을 하여 왔다.[89] 그러나 전 세계로 전파된 마약이란 매우 위험한 존재이면서도 아주 가까운 벗으로 인류 역사와 함께 자리매김하고 있다.[90] 인류 문명과 함께 군사적 역량이 더욱 발전함에 따라 야전 병원 등 부상자들의 응급 처치 능력도 더불어 발전하였고, 이것은 당연하게도 아편 사용의 증가를 의미한다.

Ⅲ. 환태평양 및 세계적 확산시대

국가 정책적 차원에서 일본 정부는 전쟁 중 많은 양의 메스암페타민을 정제·제조하여 군인이나 전시 군수공장 근로자들에게 공급하였다. 이때 만들어진 메스암페타민 중 소모되지 않고 남아 있던 상당량이 종전 후 일반 국민들에 의하여 남용되었고, 그로 인하여 많은 중독자가 양산되었다. 마약의 제조량 증가와 함께 제조기술도 널리 전파되어 한국이 최대 메스암페타민 제조국(製造國)으로 등장하게 되었고, 일본 범죄조직에 의한 고용형태를 벗어나 점차 독자적인 제조조직이 나타나게 되었던 것이다.

한편 대만은 메스암페타민의 원료가 되는 염산에페드린을 한국으로 밀수출하여 메스암페타민을 제조한 후 일본으로 밀수하여 소비하는 형태를 취하고 있다.

---

89) Caitlin McFall By Caitlin McFall Fox News, Hezbollah terrorists, Hezbollah sits on over 150K different types of Iran-backed armaments, July 31, 2024 7:29am EDT.

90) 백승만, 前揭書, p.160.

죽음의 백색 가루인 히로뽕은 메스암페타민 성분이 뇌신경전달물질을 자극하여 엔도르핀(Endorphin)을 지나치게 생성시켜 비정상적인 감정의 포물선 궤적을 그리게 하고 한번 중독되면 갈수록 약물의 농도를 높여 가야 하는 인체에 치명적인 마약이다.

제2차 세계대전이 끝난 후 1950년대 중반 일본경제가 크게 활성화되면서 상당수 일본인 마약투약자들이 값비싼 헤로인을 주로 투약하였다.

1960대와 1970년대 들어서는 백색의 삼각구조 시대(White Triangle)로 1960년대 후반부터 점차 메스암페타민에 대한 깊은 향수에 젖어 또다시 투약 의욕을 강하게 느끼기 시작하게 되었고, 제2차 세계대전 당시 군수공장에서 일하던 일본인 제조 기술자들이 일본에서 메스암페타민을 조제하여 투약자들에게 공급하였던 것이다.[91]

일본 정부가 이에 대한 심각성[92]을 지적하고 「각성제취체법」을 입법하여 대대적인 단속을 실시함과 동시에 처벌을 강화하자, 그 당시까지 단속법규가 미비하던 우리나라에 일본의 폭력조직인 야쿠자[93] 조직이 건너와 전쟁 당시 일본의 제조공장에서 일하던 한국의 제조 기술자를 물색하여 우리나라에서 메스암페타민을 제조하기 시작하였고, 그 물량을 일본으로 밀수출하여 원료 공급지로는 대만, 제조지로는 한국, 소비지로는 일본이라는 백색 3각 구조를 형성하게 되었다.

---

91) 厚生労働省医薬・生活衛生局.我が国は, 諸外国と比べて, 覚醒剤等の薬物を使用した経験のある人の比率が相当に低く, 益が暴力団の資金源となっていることなどを考えると, 薬物犯罪の撲滅は重要な課題. 麻薬・覚醒剤乱用防止(令和元年度; 19年).

92) 일본 정부는 1954년도 한 해 동안 일본인 중 약 1,500만 명을 메스암페타민 남용자로 추산, 그해 검거된 중독자의 수가 무려 55,000명 이상이었다. 이정수 外, 42~43면; 이은모, 47면.

93) 조선호, 59~110면; 安田洋祐さんに朝日新聞上で2019年5月の「今月の論考」, 麻薬紛争についての研究に関して一般向けに書いた文章を掲載. (元記事は週刊東洋経済2019年4月27日・5月4日号 掲載). 執筆(2019年初め)。

히로뽕(hiropon)은 70년대까지는 대만에서 재배된 원료를 우리나라에서 밀조하여 일본에 공급하는 삼각관계, 이른바 '화이트 트라이앵글'의 유통체계를 형성하였다. 그러나 80년대 이후 일본사법당국의 단속강화로 한국·필리핀·대만·캐나다·하와이 등 소비 지역이 확산되면서 이 같은 기존 루트는 무너지고 '새로운 환태평양 구조'가 형성되었고, 90년대 들어서는 미국 및 유럽 등 전 세계적으로 확산되고 있다.[94]

1990년대 들어 세계적 확산시대로서 중국과 대만(台灣)이 주요 생산 지역으로 변질되었고 독일·영국 등 유럽 지역에서도 결정체 메스암페타민(hiropon)의 투약사범의 적발 사례가 보고되는 등 국제적으로도 확산 추세에 있는 것이다. 이와 함께 마약 공급시장에서도 급격한 변화가 있었는데 한국에서의 메스암페타민의 제조조직과 밀수출에 대한 단속의 강화로 인하여 제조조직이 붕괴되고 일본에 대한 수출이 봉쇄되면서 이를 대체한 대만(台灣)산 메스암페타민이 일본시장에서 주류를 이루게 되었다. 따라서 1990년대의 가장 큰 변화는 종전의 최대 수출국이었던 한국이 효과적인 제조조직의 단속에 의하여 수입국으로 바뀌고 원료 수출국이었던 대만(台灣)과 중국이 제조기술을 습득하여 주요 완제품 수출국으로 등장하게 되었다는 점이다.[95]

일부 밀수되는 히로뽕(hiropon)은 반제품 형태의 분말이나 액체 형태로 밀수되어 국내의 밀수공장에서 다시 정제 과정을 거쳐 순도를 90~100%로 높이는 것으로 알려져 있고, 코카인 투약자들이 새로운 마약인 히로뽕에 대해 높은 관심을 보이고 있다. 특히 1960년대 영국에 있어서 헤로인 중독은 일반적으로 코카인 중독과 밀접한 관련이 있었다.

이것은 이들 두 종류의 약물이 화학적 기능적으로 서로 상호작용을 하고 있다고

---

94) 覚せい剤等の中毒性薬物は，人の心や身体を虜にし，むしばむだけでなく，家庭を崩壊させ社会に害悪を及ぼすと，ころにその恐ろしさの本質がある. 覚せい剤乱用者の家族の手記, 日本の警視庁が1999年に発刊.

95) 이정수 外, 前揭書, 42~43면; 「대검찰청」 189면: 이은모, 47면; 山本檀 松浦端午, 山口組と稲川會 - 沿革と現況, 捜査研究(320號). 2001.

사용자들이 생각하고 있었기 때문이다. 그러나 헤로인[96]은 중추신경억제약물인 데 비하여 코카인은 흥분제인 관계로 사실상 두 약물은 화학적으로 전혀 다를 뿐만 아니라 그 효과적인 면에서 서로 정반대로 나타나고 있다.

투약자들은 각각의 약물에 의해 발생되는 불만스러운 약효를 서로 상쇄시키려는 의도와 아울러 코카인에 의한 황홀감을 헤로인에 의해 보다 오래 지속시키려고 하는 계획하에서 이 약물들을 칵테일(cocktail) 혼합하여 사용한다.[97]

2000년대 이후 히로뽕 등 메스암페타민 사범 중 재범자의 수는 전체 마약사범 중 52.1%를 차지하고 있는데, 이것은 메스암페타민의 성질상 의존성이 대단히 높고, 세계 마약 카르텔 중 하나인 야쿠자 등 주요 공급조직에 의한 안정적인 공급이 이루어지고 있기 때문인 것으로 분석된다.

일본에 거점을 둔 잔혹한 야쿠자(Yakuza) 조직 중 마약투약·밀매뿐만 아니라 갈취와 살인 및 여성들 납치 성매매 등, 가장 규모가 큰 조직으로는 고베(神戸)에 본사를 둔 야마구치구미파(山口組派)가 있다. 약 39,000명의 조직원을 보유하고, 일본 전체 폭력단의 50%를 장악했다. 이 조직은 합법적인 법인회사를 여러 개 소유하고 있으며, 최고급 외제차를 타고 몸에는 무시무시한 문신(凄まじい入れ墨)으로 치장(治粧)했다. 눈이 부실 만큼 찬란한 조명과 함께 밴드음악 및 코러스(chorus) 포크송의 선율이 잔잔하게 흐르는 황홀한 무대에 선 연예인처럼 현란한 양복을 걸치고 제멋대로 대로(大路)를 활보하며, 당근 자르듯 자신의 손가락을 두 동강으로 잘

---

96) the Centers for Disease Control found the number of heroin users in the US had grown by almost 300,000 over the last decade, and the increase has occurred among men and women in almost every age group and at all income levels. Christopher Woody, Nov 16, 2015.

97) 조병인, 前揭書, pp.152~157.

라 버리고 없는 자들도 시민들의 눈에 종종 보인다.[98]

미국의 마약단속국(DEA)은 한국에서 밀조기술자가 수십 년간에 걸쳐 히로뽕을 밀조하여 일본에 수출하여 오다가 최근 수사기관의 단속강화로 한국의 밀조기술자들이 대만·필리핀 등지로 옮겨 기술을 이전하거나 현지에서 밀조하는 방식으로 변경되고 있는 것으로 분석하고 있다.[99]

메스암페타민의 밀수·밀매는 日本의 야쿠자 조직이 전통적으로 가장 주요 자금원으로 삼아 온 것으로, 1993년도 전체 마약사범 15,252명 중 야쿠자 조직원이 6,401명으로 42%를 차지하고 있다.

2022년부터는 마약 거래뿐만 아니라 미얀마 반정부 조직을 위해 신무기를 구입해 주는 등[100] 조직범죄 간의 이권다툼은 무자비한 살상으로 이어져 일반 국민들로 하여금 공포를 느끼게 하고 있다.[101]

Ⅳ. 소결

오늘날까지도 인간에게 닥친 전쟁이라는 죽음에 대한 공포로부터 삶에 대한 희망과 위안을 주는 물질로 변질되어 불굴의 정신, 용감한 투사정신을 갖게 해 주는 약물로 인식되어 왔던 것이 '히로뽕(hiropon) 등의 마약이다.

사악한 악마 같은 전쟁터의 피로 물들인 산야에서뿐만 아니라 전쟁이 없는 평화로

---

98) パルモ. 悪名高き世界10の危険なギャング, 2014. 4. 3.

99) 정선태, 前揭書, 55~56면; 警察庁. 暴力性を露わにして犯罪を敢行する国際犯罪組織と, 広範な情報網と人的ネット我が国の組織犯罪の実態, 平成14年.

100) とされる男, 核物質の密売を企てたとして米で追起訴… 無罪主張の方針「日本のヤクザのリーダー」読売新聞, 2024. 2. 22. 参照.

101) 대검찰청, 2001. 179~180면; 이은모, 前揭書, 81~82면; 조선호, 前揭書, 61~62면; 警察庁, 日本国内における国際犯罪組織と連携した麻薬密売の現状, 2023年度.

운 사회에서도 세계적으로 은밀하게 은닉 유통되는 히로뽕은 대만·홍콩·필리핀산이 80%를 점유하고 있다.

히로뽕(hiropon)이라 불리고 있는 메스암페타민은 우리나라·대만·필리핀 등 동북 아시아권의 밀수량과 포클랜드·오래곤·로스앤젤레스·샌프란시스코·샌디에이고 등 캘리포니아주 일원 등지에서 자체 생산되고 있는 양으로 충당되고 있는 것으로 미국의 마약단속국(DEA)은 분석하고 있다.

특히 마피아·야쿠자·삼합회라는 3대 조직은 마약범죄조직의 대명사로 지구상에 수십만 명의 비밀조직을 형성해 동·서양의 마약밀매 및 밀수출, 폭력과 갈취 등으로 매년 수십조 억 원의 검은돈(收益)을 창출하고 있으며, 이들은 오늘도 끊임없이 새로운 먹잇감을 찾아 범죄조직을 확장하며 지하 세계를 잠식하고 있는 지구촌의 하이에나(Hyena) 같은 무법자들이다.

제3절 마약류 밀매 및 조직범죄의 특성

I. 의의

19세기 초 유럽과 미국의 의학자들이 인류의 생명을 구할 새로운 신약(妙藥)을 찾기 시작했을 당시, 그들은 남미의 원주민 공동체가 원시림에서 코카잎을 이용하여 통증을 치료하고 모든 에너지를 증진시키고 있다는 사실을 인지하게 됨에 따라 유럽과 북미 지역으로 코카인이 자연스럽게 흘러 들어오게 되었다.

이렇게 유입되던 코카인이 미국 정부에 의해 통제약물로 지정된 이후 암시장에서만 밀거래되는 제품이었지만, 1970년대와 1980년대에 많은 물량이 북미대륙으로 유입되었다. 그 시절 비참할 정도로 기아와 빈곤에 시달린 가난한 나라 콜롬비아인들이 코카작물의 재배에 적합한 자연이 베푼 천혜(天惠)의 비옥한 토양에서 코카나무에 대한 생산량을 늘려 나갔으며 이에 남미의 마약 갱단(카르텔)들이 미국과의 근접성을 이용해 초록의 바다 카리브해를 가로질러 코카인을 북미대륙으로 대대적으로 밀반입하기 시작했던 것이다. 이에 마약의 소비국인 유럽과 북미 국가들은 마약 유입을 차단하기 위한 강력한 국가정책을 수립함과 동시에 카르텔에 대한 압박을 가하기 시작하였다.

II. 마약류 밀매

마약류 밀매는 천연마약을 중심으로 이루어지고 있기 때문에 재배가 적합한 지역을 확보하는 것이 필수적이다. 그뿐만 아니라 수사당국의 단속을 피하여 은밀하게 생산지를 확보하는 것 또한 선행되어야 한다.

이와 같은 이유로 코카 및 양귀비를 생산할 수 있는 최적의 지역은 그다지 많지가 않고 또한 재배농민까지 확보해야만 하기 때문에 마약재배 및 거래는 조직적일 뿐만 아니라 대규모로 이루어진다.[102]

최근 콜롬비아 마약 카르텔은 대량의 코카인 생산에 이어 새로운 특용작물로 양귀비를 선정하여 생산을 확대시키고 있다. 미국 마약단속국(DEA)은 양귀비 생산과 헤로인 수출을 장악하고 있는 조직은 칼리 카르텔이라는 견해를 밝힌 바 있으나 그보다는 콜롬비아 남서부 아지트를 근거지로 하여 신흥 마약갱단의 배타적인 파벌조직들이 서로 간에 경쟁적으로 혹은 부분적인 연합형태를 취하면서 마약조직집단을 형성하고 마약 밀매사업에 적극적으로 관여하고 있다.

오늘날 콜롬비아 및 볼리비아 등의 마약조직에 대한 소탕작전에는 군사작전의 일환의 하나로서 군대를 투입하고 있는데 미국의 첨단무기 및 군자금의 지원 하에 비밀리에 작전을 수행하고 있다. 그러나 마약 거래조직의 병력이 수만 명에서 수천 명에 달하고 무장된 화력이 막강하여 오히려 내전상태에 이르고 있다.

지금까지 동남아 황금의 삼각지대(Golden Triangle)에서 나름대로 세력을 형성하고 있는 마약군벌은 3개 세력으로 중국계로 홍위병 출신인 린밍센, 로싱한, 빌리 웨이 형제 등이다. 이들은 몬타이 군벌(MTA; Montai Army) 조직의 내부 분열을 이용하여 최근 그 세력을 급속하게 확장하여 거의 과거의 쿤사 조직에 버금가는 영

---

102) United Nations, The United Nations and Drug Abuse control, 01, p.31.

화를 누리고 있다.[103]

이들은 양귀비에서 추출한 아편 생산과 1차 유통을 장악하고 있는 마약 밀매의 전문집단이다. 이들 국제적 조직범죄단체, 즉 각 국가마다 다양한 조직범죄집단들이 활동하고 있다.

국제형사경찰기구(ICPO)[104]에 의하면 세계적으로는 특히 이탈리아계 마피아 2만 2천 명, 새롭게 조직을 정비하고 있는 중국의 삼합회 약 10만 명, 그리고 일본의 야쿠자 조직 등 3대 조직이 지구촌을 크게 위협하고 있다.

이 마약범죄 조직은 그들의 다양한 목적을 달성하고자 마약의 거래, 인신매매, 명품들을 위조, 불법적인 통화조작, 대규모 해상사기, 밀수 등을 자행하고 있다.

이들 마약범죄조직들에 의한 코카인 밀수경로는 바하마 등 카리브해 연안국을 경유하거나 멕시코·과테말라·파나마 등의 중앙아메리카를 거쳐 북아메리카에 공급하고 항공편으로 파나마·브라질 등으로 운송한 후 선박 편을 이용, 대서양을 횡단(across the Atlantic Ocean)하여 유럽으로 운반되며, 최근에는 폴란드·러시아 등 동유럽 국가를 경유하는 사례가 급증하고 있다.

오늘날의 마약의 소비 추세를 보면, 미국에서는 90년대 말 코카인 압수량 및 남용자수가 약 10% 감소한 반면 유럽 지역으로 코카인 공급은 확산되어 연간 약 360톤의 코카인이 서유럽 지역으로 밀반입되는 것으로 추정되며 유럽 지역의 압수량도 급격한 증가추세에 있다.

---

103) 김상희 外, 前揭書, 236~237면; Journal in News Korea, The rising notoriety of the Golden Triangle. 2024. 12. 16.

104) 국제 범죄의 신속한 해결과 각국 경찰기관의 발전 도모를 위한 기술협력을 목적으로 1956년 설립된 국제기구인 Interpol은 국제적인 형사 사건의 조사, 정보, 자료의 교환, 수사협력의 업무를 주로 담당하고 있다. 1923년 국제형사경찰위원회가 창설되었고 1956년에 이르러 전신 약호 인터폴로 등록되었다. 현재 가입되어 있는 194개국의 회원국이 매년 약 5,900만 유로의 재정적 지원을 하고 있다. 현재 국제형사경찰기구(ICPO)본부는 프랑스 리옹에 있다. 최인섭. 前揭書, 16면; 신의기, 前揭書, 26면; Interpol 91st General Assembly, How our history started, November 28, 2023.

또한, 아시아에서도 일본을 중심으로 남용이 증가 중인바, 남미의 파나마·콜롬비아·베네수엘라 등의 마약운반 혐의를 가진 선박들이 일본에 대량으로 코카인을 공급하고 있고 최근 야쿠자 조직이 남미의 카르텔과 연계되어 상당한 양의 코카인을 일본 내에 확산시키고 있으며, 그 밖에 동남아시아 및 오세아니아 주에서도 증가추세에 있다.

이것은 미국 수사기관에 의한 단속강화로 인하여 시장 확대에 한계를 체감한 국제 공급조직이 미국을 비롯한 영국과 프랑스 등 유럽과 아시아 지역으로 새로운 시장 확대를 꾀하고 있는 것으로 분석된다.[105]

프랑스 노르망디 레빌 해변, 폭풍이 휩쓸고 지나간 해안선에서 낭만적인 데이트를 즐기면서 어여쁜 조개를 줍던 연인, 노란색의 비닐 포장지에 겹겹이 쌓인 이상한 꾸러미를 발견하고 경찰에 신고하였던바, 그것은 엄청난 양의 백색 코카인으로 무려 880㎏, 파운드화폐로 5,330만 파운드, 한화로 약 830억 상당이었다. 세계적으로 마약이 확산되고 있는 가운데, 미국에서의 코카인 투약자 수는 90년 말 630만 명에서 2000년대 초 약 550만 명으로 감소하였으나 2015년 이후 다시 증가하고 있는 것으로 파악하고 있다.[106]

Ⅲ. 마약류 범죄조직의 동향

1. 콜롬비아 주요 마약조직

대통령 선거 직후 마약과 관련된 추문(醜聞), 불명예스러운 스캔들(scandal)로 타격을 입고 집권한 에르네스토 삼페르(Ernesto Samper) 대통령은 미국의 외교적 압력을 의식하여 가비리아(Gaviria) 행정부 집권 당시 통과된 "사법부로의 귀순정

---

105) Report of the International Narcotics Board, (NY: INCB, U.N, 2001), pp.32~34.
106) Report of the International Narcotics Board, (NY: INCB, U.N, 2001), pp.32~34.

책"을 부분적으로 수정하여 헌법재판소가 판시한 "마약소비의 합법화" 결정을 국민투표를 통해 번복하겠다고 약속하였으나, 그 후 사실상 국제적인 요구에 대한 조치를 취하지 않은 상태에 있으며, 마약 정책은 세사르 가비리아(Cesar Gaviria) 대통령 정부가 취한 정책기조에서 별다른 변화를 가져오지 못했다.

마약범죄조직 단원 및 게릴라 등의 일원이 자수하여 범죄사실을 인정하고 사법당국에 적극적으로 협조를 할 경우에 경범죄 정도로 감형하거나 가택연금 등의 특혜라는 은혜를 제공한다는 것이 법률의 주요 골자로서, 특히 이러한 정책은 마약범죄 집단과 협상을 통한 입법화 정책에 불과하다. 불법 마약수익($) 자금의 지원을 받아 대통령 선거자금으로 사용했다는 사악한 스캔들(escándalo) 및 미모의 여성들과의 부적절한 관계[107] 등 많은 문제점을 안고 탄생한 정부정책이라는 것은 얼마나 한심한 것인가?

최근 콜롬비아 마약동향의 가장 큰 특징은 추한 스캔들 성 사건(scandalous case)이 많았다는 것과 정부의 대(對) 마약 정책이 미국을 비롯한 소비국들의 압력과 국내의 여론 및 자국의 실리정책 사이에서 오락가락 갈피를 못 잡고 조변석개(朝變夕改), 아침에 만든 계획이나 결정을 저녁에 다시 수정하여 발표하는가 하면, 전방위적 억압정책이란 그럴듯한 미명하에 마약갱단과 협상을 진행하다가도 슬기롭지 못하고 머리가 아둔하게도 "마약 합법화 정책"으로, 우왕좌왕(右往左往) 갈피를 못 잡고 슬그머니 일순간 180도 방향을 꼬이게 틀어 한심한 정책을 취하고 있다.

2022년 8월 콜롬비아 대통령으로 취임한 구스타보 페트로(Gustavo Petro)는 취임[108] 직후 한 발언에서 "미국이 벌인 마약과의 전쟁은 실패했다."라며 전 세계를 놀라게 할 아이디어를 발표한 바 있다.

---

107)　차경미, 아마존 지역, 빈곤과 불평등, 서울대학교 출판부. 2024. 21권, 1호. pp.35~36.
108)　Luis Jaime Acosta, Nelson Bocanegra, Julia Sims Cobb, former rebel Petro, sworn in as president promising peace and equality in Colombia. August 8, 2022.

그것은 바로 "마약 거래 합법화" 세계 최대 코카인 생산국인 콜롬비아에서 코카인을 합법적으로 거래하고 사용 흡입할 수 있도록 국가적 차원에서 대통령령을 발동하여 법제화하겠다고 강력하게 천명한 바 있다.

> 콜롬비아의 첫 좌파 대통령인 구스타보 페트로(62) 대통령이 8월 7일 공식취임, 그는 취임연설에서, "지난 60년간 지속되어 온 마약과 관련된 폭력사태 및 군사적 분쟁은 반드시 종지부를 찍어야 된다."라며 "생명을 중시하는 인권의 정부, 평화적인 정부"로서 잘사는 국가를 창출하고 공정한 분배 및 평등을 강조하였다.[109]
> 그러나 그가 대통령으로서 앞으로 넘어야 할 산은 첩첩산중(疊疊山中), 겹겹이 어려운 고비(苦悲)만이 남아 있다. 정부군과 마약군벌 간의 평화협정 이후에도 끊이지 않고 있는 유혈분쟁, 피투성이가 된 채 총격전 속에서 47%에 육박하는 가난과 굶주림 기아(饑餓)와 빈곤율, 심각한 마약 관련 범죄 등 수많은 난제가 그의 앞에 산더미처럼 쌓여 있다.

특히, 미국 내에서 소비되는 코카인의 90%는 오늘날까지 여전히 콜롬비아에서 공급되고 실정이다. 이러한 상황에서 '코카인의 성지'라 불리는 콜롬비아, 2022년 8월에 취임한 페트로(Petro) 대통령은 미국과 유럽이 자국 내 마약 수요를 줄이기 위한 특단의 대책을 내놓지 않는 한 중남미 전체가 '마약 거래에 대해 합법화'가 이루어져야 한다고 강력하게 주장한 이후, 최초 극좌 성향의 현직 대통령은 2023. 12. 3일부로 콜롬비아 자국 내 마약의 "개인 복용량 소지 및 소비를 범죄로 규정한 법령을 폐지"하고 국민들이 법적인 처벌 없이 최대 1g의 코카인을 조끼·저고리 등의 호주머니 및 가방에 소지할 수 있도록 허용하였다.

---

109) ボヒョン (ワシントンポスト紙引用), 最初の左派政権ペトロ大統領 (22年8月) が就任し, コカイン合法化の検討について米国危機感, 2022年8月24日; BREITBART, Christian K. Caruzo, Abolition of laws criminalizing possession and consumption of 'personal doses', allowing possession of up to 1g of cocaine without legal punishment. Dec 11. 2023.

2. 콜롬비아 내 소왕국

오늘날 남아메리카 콜롬비아 내 대표적인 마약조직으로는 메데인 카르텔(Medellín Cartel)과 칼리 카르텔(Cali Cartel) 등 6대 마약 갱단 조직들이 강력한 군사력을 기반으로 하여 치열한 암투(暗鬪)를 벌이고 있다.

중국에서 피비린내가 진동하는 죽음에 이르는 전쟁의 시기 즉, 전국시대와도 유사한 피어린 갈등과 혼란이 가득했던 군웅할거(群雄割據) 시대가 남미의 마약갱단 간에 도래하고 있다.

오늘날 남미 제국(諸國)의 마약조직들은 수많은 군대를 양성하여 통솔하면서 국가를 쪼개어 한 지방씩을 나누어 차지하고 전제군주처럼 소왕국으로 군림, 자신들의 세력 확장을 위해 치열한 패권경쟁의 새로운 역사를 다시금 써 내려가고 있는 것이다.

이들 남미의 갱단조직들은 오늘날 세계 코카인 소비량의 80%를 공급 유통·밀매로 얻은 수익금($)을 거대한 금고에 헤아리기 어려울 만큼 차곡차곡 포개어 가득 쌓아놓은 억만장자(億萬長者)들로 황금 덩어리와 같은 자금을 기반으로 하여 강력한 지도력 및 통치력의 진가를 발휘, 마약 왕국을 형성하고 절대적인 권력을 행사하고 있다.

특히 무장혁명군(FARC) 게릴라 반군세력인 세군다 갱단조직은 멕시코 시날로아(Sinaloa) 갱단의 군사적 지원하에 나리뇨(Nariño) 지역에서 영향력을 더욱 강화·확대시키고 있다.

콜롬비아 남서부에 위치한 나리뇨(Nariño) 지역은 마약 생산과 밀매의 전진기지 및 핵심 지역으로 반군세력이 장악하고 있으며, 하나의 소왕국이나 다름없는 군부조직을 형성하고 있다.

남미 지역에서의 6대 마약군벌조직 중 하나인 이 갱단은 콜롬비아 무장 농민군 출신 지도자가 만든 게릴라 단체로서 1만 6,000여 명의 병력을 보유한 남미 최대의 좌익 반군조직이다. 이 조직은 막대한 달러($) 자금력을 기반으로 하여 탁월한 재능의 진가를 떨치면서 군사력을 더욱 강화시키고 있는 실정이다.

최근 멕시코-콜롬비아 마약갱단 간 불안정하게 유지되어 왔던 전략적 공수동맹(攻守同盟)이 남·서부 지역에서의 세군다(contar fuerte) 조직의 작전능력을 강화시킴

으로써 지배권 확립을 너욱 공고히 하고 국가질서를 유지하는 데 크게 기여했다고 자평한다.[110)]

이로써 지난 2023년도 세군다 마약 카르텔(갱단) 조직은 아름다운 풀의 빛깔이 감도는 초록빛 태평양 연안 지역에서 통제권을 확고히 하고 이 지역에서의 패권을 장악하게 되는 하나의 전환점을 맞이하였다. 오늘날 코카인 등 마약과 깊숙하게 관련된 멕시코를 포함(브라질-콜롬비아-페루)한 남미국가들, 환태평양 조산대 길게 하나의 줄기를 이룬 안데스산맥의 마약갱단범죄의 성장과 지역적 안보에 관한 상황은 오늘날에도 춘추 전국 시대처럼 매우 복잡하게 전개되고 있는 실정이다. 이들 조직은 암살단 훈련소를 운영하면서 수사기관의 최고지휘책임자 등 자신들의 마약사업을 방해가 되는 세력에게는 그 누구든 무자비한 테러를 자행하는가 하면 콜롬비아 국가외채를 탕감할 만큼의 거대한 자금력을 바탕으로 정치권에 깊숙하게 스며들어 수사당국조차 마약 카르텔(갱단)에 대하여 실질적인 합법화 및 양성화가 불가피하다고 인식하고 있을 정도이다.

전설 속 거대 마약조직의 두목 파비오(Fabio, 67세)가 미국에서 감옥 생활 중 25년 만에 가석방되어 콜롬비아로 인도된 12월 23일, 수도 보고타 엘도라도 공항에 안착(安着)하였을 당시 수많은 인사들과 숱한 여인들의 뜨거운 환영을 받으면서 귀환해, 살인자 마약두목이 무슨 영웅이 되어 돌아온 듯 착각에 빠지게 만들었다. 파비오는 그의 형과 함께 70~80년대 코카인 밀수가 홍수를 이룰 때 미국에서 엄청난 거액의 달러($)를 벌어들여 억만장자의 꿈을 이루었던 인물이다. 그의 형제는 1987년 미국 경제잡지 포브스가 선정한 세계 최고 부자들 명단에도 포함된 인물로서, 1986년 마약을 운반하던 미국 조종사(Barry Schill) 살해 혐의로 일시 구속

---

110) Elizabeth Dickinson (International Crisis Group Researcher), military cooperation between drug cartels plays a crucial role in quickly gaining control of southwestern Colombia (Nariño). The situation in the Andes, the growth of drug gangs and regional security, is very complicated. July 14. 2024.

된 후 석방되어 마약 단속국(DEA) 정보요원으로도 활동하다, 2001년 살인 및 마약 밀매 혐의로 다시 체포되어 미국법정에서 30년 형을 선고받았다. 그와 함께 마약 밀매에 가담한 40여 명의 공동정범 및 공범 등은 미국 정부에 적극적 협조하였다는 이유로 가벼운 형을 선고받고 무더기로 석방된 바 있다.[111]

IV. 소결

20세기로 접어들면서 안데스지방 농부들은 코카잎을 재배하고 그 추출물을 합성하여 흰색 분말가루로 가공하는 기술을 마약 카르텔 조직에 의해 습득하게 되었다. 이후로 코카인 생산은 계속 증가하게 되었고, 실례로 페루의 토착민들은 상비약과 주술적 의식에 필요한 양보다 "100배에서 300배"가 더 많은 코카인을 생산하고 있다.

세계 코카인 시장을 주름잡고 있는 콜롬비아 마약(갱단)의 밀매업자들은 현대적인 기술을 이용하여 광범위한 정보망을 갖추고 각종 최신무기로 중무장, 마약의 밀매사업에 관여하고 있는 이들 마약조직들은 밀거래를 통하여 쌓아 올린 거대한 자금력을 기반으로 하여 군사력을 유지하고 정부군과 대항할 수 있는 능력을 보유하고 있다.

최근까지도 콜롬비아 정부와 협력하면서 마약 단속을 위해 수천억 달러의 지원 자금($)을 쏟아부어 왔던 미국 정부는 이번 콜롬비아 대통령의 마약 합법화 정책으로의 전환을 도저히 받아들일 수 없다.

이와 같은 정책적 전환으로 인하여 '코카인의 성지'라고 불리는 남미국가에서 코카인에 대한 단속이 소홀해질 경우 세계적으로 파멸적인 결과를 초래할 것이라는 국제적인 우려가 현실로 다가왔다.

---

111)   Luis Jaime Acosta, Nelson Bocanegra, Julia Sims Cobb, former rebel Petro, sworn in as president promising peace and equality in Colombia. August 8, 2022.

제4절 세계적 마약류 실태

Ⅰ. 아프가니스탄

국제적으로 '아편대국'이라는 닉네임(Nickname)을 오래전부터 가지고 있는 황금의 초승달 지역(golden crescent)의 아프가니스탄, 봄이 되면 아프간 남부 지역에는 매혹적으로 아름다운 흰색·노란색·붉은색의 양귀비꽃들이 대자연을 뒤덮고 있다. 거칠고 척박한 국가인 아프가니스탄은 아편과 헤로인의 원료인 양귀비를 전 세계에서 가장 많이 재배하고 있는 나라이다. 고대로부터 오늘날까지 칸다하르 외곽에 있는 고원지대가 전 세계적으로 유명한 아편의 집산지로 정평이 나있다.[112]

아프가니스탄은 의심할 여지없이 세계에서 가장 큰 양귀비(Opium Poppies) 생산국이다. 이슬람주의 신봉자들인 탈레반은 오랜 기간 공식적으로 테러조직(terrorist organization)으로 분류되어 왔으며 이들이 양귀비에서 추출한 마약을 '탈레반 마약'이라 지칭되고 있다. 이곳에서 생산된 헤로인은 그 순도가 매우 강력하여 흡입하는 순간 꿈결 속에서 헤매는 것과 같이 한순간에 천국을 비행하는 듯 황홀감에 빠

---

112) Anthony Hegarty, social and historical educationan, activist contribution, 2021. pp.15~19; Human Rights Watch, Afghanistan: International Criminal Court to Resume its Inquiry on War Crimes, but Will it Stop with the Taliban? November 1st. 2022.

져든다.

아프간의 칸다하르는 기원전 329년에 알렉산드로스 3세의 식민도시가 건설된 지역이다.

특히, 아프가니스탄이라는 나라, 최근 역사뿐만 아니라 서구 식민지 강대국들이 어떻게 아프간 지배를 위해 관여해 왔는지 이해하는 것이 필요하다.

왜냐하면 인간성 해방을 위한 문예 부흥 또는 문화 혁신 운동을 일컫는 르네상스(Renaissance)시대 이후 모든 제국들(empires), 영국·프랑스·네덜란드 등은 글로벌 영역 팽창을 위한 주요 자금원으로 마약을 이용해 왔다. 각 전쟁은 주요 산유국 간 또는 그 근처에서 발생하였고, 각각의 경우에 미국은 국제 마약 밀매상들과 협력하면서 공존해 왔기 때문이다.

이러한 마약 밀매 파트너들과 협력하는 패턴은 마약 밀매상들이 미군의 작전 수행에 고용되거나 혹은 미군을 대신하는 역할에 활용되었다. 마약 밀매를 지원하게 됨에 따라 아이러니하게도, 본의 아니게 자금세탁, 인신매매 등에도 기여하게 되었고 마약 밀매 자체는 전 세계 테러리즘 자금사용의 원천이 되었다.

결과적으로 테러의 대상이 미국을 비롯한 동맹국들에게로 귀결되던 것이다.[113] 하지만 이러한 위험성들은 석유에너지 비축량을 확보하기 위해서는 감수할 만한 가치의 당위성이 있었던 것으로 판단된다.

유엔마약사무소(UNODC) 보고서에 따르면, 2020년 양귀비 재배면적은 황금의 초승달 지역, 아프가니스탄 전체 국토의 34%가 아편 경작지로, 2020년 22만 4,000ha, 2002년~2020년까지 엄청나게 재배 경작지가 확대되어 축구장 33만 개와 맞먹는 규모로 성장하여 왔다.

2023년 기준 불법적으로 세계에 유통되는 마약류인 아편과 헤로인 원료의 85%

---

113) Anthony Hegarty, social and historical educationan, activist contribution, 2021. pp.15~19; Human Rights Watch, Afghanistan: International Criminal Court to Resume its Inquiry on War Crimes, but Will it Stop with the Taliban? November 1st. 2022.

가 이 초승달 지역에서 생산된다. 이곳에서 생산된 아편과 헤로인은 '발칸루트'를 통해 유럽으로 밀매되고 있다.[114]

아프가니스탄 농민들은 고대로부터 오늘날까지 칸다하르 외곽 고원지대에서 양귀비 농사를 경작해 왔다. 양귀비 잎은 복통(통증)을 치료하는 진통제로, 줄기는 건조시켜 땔감으로 이용되고, 씨앗은 빵에 넣어 식용하거나 기름을 만들어 사용한다. 양귀비 열매에서 나오는 보랏빛 유액(乳液)을 말리면 아편이 되고 여기에 화학약품을 첨가하면 헤로인이 된다. 아프간 마약은 이란을 거쳐 튀르키예(Türkiye; 구 터키)와 발칸반도를 거쳐 최종 도착지인 프랑스, 영국, 독일, 이탈리아 등으로 흘러간다. 또 파키스탄을 거쳐 중앙아시아와 중국으로 대거 밀수출되고 있다.[115]

유엔마약범죄사무소(UNODC)에 의하면, 2020년까지 양귀비 재배에 할당된 토지의 양이 37% 증가해, 2021년 아프가니스탄의 아편과 관련된 경제 규모는 1,800만~2,700만 달러에 달한다. 아프가니스탄을 장악한 이슬람 무장단체 탈레반은 군자금 충당을 위해 양귀비 재배를 해 오다가 2022년 4월부터 전면 금지했다. 하지만 UNODC에 따르면, 2023년 아프가니스탄 양귀비 재배 면적은 23만 3,000ha로서 역대 세 번째로 광범위하게 드넓은 지역에서 경작되고 있다.[116]

아편과 헤로인 등의 원료인 양귀비, 세계 아편 생산의 85%, 공급의 80%를 차지하는 것으로 알려진 아프가니스탄의 마약 관련 산업이 탈레반 정권 출범 이후 더욱

---

114) Stephen Tanner, Military history of the Taliban's war in Afghanistan. 12. pp.39~55;「Anthony Hegarty」EDUCATION, an activist contribution. 21. pp.25~37.

115) Stephen Tanner(Afghanistan), Military history of the Taliban's war in Afghanistan. 2012. pp.39~55;「Anthony Hegarty」EDUCATION, an activist contribution. 2021. pp.25~37.

116) Anthony Hegarty, social and historical educationan, activist contribution, 2021. pp.35~41.

활기를 띠고 있다. 황량하고 척박(瘠薄)한 나라에서 어렵게 살아가는 농민들은 남은 돈줄은 아편뿐이라 생각한다. 극단주의 무장단체 집권 이후 심각한 경제난을 겪고 있는 아프가니스탄은 농부들이 앞을 다퉈 양귀비 재배에 박차를 가하고 있는 실정이다. 옥수수, 석류 밭 등을 갈아엎고 마약 원료 양귀비 심어 기른다. 양귀비는 물이 적게 들고 거친 황무지에서도 매우 잘 자라는 식물일 뿐만 아니라 수확한 다음 보관도 매우 용이하다. 국제 사회의 시선을 의식한 탈레반이 재집권 이후 마약 생산을 금지하겠다고 강력하게 선포했지만, 가뭄과 경제난을 이기지 못한 농민들은 서로가 경쟁이라도 하듯 양귀비 재배에 나서고 있다.[117]

오랜 내전과 미국의 억제 정책 및 제재 등으로 경제활동을 제대로 할 수 없는 국민들이 수익성이 높은 양귀비 재배를 포기하지 않는 것으로 분석된다.

주로 의약품으로 사용하던 아편은 17세기 네덜란드 상인에 의해 담뱃대에 넣어 피우는 방식이 알려지면서 급속하게 확산했다.

19세기 초 영국이 제국주의 침략을 위해 인도에서 생산한 값싼 아편을 대량으로 청나라로 밀수했고 20세기 초에는 약 4천만 명까지 중독자가 급격히 증가하게 되었다.

제2차 세계대전 이후 중국 국민당 군벌 잔당들이 동남아시아로 넘어가면서 양귀비 재배가 확산하게 되었고, 태국, 미얀마, 라오스의 소위 '황금의 삼각지대'가 세계 최대 아편 생산지로 떠오르게 되었던 것이다.

메스암페타민(필로폰)의 원료인 아편은 주로 헤로인이라는 물질로 만들어져 미국과 유럽 등 선진국으로 밀수되었다. 1990년대 들어 양귀비 재배와 밀수를 엄격히 금지하면서 생산과 유통이 급감했지만, 대신 아프가니스탄이 아편 최대 생산지로 부상하였다.

최근 유엔마약범죄사무소(UNODC)에 따르면 아프가니스탄은 세계 최대 아편 생산국으로 전 세계 공급량의 80% 이상을 차지한다. 20세기 후반 마약생산과 유통의 중심지는 라오스·미얀마·태국 등 황금의 삼각지대로 불리던 지역이었으나 그와는 비

---

117)   Anthony Hegarty, op, cit. pp.35~41.

교도 되지 않을 정도로 황금의 초승달 지역이 생산과 밀수출 지역으로서 세계 마약 시장을 주름잡고 있는 실정이다.

특히 2021년 8월 15일 아프가니스탄 정권을 사실상 장악한 탈레반[118]은 아편은 자신들의 생명 줄이며 국가통치를 위한 자금의 원천이라고 주장하고 있다.

제2의 도시 칸다하르는 외세의 침략을 받아온 이란계 민족, 페르시아어로 파슈툰하족이 1748년 두라이(Durrani)라는 왕국을 최초로 세운 곳이다.

칸다하르에 도시를 가장 먼저 건설한 사람은 기원전 4세기 마케도니아 알렉산드로스 대왕(B.C. 356~323)이다. 칸다하르는 "알렉산드로스의 도시"라는 뜻이다. 아프간 남부 중심지 칸다하르는 탈레반의 고향(영원한 정신적 아지트)으로서 2023년 세계 아편 생산량의 84%를 재배하고 있다. 특히 탈레반은 악기 연주가 있는 음악, TV, 영화, 인터넷과 같은 다양한 유형의 문화, 기술의 이용 및 그림이나 사진, 스포츠, 돼지고기와 술의 금지 등 철저하게 차단시켰으나 "양귀비(아편)의 소지는 자유롭게 허가",[119] 특히 광신도(狂信徒)처럼 예수그리스도를 절대적으로 부정하고 있는 아랍계 민족들은 "알라신께 기도하는 것은 절대적 의무 사항"이다.

미국의 아프간 재건특별감사실(SIGAR) 보고서에 의하면, 탈레반 군부의 연간 수입의 최대 60%를 불법 마약 거래로 얻은 것이고 현 아프간 아편 생산량은 1만여 t을 넘고 그 가치는 40~50억($) 달러(약 4조 6,700억~5조 8,500억)로 추정한다.

아프가니스탄 경제가 대부분 현금을 기반으로 운용되기 때문에 실제로는 이보다 더 많은 금액이 "불법마약의 수익"으로 보는 시각이다. 아프가니스탄·이란 국경지대·파

---

118) report published by the United Nations Office on Drugs and Crime(Taliban offensive in Afghanistan). August, 2024.

119) report published by the United Nations Office on Drugs and Crime(Taliban offensive in Afghanistan). August, 2024.

키스탄은 21세기판 "황금의 초승달 지역"이라 불린다.[120]

중동 지역의 갈등 및 정치적 불안정성으로 인해 이 지역 내 마약류의 제조와 유통에 대한 통제가 제대로 이루어지지 않는 점, 메스암페타민(필로폰)에서 정제된 캡타곤(Captagon)의 제조가 비교적 용이하다는 점 및 테러 조직이나 반군단체가 캡타곤의 제조와 유통을 통해 자금 마련이 가능하다는 점 등 여러 요인이 작용하여 중동 지역에서는 암페타민보다는 캡타곤의 제조가 쉽게 이루어지고 있다.[121]

전쟁에 마약을 적용한 사례가 이번이 처음은 아니다. 앞서 나치 독일도 2차 세계대전 당시 군인들에게 페르비틴이란 마약을 배급했고, 태평양 전쟁 당시 제국주의 일본군 또한 자살특공대 가미카제 출격 때 술에 메스암페타민을 타서 칵테일파티를 한 것으로 유명하다. 현재 진행 중인 이스라엘과 팔레스타인 전쟁에서는 시리아 데이르에조르주(州)와 이라크 서부 안다르사막 국경지대에서 사과 상자 속에 숨겨진 '전투 마약'이라 불리는 캡타곤(Captagon)이 300만 정 이상 압수되었으며, 사우디아라비아에서도 캡타곤 800만 정이 압수된 바 있다.[122]
캡타곤은 금지약물이지만 시리아와 레바논 등 중동 지역에선 알라신이 하늘에서 보내 주신 "가난한 자의 코카인"으로 암암리에 매우 인기가 좋은 상품이다.

마약류의 하나인 캡타곤(captagon)이란 약물은 1960년대 기면증세(嗜眠症勢), 우울증 치료약으로 개발되었으나 중독성이 강해 세계보건기구(WHO)에서 1980년대

---

120) UNODC, op, cit. p.3.
121) According to a report by the United Nations Office on Drugs and Crime, EU aid to Kabul, Afghanistan, and an additional 10 million euros (800 million Afghanistan) to improve and address mental health caused by drug abuse in Afghanistan. (25 October, 2023)
122) 每日新聞, 4,000人が死亡した「神風」特攻隊, 「暴悪な作戦」が決まった理由は何か? 2024. 10. 25. 「천지일보」 2023. 10. 21.

부터 사용이 금지된 약물이다.

2018년도 세계 아편 적발량의 95%는 아프가니스탄 및 서남아시아(이란, 파키스탄)가 차지하였고, 2017년(693톤) 대비 소폭 증가한 704톤을 기록하였으며, 2018년도 아편을 정제한 헤로인은 북미, 유럽, 아시아 태평양 지역에서 적발된 양은 96톤으로 2017년도(102톤) 대비 6%가량 감소하였으며, 아프가니스탄, 중국, 이란, 파키스탄, 터키, 미국에서의 압수량이 전체의 70%가량을 차지하고 있는 추세이다. 헤로인은 발칸반도, 이란 파키스탄을 경유(최근에는 아프리카를 경유)하여 유럽으로 밀매되며, 남미 지역에서 생산된 헤로인은 주로 미국시장으로 공급되고 있다.[123]

특히 코로나19 대유행 기간 사태는 더욱 악화되었다. 2020년 한 해 동안 마약류 과다 복용으로 인한 사망자는 전년 대비 30% 증가한 9만 3,000명으로 집계된 바 있다.[124]

II. 동남아 지역의 필로폰

라오스에서는 "크리스탈(Crystal)"이라는 닉네임을 가진 품질 높은 필로폰을 생산하고 있다. 필로폰은 마약 중에서도 중독성을 강력하게 유지시키는 약물로서, 라오스가 세계 공급량의 40% 정도를 생산하는 것으로 유엔마약범죄사무소(UNODC)는 추정하고 있다.

황금의 삼각지대에 위치한 미얀마·라오스·태국 등에서 생산된 헤로인은 동북아시

---

123) Published by the United Nations Office of Drug Crime (UNODC), booklet 2, "consequences on drug use and health", booklet 3, "drug supply". World Drug Report, December 2020.

124) 아편제(Opiates)는 헤로인, 모르핀, 코데인 등 양귀비에서 自然的 生成 또는 抽出된 알칼로이드이다. U.N. Office for Drug Crimes (UNODC) Published, Terminology and Information on Drugs European Drug Monitoring Center(EMCDDA) EU Drug Markets Report. 19.

아 및 태평양 지역 하와이·LA 및 캐나다까지 밀매, 공급되고 있으며 라오스는 헤로인의 주요 밀수출국이기도 하다.

따라서 라오스가 아시아 국가들에게 마약 루트의 중계국가라는 역할을 하고 있는 것이다.

히로뽕(필로폰)으로 인한 사망자 약 80%는 펜타닐에 의한 사망자이며, 북미 지역 및 중동과 서·북아프리카 등 여러 국가에서 이 약물에 의한 높은 투약률로 인하여 사망자가 증가한 것으로 분석되고 있다.[125]

> 마약은 암페타민과 메스암페타민, 모르핀 계열로 나뉜다. 메스암페타민 계열의 마약이 극단적인 각성 효과를 일으키고 심각하게 중추신경계와 뇌를 손상시켜 이를 마약성 각성제라고 한다.
> 히로뽕(메스암페타민)은 제2차 세계대전 당시 일본 천황의 군대뿐만 아니라 연합국과 나치 정부에서도 군인들에게 마약성 진통제로 무분별하게 투약해 악명 높은 약물이기도 하다.[126]

III. 브라질

브라질의 옛 수도 리우데자네이루(Rio de Janeiro)는 아름다운 해변과 뇌쇄적 카니발, 고혹적 삼바댄스 등 남미 특유의 매력이 넘쳐흐르는 해안선을 가지고 있는 천혜의 지역이다. 1990년대까지만 해도 브라질이 세계 마약시장에 미치는 영향은 그 비중이 매우 미미했으나 2000년대 이후 브라질에서 마약의 밀수출이 점진적으로

---

125) U.N. Office for Drug Crimes (UNODC) Published, WORLD DRUG REPORT 2020.

126) (UNODC) bring out, Terminology and Information on Drugs and the European Drug Monitoring Centre (EMCDDA) EU Drug Markets Report. 2019.

증가하더니, 그 이후에는 코카인의 생산과 밀매가 급격하게 증가하기 시작하였다. 오늘날 브라질은 볼리비아에 이어 세계에서 가장 큰 코카인 생산국가로 바뀌었다.

　최근 브라질 항구에서는 남아메리카에서 생산된 코카인을 고속정이나 무인기 등을 통해 운반하다 적발되는 사례가 기하급수적(幾何級數的)으로 증가했다. 브라질 해안에 서식하는 상어에서도 코카인이 검출되었다는 CNN의 충격적 보도 따르면, 상어의 코카인 수치는 간 조직보다 근육 조직에서 약 "3배의 높은 수치" 나왔으며, "암컷 상어"는 수컷 상어보다 근육조직의 코카인 농도가 더욱 심각하였다.

　　아마존 열대우림 대부분을 차지하고 있는 세계적인 생태계의 보고(寶庫), 해양 동식물의 다양성을 지닌 브라질 심연(深淵)에 서식하는 상어에서 코카인 양성 반응이 나온 가운데 과학자들이 그 이유를 찾고자 노력하고 있다. '크루즈 재단'의 해양 생물학자들은 리우데자네이루 연안(Costa de Río)에서 브라질 샤프노즈 상어 13마리를 포획해 검사한 결과, 검출된 코카인 농도는 다른 해양 동물에서 나온 것보다 "약 100배 이상"높은 수치이다.[127] 상어에서 코카인을 검출된 최초의 연구 결과이다.

　마약물질에 의한 해양오염에 따른 상어의 피부조직 샘플(Shark skin tissue samples)에 대한 연구에 참여한 독성학자인 사지오로(Enrico Mendes Sazio) 박사는 "마약을 사용하는 인간으로부터 배출된 코카인과 마약을 생산하는 실험실로 인해 바다가 오염되었다."라고 언급한 바 있다.

　인간의 중추신경계를 마비(痲痺)시켜 죽음에 이르게 하는 코카인 소비는 최근 수십 년간 전 세계적으로 크게 증가해 마약 사용자의 약 22%가 중·남미국가에 거주하고 있을 뿐만 아니라 브라질은 남미에서 두 번째로 큰 마약 소비시장이다.

---

127) 「서울와이어」, 2024. 7. 24.; BBC Brazil News. 2024. 7. 30.

IV. 멕시코

메소아메리카 중심지 카리브해 연안국가이자, 당시 아메리카 대륙에서 가장 발달한 언어 체계와 함께 고도의 문화를 누리고(享有), 수준 높은 예술 및 건축, 수학과 천체 물리학뿐만 아니라 천문학 기술을 가지고 있었던 마야문명(Maya civilization)이 번영했던 멕시코(Golfo de México)는 "풍요롭고 아름다운 생명의 다양성"을 지닌 해안선을 따라 위치한 국가이다.

그러나 라틴 아메리카, 2001년 콜롬비아인의 45.6%, 멕시코인 약 25%가 빈곤(貧困)선 이하에 속해 있는데, 부자들과의 소득 격차로 인해 하루하루 삶을 살아가는 데 있어 "쉽게 돈"을 벌기 위한 수단으로서 수익성($) 좋은 마약이라는 암시장을 찾고 있는 실정이다.

오늘날 남미국가들에 있어서 빈곤계층은 마약 밀매시장이 정신적, 육체적 안정제로서 작용하고 있는 것이나 다름없다.

아주 비참할 정도의 빈곤 수준에 처해 있는 남미국가들은 수십 년간 반복되는 내전과 군사쿠데타에 따른 사회 환경적 불안정성에 기인한다. 또한 코카인 생산 지역은 정치적 엘리트가 집중된 중앙정부에서 버림받은 고립된 지리적 위치에 있기 때문에 이들 경작 지역은 법 집행의 미비로 인하여 불법집단이 더욱 기승을 부리게 되는 악순환의 연장선상에 있다.

2000년대 초 대부분 유통망이 카리브해에서 미국-멕시코 국경으로 이동했으며, 현재 멕시코에서 거래되는 마약범죄 카르텔은 멕시코 정부와의 10년간 내전(2006~2016년)으로 인하여 17만 명 이상 사망하였다. 특히 콜롬비아의 마약 밀매업자들이 주로 반정부 세력이었던 반면, 멕시코의 마약 밀매업자들은 대부분 정부 관료들과 경찰계층에 침투하여 더 많은 권력을 휘두르고 있다.

오늘날까지도 남아메리카 국가들의 심각한 부패지수(corruption index), 타락한 정치지도자 및 법집행관들은 돈을 가진 자들에 대해 처벌을 면제해 주고 그 대가로

뇌물을 수수(收受)함으로 인하여 마약 유통망의 핵심 장소가 되었고, 이들 국가들의 정치적, 사회적 불안정성에서 오는 빈곤문제는 마약 밀매 집단이 더욱 번창할 수 있는 완벽한 환경을 조성하게 된 것이다.[128]

멕시코는 전 세계 수많은 불법 마약 물질이 카리브 해안선을 통해서 모이고 나가는 하나의 해상통로 역할을 하고 있는 불명예스러운 국가이기도 하다. 악명 높은 멕시코 마약 카르텔은 세계 마약 밀매 산업의 주요 행위지로 활동한다. 멕시코 카르텔은 대마초를 재배, 밀매하며 전 세계 불법 대마초의 약 60%를 공급하는 것으로 추정된다. 또한 멕시코는 연간 5,000t의 헤로인을 생산하기도 한다. 멕시코 마약갱단은 아편과 헤로인의 원료가 되는 양귀비까지도 불법재배하고 있는데, 이것을 한마디로 언급하면 "종합 마약 허브(general drug hub)"라고 할 수 있다. 최근 미국에서 큰 사회적 문제를 불러일으키고 있는 일명 "좀비 마약(Zombie drugs)"으로 불리고 있는 펜타닐도 멕시코에서 제조되어 미국에 공급되고 있다.

좀비 마약인 메타돈은 헤로인 등 마약성 진통제에 중독된 환자들을 치료하는 데 사용되는 약물로서 그 부작용으로는 졸음과 강직 효과 등이다. 특히 메타돈은 흔히 "좀비 마약(Zombie drugs)"으로 불리는 펜타닐과 같이 사용되기도 하는 것으로 전해졌다. 이들이 서 있는 상태로 주사를 맞기 때문에 약물의 효과가 매우 빨리 흡수되어 사람이 그 자리에 고정되어 있던 것 아니냐고 반문한다.[129]

미국의 강력한 제재 요청에 따라, 최근 멕시코 대통령은 자국 내 마약범죄조직의

---

128) writer originally from Colombia; Isabela De los Rios Hernández, Soil, Politics, and Poverty: How Drug Trafficking Has Kept Its Hold on Latin America. June. 2024.

129) Diana Johnson, Member of Parliament for DBE, UK to take decisive action to ban 'zombie drugs', (Prohibition Bill on 21 Dangerous Drugs submitted to Parliament). September 4th 2024; 「文化日報」 2024. 7. 3.

눈치를 살피면서 주요원료를 공급하고 있는 중국 측에 그 책임을 전가시켰고, 이에 대하여 중국 측은 "마약문제는 절대적으로 각 국가의 책무"라며 자신들과는 무관할 뿐만 아니라 미국 내에서 마약의 문제는 미국 정부가 그에 대한 책임이 있다고 주장한다.[130]

오랫동안 미국 사법당국에 의해 집요하게 수배를 받아온 두 개의 마약조직의 우두머리는 전용기를 타고 미국 텍사스주 엘패소(El Paso, Texas)에 미녀들을 대동하고 유희를 즐기러 갔다가 수사당국의 유인책 함정수사에 걸려들어 체포되었다.[131]

미국 질병통제예방센터(CDCP)에 따르면, 1999년부터 2020년까지 미국에서 펜타닐을 비롯한 합성, 마약성 진통제인 오피오이드(opioids)를 과다 복용하여 사망에 이른 자는 총 56만 4,000명에 이른다.

미국 연방수사국(FBI) 및 마약 단속국(DEA), 국토안보수사국(HSI) 등 수사기관의 합동단속으로 수년간 시날로아 마약 카르텔(Cártel de Sinaloa)의 수뇌부를 추적해 왔다.

코카인 등 마약의 제왕(帝王) 엘차포(El Chapo)의 아들 구스만 로페스(Guzmán López)는 아버지가 미국에 송환된 이후 다른 세 형제와 함께 마약조직 갱단의 최고 수뇌부 역할을 대행하고 있는 것으로 알려졌다.

이들 형제 가운데 구스만 로페스(Guzmán López)는 2023년 멕시코에서 체포돼 미국으로 강제 송환되었으며 현재까지 재판을 받고 있다.[132]

---

130) ADRY TORES, El Chapo's Son Arrested By Police In El Mayo Texas, Drug King. September 11, 2024.

131) writer originally from Colombia; Isabela De los Rios Hernández, Soil, Politics, and Poverty: How Drug Trafficking Has Kept Its Hold on Latin America. June. 2024.

132) DEA, Fentanyl is a deadly drug threat facing the United States, May 9, 2024; 「中央日報」 2024. 7. 26. 參照.

미국 법무장관(Merrick Garland)은 이날 성명을 통해 "펜타닐(fentanyl)은 미국이 직면한 가장 치명적인 마약의 위협"이라며 "법무부는 우리 지역사회에 독을 넣은 모든 카르텔 우두머리(首長)와 조직원, 그리고 연루자 등이 법의 심판을 받을 때까지 쉬지 않고 체포할 것"이라고 밝혔다.[133]

V. 마약 밀매 현황

1. 세계 코카인 남용자

2018년 세계 코카인 남용자는 약 1,900만 명 이상, 유럽 지역의 코카인 남용인구는 약 400만 명으로 이 지역 남용자가 약 21%로 추정된다.

2017년도 유럽 코카인 밀매시장은 약 90억 유로, 한화 약 13조 원, 유럽 전체 마약시장의 2018년도 세계 코카인 남용자의 약 30%에 해당하는 550만 명이 미국에 거주하고, 20% 이상인 440만 명이 중부 유럽 및 서유럽 지역이며, 약 15%에 해당하는 280만 명이 남미 지역에 거주한다.

133) DEA, Fentanyl is a deadly drug threat facing the United States, May 9, 2024; 「중앙일보」 2024. 7. 26.

2025년도 인구 대비 코카인 남용자 비율이 가장 높은 지역은 오세아니아 지역으로 인구의 2.2%가 코카인 남용자이고, 다음으로 북미 지역이 인구의 2.1%, 중부유럽 및 서유럽 지역이 인구의 1.4%, 남미 지역이 인구의 1.0%가 코카인을 남용하는 것으로 추정하고 있다.

오늘날까지도 라틴 아메리카는 불법 마약시장의 진원지로서 코카인 경작지 및 정제시설(精製施設)이 지속적으로 증가하고 있다. 코카인과 마리화나 생산을 근절하기 위한 국제적 노력에 찬물을 끼얹는 정책을 제시한 콜롬비아 정부, 마약 거래가 계속 급증하고 있는 원인은 정치적 불열과 지역적 불안정성 등이 가져온 복잡한 사회적 환경에 따라 코카인의 생산량의 증가는 압수량의 증가로 이어지고 있다. 이러한 "악순환(vicious circle)"의 연결고리는 오랜 기간 빈곤과 불평등이라는 문제점에 근본적인 원인이 있다.

처음 미국시장을 장악하기 위한 마약범죄 카르텔(갱단) 간의 피비린내 나는 투쟁, 마이애미에서 발생한 살인 50%가 마약과 관련된 사건이었다. 이 살인 사건으로 1970년대 후반 넘쳐 나는 시신으로 인하여 영안실 시스템이 붕괴되기까지 하였다.[134]

2. 마약(코카)의 수익성($)

서유럽의 이베리아 반도에 위치한 스페인 왕국(España)의 위대한 탐험가, 범선을 타고 대서양을 횡단하여 남미에 기습적으로 침략, 6세기 1532년 잉카문명(태양의 제국)을 인수한 정복자 프란시스코 피사로(Pizarro, Francisco)에게는 처음으로 목격한 코카에 대한 두려움 때문에 코카잎을 식용하는 것을 사실상 금지했지만 원주민들에는 자유롭게 사용하도록 허가하였다.

그로 인하여 그들을 강력하고도 진정한 정복자이며 독재자 군사정권하에서의 주인과 노예의 관계로서 아주 쉽게 정복지를 통치할 수가 있었다.

---

134)   Isabela De los Rios Hernández, Knowledge, Soil, Politics, and Poverty: How Drug Trafficking Has Kept Its Hold on Latin America. June 26. 2024.

스페인 정복자들은 식민지인, 즉 원주민의 생명권을 한 손에 쥐고서 그들의 소유지를 자신들의 조국 스페인에서 온 이주자들에게 자유롭게 사실상 무상으로 분배하였고 원주민에게는 급료를 땡전 한 푼 지급하지 않고 강제노동에 의한 광산개발을 진행하였다. 즉 정복자들은 정복지에서 오로지 일확천금(一攫千金)을 노리고 황금개발이라는 미명하에 노략질 약탈(掠奪)[135]을 자행하며, 모든 잉카문명의 귀중한 자산을 초토화시켰을 뿐만 아니라 당시 유럽에서 신비로운 묘약으로 널리 알려지면서 그 수익($)성이 보장된 마약의 원료가 되는 코카의 생산에도 주력하였던 것이다.

오늘날 남미의 콜롬비아 빈민가 출신 소년이 성장하여 메데인 카르텔을 창설하고 세계 최대 마약의 두목이 된 악명 높은 파블로 에스코바르는 전성기 시절 세계 코카인 시장의 80%를 장악해 연간 270억 달러($)의 수입을 창출하였다. 당시 달러($)가 넘쳐 이를 묶는 데 사용하는 고무줄 구매에만 매달 3,500달러($)를 지출했다고 한다.

최근 신비스럽게도 날개를 펴고 천국으로 여행하게 된다는 마약의 끝판왕이라 불리는 합성마약 펜타닐까지 우리나라를 비롯하여 전 세계적으로 밀수출시키고 있는 실정이다.

2023년 초에는 콜롬비아에서 출발해 부산신항으로 들어온 선박의 깊숙한 곳에서 코카인 35㎏이 적발되기도 했다. 이때 압수된 마약은 100만 명이 동시에 투약할 수 있는 양으로 시가 약 1,000억 원 상당에 해당한다.[136]

2025. 8. 13일 자 범정부 합동단속반의 발표에 의하면, 4월부터 6월까지 2개월간 마약류 특별단속을 시행한 결과 마약 사범 3,733명을 단속해 이 중 621명을 구속하고, 마약류 2676.8㎏를 압수했다. 또한 부산지검과 부산세관이 부산신항에 입항한 중남미발 화물선 A호(9만t급)에서 적발·압수한 코카인 600㎏을 공개하였다.[137]

---

135) Wu Mingren(吳明仁), 前揭書, 6面. 參照
136) 「서울 와이어」 2024. 7. 24. (参见相关报道)
137) 「세계일보」 2025. 8. 13일 자 참조.

콜롬비아에서 생산된 코카인은 오늘날까지 곧장 미국시장으로 밀매되고 있을 뿐만 아니라 우리나라를 비롯하여 유럽 등 세계 시장으로 판로를 더욱 확대하고 있다.[138]

오늘날 이 코카인은 남아메리카에서 스페인어로 백색황금(oro blanco)이라는 멋진 이름으로 명명되어 널리 회자(膾炙)되고 있다.

코카인이 세계시장에 처음 출시되었을 당시 흥분된 상태에서 극찬한 인물은 지그문트 프로이트(Sigmund Freud)와 세계 최초 코카콜라 레시피(recipe)를 만든 존 펨버튼(John Pemberton)이다.

그들은 코카인이 육체적으로 빠른 에너지 향상과 정신적 집중력을 제공하는 약물이라고 세상에 널리 알린 인물들이다. 인간에게 있어 최고의 약물인 코카인이 위험하다고 인지하기 시작한 것은 1920년대가 되어서였고 이에 미국 정부는 1940년대에 이 약물을 통제약물로 지정하였다. 1940년 이전까지 포츠담 대학교 니콜라스(Nicholas) 교수에 의하면, 자연스럽게 유럽과 아메리카의 국경을 넘나드는 코카인이 세계에서 가장 인기 있는 약물 중 하나라고 확신하여 왔다.

1940년대 이르러서야 코카인은 더 이상 의약품이 아니라 술과 담배와 같이 일상생

---

138) Isabela De los Rios Hernández, Knowledge, Soil, Politics, and Poverty: How Drug Trafficking Has Kept Its Hold on Latin America. June. 26. 2024.

활 속에서 즐기는 하나의 기호 식물처럼 이용되었고, 이에 따라 인체에 훨씬 더 치명적인 결과를 초래하고 있다고 보았다.[139]

오늘날 하늘 높은 줄도 모르고 매일같이 가격이 오르고 있는 코카인은 황금($)보다도 더욱 귀중한 마약으로 인정되고 있는 실정이다.

즉, 콜롬비아 현지에서는 1㎏당 500만 원이던 코카인이 미국시장에서 최소 7,000만 원에서 1억 2,000만 원으로 껑충 뛰어오른다. 이렇게 유입된 불법마약으로 인하여 미국인이 작년 1년간 150만 명 이상이 이것을 흡입하였으며 이들 중 50만 명 이상이 응급실로 실려 갔다. 마약은 강력한 환각작용과 중독성으로 인하여 중독자들의 수요가 끊이지 않고 있다. 따라서 마약류 가격은 일반인이 생각하기에는 그 상상을 초월하고 있다.

현재 글로벌 순금 1g의 가격은 우리 돈(약 20만 원) 약 91달러 내외지만 코카인의 경우 미국에서 1g당 약 310달러($)가 넘는다. 마약이 엄격하게 금지된 중동의 이슬람 아랍권인 사우디아라비아에서는 1g당 약 700달러($)에 밀매된다. 오늘날 코카인 가격은 1g에 약 15만 원 정도로 비교적 높은 편이며, 북아메리카와 유럽 지역의 일부 부유층에 수요가 집중돼 있는 것으로 알려졌다. 위와 같이 한 손에 일확천금을 획득하는 근사한 황금시장을 마약을 공급하고 있는 범죄조직이 놓칠 수 있겠는가. 우크라이나를 비롯해 주요 분쟁 지역을 중심으로 한 합성마약 제조 증가가 이러한 마약시장에 큰 영향을 주고 있다.

---

139) Isabela De los Rios Hernández, Knowledge, Soil, Politics, and Poverty: How Drug Trafficking Has Kept Its Hold on Latin America. June. 26. 2024.

VI. 볼리비아 및 기타 국가

1. 안데스 지방

코카인은 코카 엽에서 추출한 1종 마약으로서 코카인은 남미 안데스 지방의 원주민 인데오족(Indeo people)이 코카잎을 입에 물고 씹으며, 일하는 풍습부터 시작되었다고 추정되고 있으나[140] 1532년 스페인이 잉카제국을 침공하여 정복한 뒤에서야 유럽과 동양 등에 그 존재가 널리 알려지게 된 것이다.

남미의 안데스산맥을 감싸안고 살아가는 이 지역의 원주민들은 잉카제국 이전부터 의학용 해열제로 사용되는 키니네(quinina) 제조의 원료로 사용되는 식물인 키나피목(皮目) 또는 코카 엽 등을 마취제 용도로 사용해 왔다.

처음 볼리비아 산악지대에 자생한 것으로 알려진 코카는 그 당시 원주민인 이라와구족(Pueblo Irawa)이 코카에 대한 사용법을 그 지방을 정복한 치부차스족(Pueblo de Buchicha-S)으로부터 배웠다고 전해진다.

당시 이 지역은 자연의 맹위와 싸우며, 또한 식량 부족 현상이 심하여 기아와 과중한 노동력으로 인한 피로감을 잊고 고산병에 걸리지 않게 하기 위한 수단으로서 코카잎을 씹은 것을 일상생활로 유지해 왔던 것이다.

고대인들은 코카잎을 신성시하여 신전의 제단에 바치고 신을 달래기 위해 기도할 때 사용하였을 뿐만 아니라 황제들이 국가통치를 위한 필요불가결한 식물로 귀하게 취급되었다.

오늘날 볼리비아에서는 매년 1만 t가량의 코카인을 생산해 전 세계 공급량의 3분의 1을 차지하는 것으로 유엔마약범죄사무소(UNODC)는 추산하고 있다. 코카인은 대마초 다음으로 세계에서 두 번째로 많이 사용되는 마약이다.

2024년 8월 볼리비아에서 한 여성이 마약 밀매를 위한 운반용 코카인 캡슐을 잔뜩 뱃속에 삼켰다가 그중 일부가 풍선처럼 팽창하여 뱃속에서 터지면서 약물 과다

---

140) 이문우, 「痲藥 히로뽕이란 이런 것이다」, 유림사, 1994. 1. 10. 64面.

복용 증상으로 순식간에 사망하였다.[141]

유엔마약범죄사무소(UNODC)에 따르면 2020년부터 2023년까지 안데스 지역에서 코카인 재배량이 35%까지 급격하게 증가하여 사상 최고치를 기록하고 있다.

2. 도미니카 공화국

도미니카 공화국은 아열대기후로 대마초 재배 및 생산에 최적의 조건을 갖추고 있기 때문에 세계 최대 대마초 수출 국가이며, 도미니카 정부당국의 마약에 대한 규제라는 것은 사실상 손을 놓고서 방관만 하고 있는 것이 현실적 정책인 것이다.

2023년에 도미니카 공화국에서 대마초 128g을 차(茶)로 위장해 특송화물로 한국으로 밀수출하려던 외국인 4명이 인천 세관에 적발되기도 했다. 도미니카 공화국은 대마초 생산뿐 아니라 남미에서 생산된 코카인, 펜타닐 등의 마약을 미국과 유럽 등 전 세계로 운반하는 '마약 허브'로 급부상하고 있다.

합성마약 환각제인 허브 양조주인 아야와스카(Ayahuasca)는 남미의 아마존의 원주민들이 주로 종교의식을 할 때 사용된다.

수천 년간에 걸쳐 아마존 원주민들 사이에서 "영혼의 줄기(tallo del alma)"라는 애칭으로 신들과 만남을 위해 사용되어 왔던 코카는 하늘이 내린 영적인 체험과 신체적, 정신적 치유를 위한 종교적인 의식으로 각광받고 있는 약물이다.[142] 아마존 원주민인 히바로족은 환각제를 통해서 생명의 에너지는 영적이고 형이상학적(形而上學的)인 가능성이 향상된다고 믿고 있다.

---

141) 「천지일보」, "지구촌 한줄 뉴스", 2024. 8. 15. (参见相关报道)
142) 존 헤밍 지음, 최파일 飜譯, 『아마존(정복과 착취) 敬畏와 共存의 500년』, 미지북스, 2015. 8. 4.

3. 오세아니아 및 기타

2016년도 호주에서는 14세 이상 인구의 1.4%인 약 28만 명이 암페타민류를 사용한 경험이 있고, 그중 57%는 결정형 메스암페타민을 주로 사용하여 왔다.

2018과 2019년도 뉴질랜드 정부 조사에서는 15세 이상 인구의 1%가량인 39,000명의 응답자가 암페타민류를 사용한 경험이 있으며, 독성학자들의 연구에 의하면 뉴질랜드 전역의 생활폐수에서 메스암페타민을 사용한 흔적이 감지되었다.

필리핀은 연간 약 500t의 필로폰과 1,500t의 헤로인을 생산하는 것으로 추정된다.

2016년 필리핀 정부가 마약과의 전쟁을 선포했지만 지역 경찰과 마약조직의 유착이 심각하여 제대로 단속되거나 규제받고 있지 않고 있다.

지난해 마르코스 주니어(Hernandez Marcos Jr)가 대통령 취임 후 마약조직과 연루된 혐의로 체포된 현직시장 및 경찰 고위직은 수십 명에 이르고, 이들 중 일부는 자신이 관할하는 경찰서 내에서도 마약을 밀매하는 등 대담한 행각을 벌인 것으로 밝혀진 바 있다.[143]

4. 펜타닐의 대유행

본래 펜타닐(Fentanyl)은 말기 암 등 중증질환 환자의 고통을 완화하기 위해 만들어진 약물이다.

펜타닐은 마약성 진통제(Opioid)로서 코로나 백신을 개발한 유명한 얀센제약회사의 창업주인 벨기에의 화학자 폴 얀센(Paul Janssen)이 1959년에 펜타닐을 최초로 합성한 바 있다. 1968년에는 미국에서 의료용으로 사용이 승인되었으며, '서브리베이즈(Sublimaze)'라는 이름의 정맥주사 마취제로 널리 이용되었다. 마약류 중독자들에게 좀비 마약인 '펜타닐의 성지'로 불리고 있는 서울 성북구 소재 병원이 2019년 4,220매, 2020년엔 6,108매에 달하는 펜타닐 패치를 처방해 온 것으로 드러났다. 지난 6월에는 환자 한 명에게 4만여 명의 치사량에 해당하는 펜타닐 패

---

143) 「문화일보」, 2024. 7. 15.

치 4,825장을 처방해 준 의사가 마약류 관리법 위반 혐의로 구속되기도 했다. "좀비 마약"으로도 불리는 펜타닐은 말기 암 환자 등 극심한 통증에 시달리는 환자에게만 극히 제한적으로 사용되는 강력한 마약성 진통제이다. 한 사람당 치사량은 쌀한 톨보다 작은 양(약 0.2mg)으로, 2021년도 미국에서만 7만 명이 넘는 사람이 펜타닐 중독(fentanyl poisoning)으로 사망한 것으로 조사된 바 있다.[144]

인류 종말의 마약(fentanyl), 오늘날 미국에서 가장 위급하고 심각한 전염병과도 같은 마약으로부터 위협에 직면한 것은 바로 펜타닐(fentanyl)이다. 헤로인을 100배 농축시킨 인류 최악의 마약인 펜타닐(fentanyl) 약 0.2(mg)은 잠재적으로 치명적인 용량에 해당한다. 마약 단속국(DEA) 화학 실험실에서 분석한 알약에는 평균 2.4mg의 펜타닐이 함유되어 있었지만 0.2mg에서 최대 9mg까지 다양하다. 니타젠(Nitagen)과 같은 다른 합성 오피오이드(opioides) 또는 동물용 진정제인 자일라진(xylazine)을 포함하는 펜타닐 혼합물의 출현은 펜타닐과 관련된 피해를 한층 더 증가시키고 있다. 양귀비 식물에서 추출한 헤로인과 코카나무에서 정제한 코카인과 같은 유사한 식물성 마약에서 펜타닐과 메스암페타민과 같은 합성화학 작용을 기반으로 하여 신종마약으로의 전환은 미국이 이제껏 직면한 가장 위험하고도 치명적인 마약 위기를 초래한 것이다. 미국 질병통제예방센터(CDC)보고서에 따르면, 2022년 약물 관련 사망자 107,941명, 2023년도에는 110,000명 선을 넘어섰다.[145]

　미국 정부와 의회는 중국이 고의적으로 펜타닐을 미국과 서방국가들에 유통시키고 있는 것으로 의심한다. 미중 간 "역(逆) 아편전쟁"이라고까지 불리는 이유 중 하나이다.

144) 「韓國日報」, 2023. 10. 24. 參照.
145) Anne Milgram, Director of the U.S. Drug Enforcement Administration (DEA), Fentanyl and synthetic opioids account for about 70% of deaths, mesamphetamine and other synthetic stimulants account for about 30% of deaths. January 3rd, 2025.

Ⅶ. 소결

오늘날 세계적으로 마약 인구가 증가추세에 있는 현 상황에서 볼 때, 코로나19가 세계적 대유행병(pandemic)으로 확산한 이후 사회적 거리 두기와 격리 조치 등이 장기화하면서 불안, 우울, 무기력증 등으로 인하여 소위 '코로나 블루'를 견디기 힘들어진 사람들이 마약에 빠져든 것으로 분석된다.

2024년 11월까지 세계적으로 압수된 펜타닐 양만으로도 3억 6천만 명이 사망할 수 있는 양이다. 멕시코와 중국이 미국으로 직접 밀수되는 펜타닐과 펜타닐 관련 물질의 주요 공급국이었는데 최근 인디아도 주요한 공급원으로 파악되고 있다. 펜타닐 자체가 중국에서 미국으로 직접 배송되기도 하지만 중국에서 전구물질을 멕시코로 보내고 멕시코의 비밀공장에서 최종 제조를 거쳐 미국으로 보내지기도 한다.

마약시장에서 확산된 헤로인 남용은 2013년을 기점으로 더 저렴하고 더 강력한 효과를 가진 불법 펜타닐 유사체의 유통을 불러왔다. 펜타닐 유사체들은 헤로인에 비해 훨씬 적은 양(1/50)으로도 환각효과를 극대화시킬 수 있도록 정제되었다. 특히 미국 사회에서는 빈곤층이 마약류에 매우 취약함을 시사하고 있으며, 실제로 빈곤층에서 값싼 펜타닐 등 마약류 남용자가 지속적으로 증가하고 있다.

아울러 이에 대한 분석은 아래의 사항들을 지적하기에 이른다. 사회 인구학적, 지리적 요인이 약물의 과다복용 위험을 더욱 증가시킴으로써 경제적, 사회구조적, 문화적 요인에 기초한 정책적 대안이 필요하다.

제4장

우리나라 마약범죄의 특징

제1절 우리나라 마약범죄의 실태

Ⅰ. 의의

마약의 대명사 양귀비 아편보다도 더 오랜 세월 인류와 그 역사를 함께 간직하고 있는 대마초는 전통적으로 삼베옷 원료로서 삼국시대 이전부터 한반도(the Korean Peninsula)에서 재배되어 온 식물이다.

오래전부터 한의학에서는 마를 산약(山藥)이라 불리어 왔고, 혈액의 당을 세포로 흡수시키는 인슐린 분비를 촉진해 혈당을 낮춰 주기 때문에 당뇨병 환자에게도 유익한 식물이다. 식용 마와 섬유 또는 마약 원료로 활용되는 마(麻)는 전혀 다른 식물이다.

마약 중 하나인 대마초의 원료가 되는 대마(大麻)는 마(麻) 또는 삼으로 불린다. 한방에선 대마의 열을 화마인(火麻仁)이란 약재로 이용된다.

II. 임오군란과 아편

1882년 고종 19년 임오군란으로 인하여 조선에 파병된 청나라 병사들, 그들 주머니와 군용배낭에 양귀비 아편을 가득가득 담고 국내로 들어왔다.[146]

아편전쟁과 제국주의 침략의 시대, 죽음에 이르는 고통을 겪었던 그들은 얼마 흐르지 않은 과거를 까만 옛날 일처럼 망각하고서 사실상 아편의 청정국가인 조선에 많은 양의 아편을 유입시킴으로써 사회적으로 큰 문제가 되었던 것이다.

19세기 말 청국에서 아편이 유입, 약재 이외 목적, 즉 환각제 및 정력제로 아편을 상습적으로 흡연, 그 피해가 발생한 최초 기록은 1840년 헌종 6년 3월 25일 『헌종실록』에서 처음 등장한다.

제1차 아편전쟁 1840. 5월에 발발하여 1842. 8. 29일에 중국의 참담한 패배로 끝이 날 무렵을 전후로 하여 1848년 청국에서 아편 흡입기구를 조선에 몰래 반입하다가 적발된 박희영이라는 사람을 유배 보내고 평생 노비(奴婢)로 살게 하는 형벌을 내린 기록이 시초이다.

이후 아편 흡연이 널리 전파되지 못한 것은 쇄국정책과 아울러 아편 흡연을 서학[147]과 결부시켜 더욱 국가적 금지품목으로 엄격하게 지정하였기 때문이다.

서학(西學; 西敎)이란 서양의 종교적 학문, 서구 과학문명 자연과학적 응용학문으로서의 기술과 서교라고 불린 천주교 신앙 및 그 사상을 포괄적으로 의미한다. 서양의 눈부신 과학기술을 동양에 전파하기 시작한 것도 천주교회의 인물들이다. 따라서 빛 좋은 개살구처럼 허울뿐인 사대부 양반, 명나라 아첨꾼(阿諂)들의 근본이념만이 존재

---

146) 임오군란 당시뿐만 아니라 임진왜란이 발발(勃發; 1592년 4월 13일), 조선을 구한다는 그럴 듯한 미명(美名)하에 1593년 우리 영토에 파병된 명나라 병사들은 원병으로서 주둔군이라는 무소불위(無所不爲)의 특권을 이용하여 온갖 행패(行悖)를 자행하였다. 조선의 여인들을 상대로 성적 추행은 동네골목의 불량배 수준이고 명나라 병사들은 선량한 우리 민초들을 상대로 약탈뿐만 아니라 백주대낮에도 대로를 활보하면서 닥치는 대로 여인들을 겁탈(劫奪) 등 서슴없이 악행을 일삼는 등 아편에 취한 듯 침략자 일본군보다도 더한 사악(邪惡)한 만행을 부렸다.

147) 구만옥, "조선후기 西學 수용과 배척의 논리", 동국대학교, 동국사학 64집. (2018. 6월)

하는 사회, 천주교를 아편의 해악성과 결부된 이단적 사교집단(異端的 邪教集團)이라 오명을 씌웠을 뿐만 아니라 수많은 무고한 사람들이 순교(辛酉邪獄, 순조 1년 1801년 정순왕후 수렴청정) 300여 명이 죽임을 당하면서도 서학의 실사구시에서 유래된 실학사상(자연과학에 매우 박식) 전파, 오늘날 세계 최고의 과학기술 강국인 대한민국으로 이끌고 왔던 것이다.

III. 피어린 권력 투쟁과 아편의 탐닉(耽溺)

1. 며느리의 치맛자락과 시부(媤父)

유럽은 산업혁명을 기반으로 하여 국방력을 현대화하고 세계시장을 선점(先占)하기 위한 목적으로 강력한 군사력을 세계 신흥시장으로 진출시켜 선린외교(문호개방)이라는 위선적(僞善的) 미명(美名)하에, 그럴듯한 명칭을 내세워 동양천지를 침략하고 있는 소용돌이 와중에서, 망국(亡國)으로 몰고 간 시부와 며느리의 추악한 권력투쟁으로 인하여 끝없이 난도질당하고 있던 조선사회였다.

명성황후(明成皇后, 1851~1895)의 시부(媤父)인 흥선대원군(興宣大院君, 1820~1898)은 고종의 아버지로서 며느리인 명성황후와 극단적으로 분열된 채 정치적 생명을 건 기나긴 쟁탈전, 양의 탈을 쓴 악마의 암투(暗鬪), 와각지쟁(蝸角之爭)인 듯 사소한 일에도 얼굴을 붉히는 감정싸움으로 변질됨에 따라 정국은 최악의 국면으로 치달아 걷잡을 수 없는 지경에 이르렀다. 이들은 오로지 원한 맺힌 원수(怨讐)를 쓰러뜨리기 위해 와신상담(臥薪嘗膽)하듯 어머니 젖 먹던 힘까지 다해 조선 말기 투쟁의 역사를 써 내려갔던 것이다.

강력한 카리스마(charisma)로 정치력을 발휘하여 정국을 휘어잡은 두 사람의 권력투쟁에서 임금인 고종은 언제나 함께 등장하는 주연배우였다.

흥선대원군 며느리인 명성황후와 일심동체(一心同體)인 고종, 따라서 추악한 권력에 대한 정쟁(政爭)은 아버지와 아들의 정쟁인 것이다. "권력은 그 누구와도 나누어지는 것이 아니다."라는 아주 먼 옛날 만고(萬古)의 진리 하나가 구한말 혼돈의 조선 역사 속에서 실증적으로 묘사되고 있다.

임오군란(1882년; 고종 19년) 당시 대원군과 명성황후는 당대의 걸출(傑出)한 인물이었으나 한 시대의 뛰어난 영걸(英傑)들이 서로 마음을 하나로 모아 화합하지 못하고 죽기 살기로 대립과 반목(反目)의 시대, 권력은 사악한 아편의 중독보다도 더 무서운 내성(耐性)을 가진 것으로서 한번 맛을 들이면 영원히 독차지하고자 하는 것이 인간의 생리(生理)인 것이다.

이로써 500년 역사를 가진 조선의 국운(國運)은 불을 보는 듯 자명했고, 일찌감치 서양에 문호를 개방하고 불철주야(不撤晝夜) 군사력을 강화하고 있는 일본에게는 진수성찬(珍羞盛饌) 근사한 밥상을 산해진미(山海珍味)로 화려하게 차려 놓고 초대하고 있는 형국이었다.

이러한 과정에서 대원군의 며느리가 되는 명성황후는 1895년 아편에 취한 낭인(야쿠자; Yakuza)들, 닉네임 "일본 마피아(Japanese Mafia)" 의해 살해된 사건 '을미사변'이 발생하고 3년 후인 1898년에 흥선대원군도 77세의 일기(一期)로 사망함으로써 한 시대, 아편이 전염병처럼 조선에 만연하고 있을 무렵, 수많은 곡절과 시련 속 파란만장(波瀾萬丈)에게 살아왔던 위인(偉人)들의 일대기는 종언(終焉)을 고했다.

2. 비단 치맛자락 속에 숨겨진 아편과 칼날

한 하늘 아래 같이 살수 없는 불구대천(不俱戴天), 며느리의 치맛자락과 시부의 가랑이를 서로 움켜쥐고 피어린 권력 투쟁만을 일삼던 치열한 정쟁(政爭)으로 인하여 19세기 말 조선은 거센 풍랑에 좌초(坐礁)된 난파선이 되어 침몰 직전, 극도로 분열된 채 개방과 쇄국정책(鎖國政策) 사이를 오락가락 갈피를 못 잡고 있을 당시 청국은 서태후(西太后)가 섭정(攝政)이 되어 정권을 장악한 뒤 북양함대를 건설하고 있던 국가예산을 자신의 여름 피서지 이화원(昆明湖) 공사비로 전액 탕진하고도 모자라 국가의 기둥뿌리까지 뽑아 버릴 심산(心算)으로 불로장생(不老長生)을 위한다는 미명하에 자신의 초호화판 회갑연에 국가예산 1/3을 날려 버렸다.

중국 청조의 함풍제의 후궁으로 함풍제가 사망한 후 아들 동치제가 5세의 어린 나이로 즉위하자 반대파를 일거에 제거, 살육(殺戮)하고 모후(母后)로서 섭정(攝政)이 되었다. 그러나 16세가 된 아들의 친정(親政)이 시작되자, 서태후에 의한 거센 압력으로 인해 북경의 환락가에서 음행에 깊숙하게 빠진 황제(1875년)가 19세의 젊은 나이로 매음굴(賣淫窟)에서 아편에 중독된 채 치명적인 매독에 걸려 졸사(猝死)하자, 이제 막 걸음마를 떼고 있는 누이동생의 세 살짜리 아들을 황제로 옹립한 서태후는 다시 권력을 완벽하게 장악하게 된다.

그러나 세월은 강물처럼 흘러 1898년에 이르러 성년이 된 광서제가 이를 반대하자 그녀는 입헌파 캉유웨이(康有爲)를 포섭하고자 하였던바, 그가 입헌군주제로의 전환을 꾀하자 도륙(屠戮)의 쿠데타를 감행, 무술정변을 일으켜 황제 광서제를 첩첩산중(疊疊山中)에 유폐시키고 7억 명의 중화민족 위에 또다시 군림하게 된다.

아편전쟁과 제국주의 침략의 시대 뜨거운 열정 하나로 한낱 궁녀에서 절대 권력을 가진 황후의 자리까지 오른 정열의 여인, 아름답고 매혹적인 양귀비꽃과 시퍼런 칼날(fascinating poppies and blue knives)을 양손에 들고 중국천하를 뒤흔들더니 결국 거대한 대륙을 열강들에 의해 갈기갈기 찢겨 몰락의 길로 이끈 세계 역사상 추악한 여인천하, 동서양을 막론하고 제국주의라는 거센 파도가 세차게 휘몰아치고 있던 19세기 말 끊임없는 반란과 거센 풍랑, 매우 위태로운 지경 백척간두(百尺竿頭) 외세의 침략에 의해 난파선(難破船)이 되어 기울어져 가는 청 왕조의 운명 따위는 그 여인에게 관심 밖이었다.

최고 권력자 여황제인 서태후, 불알이 없는 내시(內侍)에서부터 고관대작(高官大爵)에 이르기까지 그녀의 마음에 들면 마음껏 향기로운 치맛자락으로 감싸안아 주었고 마음에 들지 않는 자는 가차 없이 죽임을 당했던 반세기, 신비스러운 여인의 화려한 비단 치마폭에 싸여 숨겨진 치명적인 중독성을 지닌 절대 권력과 아편이 함께해 온 중국의 50년이라는 긴 역사적 실체가 수많은 민초들의 자성(自省)의 목소리에서 들려오는 듯하다.

초나라 역발산기개세(力拔山氣蓋世)라 불리는 항우(項羽)와의 전투에서 완벽한 승리를 안겨 준 전략가 1등 공신 한신(韓信) 장군을 거대한 가마솥에 기름을 넣고 끓여 살해하였을 뿐만 아니라 악어의 눈동자보다도 더욱 잔혹하게 남편이 사랑하는 여인의 두 눈알을 송곳으로 뽑아낸 것도 모자라 사지(四肢)를 하나씩 시퍼런 칼로 잘라버리고 돼지우리에 집어넣고 하얀 웃음을 짓고 있던 잔인(殘忍)하고도 흉포하기로 정평이 나 있는 희대(稀代)의 한(漢)나라 유방의 표독(慓毒)스러운 아내 여후(戚夫人; 呂氏), 당나라 측천무후와 함께 동양(東洋) 아니 중국이 낳은 3대 여걸 중 한 여인인 서태후가 표독스러운 미소를 머금고 살아왔던 시대였다.

영국의 빅토리아 여왕(Queen Victoria), 스페인 이사벨라 여왕(Queen Isabella)과 함께 세계 3대 여왕이라 불리 우고 있는 서태후, 그녀는 50여 년간 청나라 말기 정권을 장악하고 나라를 뒤흔든 여걸이자 여황제로 한 시대를 풍미하다가 바람에 초목이 쓰러지듯 사라져 갔다.

서태후(1835~1908)가 치맛자락으로 무소불위의 권력을 휘두르고 있던 시절 조선에서 임오군란(1882년)이 발생한 계기로 인하여 청은 조선에 대해 노골적인 내정간섭, 식민지화를 위한 목적(屬國化 作業; 1882~1894), 조선 경영의 대권을 장악한 감국대신(監國大臣; 원세개; 일명 위안스카이) 파견 이후 일체의 정령사무를 감독, 내정간섭 시작과 동시에 청은 군대를 주둔, 아편의 대량 유입과 함께 갑신정변에도 개입하였다.

3. 아편과 조선에 대한 식민지화

청국은 "유교적 통일 천하관(統一天下觀)"에 기초하여 의례적으로만 따랐던 주체성 없는 조선의 왕과 각료(大臣)들, 오로지 사대주의(事大主義)만을 추종하고 있는 조선을 실효적으로 청에 복속시키고자 전면에 나섰다.

청은 속국화작업의 일환으로 조선에 실질적 감독을 위한 감국대신(위안스카이)를 파견하였고, 임오군란(1882년)으로부터 청일전쟁이 끝이 날 때(1895. 4. 17.)까지 무려 약 13년간 내정간섭, 정치·군사뿐만 아니라 모든 정사(政事)에 대해 '조율이시(棗栗梨柿)', 남의 잔칫집에 초대받지 못한 불한당(不汗黨), 깡패가 불법으로 침범하여

"감 놓아라 배 놓아라"식으로 그것도 강압적으로 주권을 속박·침해하는 행위를 노골적으로 자행함으로써, 조선을 청의 영토로 합병하거나 식민지화하려는 노골적 야심까지도 드러냈다.[148]

이로써 조선 500년 역사상 국가적으로 참을 수 없는 크나큰 모욕과 수치(羞恥)를 당함과 동시에 석양에 지는 태양처럼 서서히 사라져 가는 과정에 이르게 되었다. 그 결과 우리 국토 내에서 청일전쟁이 발발, 일본군이 승리함에 따라 조선은 일본의 손아귀로 넘어가는 망국의 치욕을 당하게 되었던 것이다.

임오군란으로 인하여 청나라 병사들이 조선에 주둔함과 더불어 아편을 공공연하게 흡입, 절대적인 특권을 행사하는 주둔군으로서 지위를 행사하는 청나라 병사들은 보란 듯이 사람들의 왕래가 많은 주막이든 시장 바닥의 저잣거리 등 어느 곳에서나 아편을 피워 댔으며 이로 인하여 양귀비 앵속(罌粟)에서 추출한 아편이 조선 사회 전체에 전염병처럼 만연하게 되었던 것이다.

당시 청국에서는 양귀비 아편이야말로 하늘에서 지구상으로 강림한 정력제로뿐만 아니라 만병통치약(panacea) 또는 영원한 불로장생(不老長生)의 신묘(神妙)한 약제로 널리 인식되어 왔던 시절이다.

처음 청 왕조는 명나라 왕조의 방식을 이어받아 아편을 약재로서 수입관세를 징수하였다. 아편이 청국에 공식적으로 수입되기 이전에는 밀수에 의존하였던 것이므로 정확한 통계수치를 산출하기는 어렵지만, 1800년부터 추정치 4,570상자, 1817년경 12,375상자, 1826년 19,386상자, 1830년대는 매년 33,906상자, 1837년 44,637상자, 1839년 50,350상자로 증가함에 따라 아편에 대한 수입대금을 은화(銀貨)로 결제했고, 이에 따라 청에서 유출된 은의 양은 대략 6억 냥 정도로 추정되어, 아편수입량이 증가함에 따라 은(銀) 보유고는 급감하게 되었고 은값의 폭등을 불러왔다. 이와 같은 은(銀)의 해외유출은 청나라 때 시행된 조세제도인 은본위제도 '지정은제'를 위협하여 결국 민생을 도탄에 빠뜨리는 결과를 가져왔다.

특히 1839년 아편수입량(2,553상자, 한 상자 당 100근)이 늘면서 이때부터 아

---

148) 박원호 譯書·小島晉治 著, 『中國近現代史』, 지식산업사, 1988. 1. 5. pp.66~67.

편을 흡입하는 사람이 차츰 증가해, 1858년대 들어 20년도 채 되지 않은 시기에는 지방 관아(官衙) 및 정부 관료들뿐만 아니라 사대부(士大夫)에서 아래로는 저잣거리 장사치(商人)에 이르기까지 사회 모든 계층에서 전염병처럼 아편이 유행하며 상습적으로 만연했다. 그에 따라 아편으로 인하여 도저히 정상적인 사회로 돌아갈 수 없는 천재지변과도 같은 불가항력에까지 이르렀다. 거대한 대륙 중국의 거의 모든 도시와 마을의 길거리에는 크고 작은 사창굴인 매음굴(賣淫窟)과 함께 아편굴이 즐비하게 늘어서 매일같이 문전성시(門前成市)를 이루었고, 이 무렵 조선에도 청으로부터 아편이 다량 유입하게 되었던 것이다. 임오군란으로 인하여 청군과 일본군이 조선으로 파병됨에 따라 1894년 7월 24일 청일 전쟁이 발발, 이러한 무질서한 혼돈의 와중에서 아편은 한반도 전역으로 확산되어 갔다.

Ⅳ. 코카인과 양귀비의 실태

고요한 안데스산맥(la cordillera de los Andes), 아름답고 풍요로운 생명의 다양성을 지닌 하늘이 베푼 천혜의 자연환경에서 자라고 있는 푸른 초록의 식물, 코카라는 나무는 코카인의 원료이다.

코카식물이 자라고 있는 안데스 지역은 신기조산대 산맥으로서 태양과 가장 가까운 적도 부근 연중 햇빛이 충만한 고산 지역, 에너지를 극대화시켜 주는 열량이 풍부하여 양귀비뿐만 아니라 코카나무가 매우 잘 성장하게 하는 지리적 조건의 특성을 가진, 이곳에서 세계 코카인시장을 98% 점유하고 있다.

최근 해상으로 반입되고 있는 마약류 밀수에 관해 마약종류별 단속현황을 분석해 보면, 양귀비와 대마는 2022년부터 2023까지 약 2배(8,157주에서 1만 6,955주)로 증가하였고 양적으로는 3.457g에서 577.089g으로 무려 17배가 높은 수치에 해당한다.

그 외에도 동남아 등 외국인 해양종사자 일부가 현지 마약조직과 연계되어 마약 밀반입을 시도하는 등 외국인 해양종사자 마약사범은 2018년 4명에서 2023년 77명으로 19배가량 기하급수적으로 증가일로에 있다.

최근 "액상 코카인"을 국내로 들여와 고체 형태로 가공해 유통한 마약 밀매조직이 해경에 적발됐다. 압수된 코카인 60㎏으로 200만 명이 동시에 투약할 수 있는 양, 1,800억 원 상당의 코카인을 액상으로 들여와 가공 과정을 거쳐 고체 형태로 유통시킨 캐나다 밀매 조직은 액상 코카인을 강원도 산속 공장에서 고체로 가공한 후 시중에 유통시키다가 검거되었다.

코카인 정제 과정에 참여한 콜롬비아계 외국인 마약조직원 2명도 숙소 주변 폐쇄회로(CCTV)를 확보하여 추적 중에 있다.[149]

V. 청소년층 급격한 확산

지난해 경찰에 검거된 청소년 마약류 사범이 전년도 대비 5배 가까이 급증하였다. 2023년도에 들어서 우리나라에서 마약범죄자가 연 2만 명 선을 넘는 것은 이번이 처음 있는 일이다. 특히 최근 청소년층에서 확산속도가 매우 빨라 문제의 심각성을 나타내고 있다. 지난해 상반기 검거된 마약사범 중 20대가 3,394명으로 다른 연령층에 비해 그 비율이 가장 높고 10대 미성년자도 600명이 넘게 검거되었다.

식품의약품안전처에서 제공한 자료에 따르면, 2024년 6월 27일까지 식약처에서만 적발한 온라인상 불법 유통되고 있는 펜타닐(fentanyl)의 판매 적발 건수는 202건으로 집계되었다.

강력한 마약성 진통제의 일종인 펜타닐(Fentanyl)은 코카인이나 헤로인보다 훨씬 더 인체에 치명적인 신종마약으로서, 벨기에의 제약회사인 얀센에서 개발, 현재는

---

149) 「每日新聞」, "국내 액상코카인 대량유통", 2024. 8. 20. (参见相关报道).

특허가 만료되었다. 약효는 다른 진통제인 "모르핀의 50배에서 100배"에 달하며 예상 치사량은 2mg이다. 미국 질병통제예방센터의 새로운 추산에 따르면, 2017년 1월부터 2018년 1월까지 7만 명 이상이 약물 과다복용으로 사망했고 펜타닐로 인한 사망자는 그해에만 45%가 증가했다.[150]

2015년까지만 해도 우리나라는 청정국에 해당되었으나 이제는 그 지위를 상실하고 말았다. 2023년 11월까지 체포된 마약사범은 2만 5천 명으로, 그 전 같은 기간 1만 7천 명과 비교하면 47% 이상이 증가된 숫자이다.[151] 2022년에는 마약류 사범이 역대 최다를 기록한 가운데, 30대 이하 '젊은 층'이 약 60%를 차지하고 있다.

VI. 소결

최근 마(薯)[152]의 다양한 효능이 의료계에서 주목받고 있다. 『삼국유사』 문헌(文獻)에 근거 "백제 무왕의 이름이 서동(薯童)"이었고 서여(薯蕷; 마)를 비롯한 산약인 마와 산나물을 캐어 팔면서 어렵게 생활을 이어 갔다는 대목이 나온다. 서동요는 신라 서라벌에서 서동왕자와 선화공주와의 아름다운 scandal, 애절한 로맨스가 전설처럼 전해지는 유명한 설화(童謠; 어린이 정서를 노래한 정형시)이다. 서동 '서'(薯; 참마서)는 마(薯)를 뜻하며 한의학에서 마의 덩이뿌리(tuberous root)는 일종의 강장제로서 「서동요」를 통해, 마가 삼국시대부터 흉년 때 굶주린 백성을 구제하는 구황작물

---

150) 「藥學情報院」, "Illegal domestic sales of zombie drug fentanyl surge", 식품의약품안전처, 2024. 10. 26.

151) 2023년 3월 대검찰청이 발간한 『2022년도 마약류 범죄백서』에 따르면 마약류 사범은 1만 8,395명으로 통계를 낸 이래 가장 많다. 앞선 4년간 각 연도별 마약류 사범 수는 2018년 1만 2,613명, 2019년 1만 6,044명, 2020년 1만 8,050명, 2021년 1만 6,153명이다. 2023년 11월에 대검찰청은 코로나19(COVID-19)로 중단됐던 마약류퇴치국제협력회의(ADLOMICO)를 부산에서 개최한 바 있다.

152) 박태균, 『데일리 푸드앤메드(건강 365)』, 2020. 12. 6.

(救荒作物)이었다.

특히, 조선시대 중·후반까지만 해도 민간에서 비상시에 가정상비약으로 귀하게 대접받고 애용되었던 아편의 재료인 매혹적인 양귀비에 대한 사회적 경계심을 더욱 강화시킨 역사적 사건이 발생했다.

1898년 고종 독살 미수 사건으로 기미상궁이 소량의 차를 마시고 죽은 사건에서, 왕을 시해할 목적으로 고종과 순종이 마시는 커피잔에 치사량 이상의 생아편가루를 은밀하게 혼합(cocktail)하여 투입했다가 발각된 구중궁궐에서 벌어진 사건이다.

청국에서 유입된 아편으로 인한 대한제국 사회의 폐단(弊端)을 게재한 관보에 의하면, 당시 아편 중독의 문제가 얼마나 심각한 지경에 이르렀는가를 단면으로 보여 주는 사례이다. 특히, 1910년 조선이 일본에 의해 강제병합(韓日合邦)된 후 서양의학 중심의 선진 의료체계의 보급을 공언하였지만 1920년대 조선의 지방 의료체계는 여전히 불모지(不毛地) 상태였으며, 오히려 일부 몰지각한 의료인들이 거리낌 없이 아편에서 추출한 모르핀을 확산케 하는 사회 환경적 요인을 제공하는 결과를 가져와 우리나라 식민지 민초들에게 아편의 중독자를 양성시키는 토양의 자양분을 제공하였던 것이다. 아편의 효능에 대한 잘못된 인식이 그대로 남아 있던 그 당시 국가의료체계의 미비는 몰상식한 의료인들로 하여금 아편의 오·남용 유혹에 쉽게 빠질 수 있게 하였던 것이다. 또한 아편에 대한 총독부 당국의 가벼운 처벌규정뿐만 아니라 단속의 사각지대 역시 아편의 오용 및 남용의 확산을 가져왔다.

따라서 식민지 조선의 지방 의료인들에 의한 아편의 오·남용은 1920년대 모르핀 확산의 주요 원인 중 하나로 작용하여 사회적으로 심각성이 증대되자 1927년부터 전국적으로 치료소를 설치하여 중독자를 강제 치료하게 하였다.

그러나 따스한 봄날 고혹적이 양귀비밭에서 청춘남녀가 은밀하게 밀어를 즐기듯 아편을 주사하거나 흡연하고 있는 것을 수색 적발하여 재활치료 등의 보호조치를 강제하는 데는 사실상 한계가 있었다. 1935년에 이르러서는 조선총독부령에 따라 「조선마약취체령」을 제정·공포하여 모르핀을 마약류로 분류하고, 특별관리를 목적으로 밀매와 밀수 및 투약에 대한 처벌 규정을 강화하기에 이르렀다.

특히, 러시아는 동아시아에 전진기지를 건설하려는 음흉한 흑심(黑心)을 품고서, 만주와 한국에 자신들의 군사력을 침투시키려는 시도는 중국대륙에 대해 제국주의적인 침략을 감행하려는 일본의 북상세력과 가차 없이 출동하게 된다. 일본 해군력에 대한 정확한 정보를 전혀 파악하지 못해 수십 척의 나룻배 정도로 무장한 칼잡이 해적(海賊)의 무리쯤으로 판단한 러시아 정보당국은 해군의 4개 함대 중 하나인 발트함대를 1904년 동양으로 신속하게 원정, 투입하였으나 참혹한 패배의 쓴맛을 보았을 뿐만 아니라 육전에서도 참담한 패배를 당하게 됨에 따라 정부의 무능 및 타락한 정치로 인하여 신성시(神聖視)되었던 니콜라이 2세 황제시대는 혼란과 함께 치명적인 비판의 대상이 되었다. 이에 따라 "피의 일요일 사건"으로 인하여 풍전등화(風前燈火), 비극적 결말로 이어지게 되었고, 이후 아주 깊숙한 우랄산맥 아래 빈민가 창고에 유폐(幽閉)된 채, 황후(알렉산드라)와 함께 황제의 일족(一族)이 1918년 7월 17일 새벽 2시 볼셰비키 공산주의자들에 의해 비참하게 살해됨에 따라 로마노프왕가(니콜라이 2세 일가)의 몰락, 절대 권력의 한 시대를 풍미(風靡)했던 전제정치(专制政治)의 산물은 끔찍하고도 참혹(慘酷)하게 막을 내리게 되었다.[153]

특히, 극좌 소비에트 볼셰비키(공산주의자)들은 러시아 역사상 마지막 황제와 황후를 포함하여 왕가(王家)의 일족 및 주치의까지 잔인하게 살해한 후 개머리판을 내리찍어 얼굴의 형체를 알아볼 수 없게 무자비하게 난도질하고도 부족하여 양잿물보다도 더욱 독성이 강한 치명적인 황산을 부어 시신을 완벽하게 훼손시킨 후 암매장하였다.

러시아 제국(차르시대; 전제군주정) 제14대 황제 니콜라이 2세와 일본 메이지 천황 집권 당시, 한반도와 만주에 대한 패권을 두고 러시아와 격정적(激情的)인 감정으로 치닫게 됨에 따라 1904년 2월 8일 밤 일본의 기습전쟁으로 러일전쟁이 시작되었다. 일본 육군이 한반도를 거쳐 만주로 진격하여 러시아군을 격파(擊破)하였고 일본 해군도 인천과 랴오둥 반도 뤼순에서 러시아 발트함대를 대한해협에서 격침시켜

---

153)　中央日報, "러시아 悲運의 로마노프王朝 最後 追跡", 1995. 10. 29.

전멸, 깊은 심해(深海) 바닷속으로 수장(水葬)시킴으로써 일본군이 혁혁(赫赫)한 승리를 거두게 되었다.

그러나 전비(戰費)가 예상했던 것보다 엄청나게 소요됨에 따라 일본경제가 심각하게 휘청거릴 정도로 위기에 봉착(逢着)하게 되자, 이를 보충하기 위해 태평양 전쟁을 도발하기 전부터 꼭두각시 만주 괴뢰국(傀儡國) 주도하에 양귀비를 재배, 아편을 대량으로 판매 그 수익금인 은화(銀貨)로 군비확충의 자금으로 전용(專用)하였다.

특히, 러일전쟁(1904. 2. 8.~1905. 9. 5.)에서 승리한 일본이 만주에서 획득한 특수권익을 내세우면서, 1931. 9. 18일 일본 관동군이 북만주에서 일거에 군사행동을 개시하여 만주를 침략, 점령한 사건을 만주사변이라 일컫는다.

또한 1941. 12. 7일 새벽(未明), 태평양 전쟁의 발발은 아편에서 추출한 메스암페타민과 술을 혼합한 칵테일파티를 벌인 후 출격한 신풍특공대(神風特攻隊) 일본 해군이 하와이 진주만(Pearl Harbor, Hawaii)에 위치한 미 해군 태평양 함대 기지를 기습적으로 공격한 것으로부터 시작된다.

미 태평양 함대의 위협을 일시적으로 제거한 일본군은 파죽지세(破竹之勢)로 남방작전을 개시, 동남아시아와 남태평양 일대를 석권(席捲)하고 저항하는 영국 해군을 여러 해전에서 격파하며(말레이 해전, 실론 해전) 인도, 호주까지 위협하였던 전쟁이었다.

일본 정부는 만주관동군 비호 아래 중국인들은 상대로 페르시아산과 몽고산 아편 밀거래로 막대한 비자금을 조성하여 군비로 충당하였고, 오늘날 화폐 가치로 30조 엔에 이른다. 당시 일본이 일으킨 전쟁의 소용돌이 속에서 식민지인 조선의 어린 소녀(從軍慰安婦)들과 젊은이들은 강제동원령에 따라 전쟁터로 차출되었고, 이국땅에서 처참하게 죽어 간 사람이 수는 헤아릴 수가 없다.

당시 조선총독부의 아편정책이라는 것은 1905년 러일전쟁 이후 1931. 9. 8일 만

주사변과 1941. 12. 7일 태평양 전쟁[154]의 확대로 인한 조선인에 대한 강제동원령 및 군량미 확보, 조선에서의 식민지 통치(收奪政策)를 보다 쉽게 관리하기 위한 정책적 일환의 하나로서 아편에 대한 전매제도의 실시, 중독자등록 및 치료 제도를 병행하고자 「朝鮮痲藥取締令」이라는 법령을 제정·공포하였다.

1945년 해방 이후 미군정령 제119호 1946년 마약단속규정과 1957년 마약법 제정, 공포 이후 단속의 강화로 인하여 아편의 중독자가 어느 정도 감소하기에 이르렀다.

그러나 2000년대 이후부터 오늘날까지 식욕억제제를 비롯하여 신경안정제 등 향정신성의약품의 남용 비율이 전체 남용자의 84.7%를 차지한다.

---

154) Edward Kimmel Walter Campbell Short, Pacific War Second Sino-Japanese War World War II. Pearl Harbor attack, (December 7, 1941), surprise aerial attack on the U.S. naval base at Pearl Harbor on Oahu Island, Hawaii, Article History, Jan 1. 25.; 두산百科事典, [滿洲事變] 2025. 2. 3.; 나무위키, [太平洋戰爭의 勃發] 2025. 1. 30.; 車河淳, 前揭書, pp.521~522.

제2절 최근 마약사범의 동향

I. 의의

오늘날 IT 기술의 발달로 인하여 인터넷·SNS 특수 경로로만 접근 가능한 온라인 공간 "다크웹" 등 음성적인 경로를 통한 마약 거래가 활발해지고 있다. 여기에 비트코인과 같은 암호화폐(Cryptocurrency)가 거래수단으로 활성화되면서 개인들의 마약 거래가 매일같이 폭증하고 있는 것이다.

이와 같은 경향은 최근 인체에 크게 해악성이 미치지 않는다는 것으로 분석한 일부 약리학자의 견해에 따른 대마초에 대한 외국 일부 국가들에서의 합법화 영향도 무시할 수 없다.

현재 미국 50개 주 중 37개 주와 워싱턴 D.C.가 의료용 대마초 사용을 합법화시켰으며, 18개 주와 워싱턴 D.C.는 비의료적 사용도 허가하고 있다. 따라서 대마초가 합법적으로 유통되고 있는 국가는 세계적으로 50여 개 국에 이른다.

II. 우리나라 외국인 마약사범

2020년 "마약류 범죄백서"에 따르면 적발된 마약사범은 2020년 1만 8,050명으로 역대 최대를 기록했다. 한국은 마약 유통이 매우 까다로운 만큼 동남아시아에 비해 가격이 높게 형성돼 있고 세계 최고 수준의 정보통신 인프라를 갖춰 온라인 플랫폼을 활용한 신종 마약 유통이 폭증하고 있다.

2023년 외국인 마약사범이 국내에 검거된 인원은 사상 최대치를 경신한 바 있다.

최근 가파른 증가세는 동아시아 출신 노동자, 특히 불법 체류자 신분인 이들이 마약의 국내 유통을 견인하고 있어 맞춤형 대책이 필요하다는 지적이 나온다.

[최근 5년간 국내에서 검거된 외국인 마약사범]

(단위: 년/명)

연도	2018년	2019년	2020년	2021년	2022년	합계
투약자	938	1,529	1,958	2,339	2,573	9,337
밀수사범	521	783	837	807	1,392	4,340
연도별/명	1,459	2,312	2,795	3,146	3,965	13,677

최근 2018년부터 2022년까지 5년간 국내에서 검거된 외국인 마약사범은 13,677명에 달한다. 2021년도 투약자 2,339명, 2022년도 투약자 2,573명으로 5년 전 2018년 투약자수 938명에 비해서 약 3배가량 증가하였다.

따라서 마약사범의 증가에 따른 투약·밀수·밀매 등으로 국내 교정기관에 수감되는 외국인 마약사범도 계속하여 증가 추세에 있다.

[국적별 외국인 마약사범 검거 현황]

(단위: 명)

구분	2018	2019	2020	2021	2022	23/8월
태국	189	429	721	744	812	608
중국	248	298	292	292	399	332
베트남	29	40	97	275	350	335
우즈벡	21	90	87	80	35	40
러시아	8	65	78	85	36	45

구분	2018	2019	2020	2021	2022	23/8월
미국	32	27	33	27	23	39
카자흐스탄	10	40	24	29	11	28
캐나다	5	8	10	5	10	2
대만	4	12	8	4	2	2
캄보디아	5	3	34	28	4	3
필리핀	3	2	3	1	2	3
기타	43	78	79	73	76	50
합계	597	1,092	1,466	1,673	1,757	1,487

2024년 역시 8월 기준 1,487명이 검거된 것으로 나타나 외국인 마약사범이 지난 해보다 더욱 늘어날 것으로 예상된다. 외국인 마약사범을 국적별로 살펴보면 태국인이 가장 많이 검거된 것으로 집계되었다.

2021년 단속된 외국인 마약범의 경우, 태국인이 38%로 가장 많았고, 다음으로 중국인 22%, 베트남인 13% 등의 순이었다. 2021~2022년에 10~20대의 마약사범에 대한 추이를 보면 마약, 대마류는 감소추세가 있는 반면 향정은 오름세에 있다. 주요 마약류 9종 중 하나인 필로폰과 일명 엑스터시로 불리는 MDMA를 비롯해 케타민, LSD 등이 향정에 속한다. 향정신성의약품을 포함하여 "신종마약" 적발 중량 5년간 매년 증가일로에 있다.

특히 식욕억제제 등으로 많이 쓰이는 향정신성의약품(향정)을 이용한 향정사범 수가 마약, 대마류보다 매우 증가하여 이에 대한 대비책이 필요한 것으로 분석된다. 2018년부터 2023년 6월까지 품목별 마약류 단속현황을 보면 향정신성의약품이 포함되는 신종마약류의 적발 중량은 5년 동안 꾸준히 증가하였다. 이러한 증가추세는 10~20대의 마약류 사범이 인터넷을 통하여 자유롭게 밀거래하는 등의 요인이 크게 작용한 것이다.

Ⅲ. 신종 마약 야바

야바는 대만에서 개발된 '야마'와 같이 히로뽕에 카페인, 헤로인과 진해거담제 주재료인 코데인 등 각종 환각성분이 혼합된 것이나 다른 점은 주사기로 투약하는 불편을 없애기 위해 당분을 첨가해 정제나 캡슐로 만들어 복용할 수 있다. 각종 환각성분의 복합작용으로 히로뽕 등 기존 마약을 단독 투약했을 때보다 훨씬 강력한 환각효과가 발생, 한번 복용하면 3일간 잠을 자지 않을 수 있고 공격적 성향과 피해망상증 등 심각한 정신장애를 야기시키고 중독성도 훨씬 더 강력하다.

가격은 정제나 캡슐 1알(0.2g)에 태국 돈으로 100~120바트 우리 화폐로 불과 3~5천 원 상당이고 정제나 캡슐 1개를 4등분해 복용하기 때문에 1회 복용비용은 800~1,250원에 불과해 10~15만 원 하는 히로뽕(0.03g)보다 훨씬 저렴하다. 투약방법 또한 주사기를 이용하는 히로뽕이나 흡입하는 헤로인, 피우는 대마초와는 달리 음료수와 함께 편안하고 쉽게 마실 수 있다.[155]

최근 들어 밀수가 급격히 증가하고 있는 이 신종마약은 태국어로 "미친 약"이라 불리고 있으며 필로폰 성분(30%)과 카페인 성분(60%)을 혼합한 칵테일 합성마약의 일종이다. 이 신종마약은 열을 가해 발생한 연기를 흡입하는 방식으로 투약하면 공격성이 커지고 정신 장애를 유발시키며, 3일간 잠을 자지 않을 정도로 각성효과 및 환각성이 높고 또한 강력한 중독성을 가진 약물이다.[156]

알약 형태인 야바는 1정당 3~5만 원정도, 일반 필로폰보다 가격이 10배가량 저렴한 수준으로 외국인 노동자, 특히 태국 출신 노동자들이 많이 찾고 있다. 한국으로 은닉하여 들여와 판매하면 돈을 더 벌 수 있다는 강한 유혹 때문에 외국인 노동자들의 범죄가 기승을 부리고 있다.

신종마약 야바는 메스암페타민과 카페인을 혼합시킨 약물이다. 이전에는 야마

---

155)　「시사상식사전」, 지식엔진연구소, 박문각, 2024. 8. 14. 참조.
156)　「來日新聞」, "외국인 마약사범", 2023. 11. 29. 노컷뉴스 2023. 12. 2.

(yama, 태국어; '말')로 알려졌으나 이제는 "바이커스 커피"(bikers' coffe), "가미카제"(kamikaze) 등 다양한 이름으로 동남아시아에서 통용되고 있다. 미얀마는 양귀비(환상의 꽃) 아편의 원료에서 정제한 메스암페타민의 세계 최대 생산국으로, 태국, 라오스, 중국과 국경을 접하고 있는 황금의 삼각지대와 샨주 북동부에서 신종마약이 대량으로 생산된다.[157]

Ⅳ. 소결

2020년부터 2025년 최근까지 "강렬한 성적 흥분제(최음제)"로 잘 알려진 러시(Rush)라는 신종마약 주의보가 발령되고 있는 새로운 마약류 국내 유통이 급증하고 있는 가운데 마약 성분 포함 여부를 모르고 구입한 일반인들이 공항 및 세관 등에서 적발되는 사례가 늘어나고 있다.

또한 신종 "좀비 마약"이라고 불리는 펜타닐(Fentanyl)이 3~5년 전부터 강남 등 유흥가를 중심으로 유행하기 시작하였다.

예전의 마약이라는 약물은 일부 연예인이라든지 성매매자라든지 특정 계층 혹은 특정 직업군에 한정되었으나 오늘날에는 전 계층으로 퍼지고 있다.

고대 그리스 에피쿠로스(Epicurus)라는 철학자는 무분별하게 쾌락을 추구한 자로 낙인찍힌 인물이었으나, 그가 원했던 진정한 고통의 부재, 고통 없는 삶이란 무엇인가? 그의 철학적 이념은 평온함 가운데 온유한 삶을 얻는 데 있다고 보았다. 그가 말하는 평온하고 평정심(Equanimity)을 유지하고자 하는 삶은 평화·공포로부터의 자유, 무통(aponia)의 특징이 있다.

그는 쾌락과 고통이란 무엇이 좋은 것이고 악한 것은 무엇인지에 대한 척도는 인

---

157) 2018년에 미얀마는 10억 개의 알약을 이웃 국가인 태국으로 밀수출하였고, 소수민족 민병대와 반군 단체(특히 와주 연합군)가 마약생산에 주력하고 있을 뿐만 아니라 미얀마 정부군도 수익성이 좋은 마약 밀매사업에 적극적으로 참여하고 있다. 「위키백과」, 2024. 8. 6. (参见相关报道)

격적 내면에서 나오는 것이다.

그가 추구했던 황홀경이란 각성제인 마약으로부터 몰입하여 얻어지는 육체적인 향락이 아닌 정신적 쾌락, 이성적 즐거움이다. 성서에서 우리가 추구해야 할 기쁨은 대자연의 섭리로부터 느끼는 온유한 미소와 같은 행복이지 강력해진 마약에서 오는 육체적 성적인 쾌락에 의한 유혹의 덫, 그와 같은 욕망의 충족은 아닌 것이다.

제3절 마약류 사범에 대한 변화

Ⅰ. 마약사범의 추이

1996년 1월부터 2023년 9월까지 검거된 마약류 사범은 합계 31만 5,236명 중 향정신성의약품 투약사범이 71.8%로, 일명 히로뽕(필로폰) 및 엑스터시(MDMA) 등 "향정"사범이 다른 마약류보다 우리 사회에 깊숙하게 침묵 속에 독버섯처럼 만연되고 있는 실정이다.

엑스터시는 마약의 일종으로서 암페타민, 헤로인 등 다른 약품에 비해서는 마약으로 사용된 지는 오래되지 않은 약물, 한국에서는 2000년대 초반 '테크노' 열풍 때 '도리도리(성서의 아담)'란 이름으로 불리었고 언론에서 신종 마약이라 대서특필, 그러나 사실은 개발 역사가 매우 오래된 약물이다.

엑스터시(MDMA)를 최초로 합성한 것은 1914년 독일의 제약회사인 머크(Merck)사로 혈액 응고제를 개발하던 중 우연한 기회에 환각성 물질을 발견했으나 사장(死藏)시켰다.

하지만 70년대 들어와서는 미국의 의학자이며 생화학자인 알렉산더 슐긴(Alexander Schulgin)에 의해 재조명된다. 그는 자신의 강의를 듣던 한 대학원생이 뜻하지 않은 기회에 제공한 정보를 확인, 새롭고 간단한 방법으로 엑스터시(MDMA)를 재합성하는 데 성공한다.

그 효능에 놀란 슐긴은 친구인 레오 제프(Leo Jeff)라는 한 정신과 의사에게 엑스터시(MDMA)를 소개했고, 제프 박사는 거의 미국 전역을 돌며 동료 의사와 환자들에게 그 약의 처방을 권했는데, 그게 1976년 무렵이다.

1980년대 중반 규제약물로 지정될 때까지 약 10년 동안 엑스터시는 정신과 진료, 특히 대화요법과 월남전에 참전하였던 군인들의 심리불안 극복 요법에 합법적으로 처방되어 왔으나 슐킨 생화학자 의도와는 다르게 1986년도 마약에 취한 채 흥분된 젊은이들의 지중해연안에서 발생한 한 쇼킹한 사건(a shocking incident), "광란의 댄스파티"에서 사용된 이후, 1987년 영국에서 있었던 어느 한 모임에서 단체로 환각상태에서 미친 듯 광적(狂的)인 "레이브 파티(rave party)"를 중심으로 급속하게 확산되어 갔다.[158]

한편, 우리나라에서 2023년 9월까지 적발된 전체 마약류 사범은 지난해 수치를 훌쩍 넘은 2만 230명이다. 마약류 사범이 2만 명대를 기록한 것은 지난 30여 년 통계작성 이래 처음 있는 사건이다.

[2023년도 9월까지 연령대별 국내 마약사범 검거]

(단위: 명/%)

연령별	10대	20대	30대	40대	50대	60이상	합계
인원/명	988	3,394	4,634	2,886	2,120	3,451	17,473
%	5.70	19.42	26.52	16.52	12.13	19.75	100

---

158) Wikipedia, the free encyclopedia, MDMA is often considered the drug of choice within the rave culture and is also used at clubs, festivals, and house parties. In the rave environment, the sensory effects of music and lighting are often highly synergistic with the drug. 2024. 12. 6.

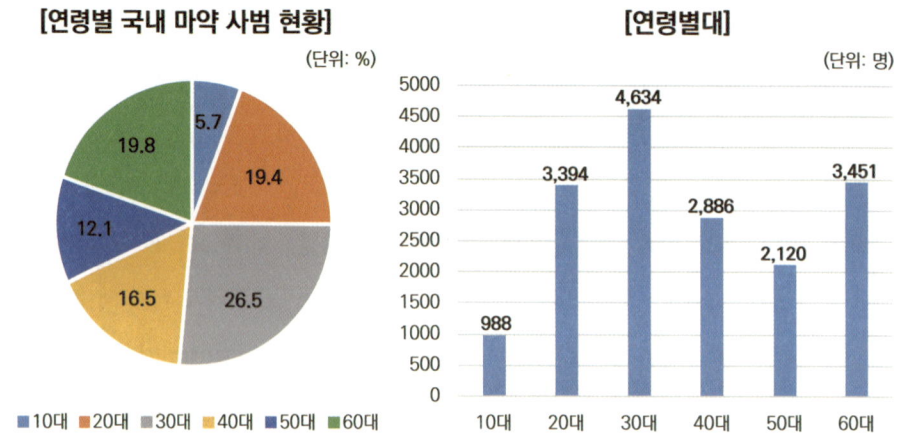

마약류 사범을 연령별대로 분석해 보면, 30대 4,634명, 40대 2,886명, 50대 2,120명, 60세 이상 3,451명으로 나타난다.

성별 대비 **여성 마약류 사범**도 최근 증가 추세로서 2022년 1월부터 10월까지 대마 466명(15.8%) 마약 1,181명(48.7%) 향정 2,566명(26.2%)으로, 그 비중이 증가하였다.

2018년부터 2024년 8월까지 검거된 마약사범 만 14~18세 청소년이 1,600명을 넘고 있다.

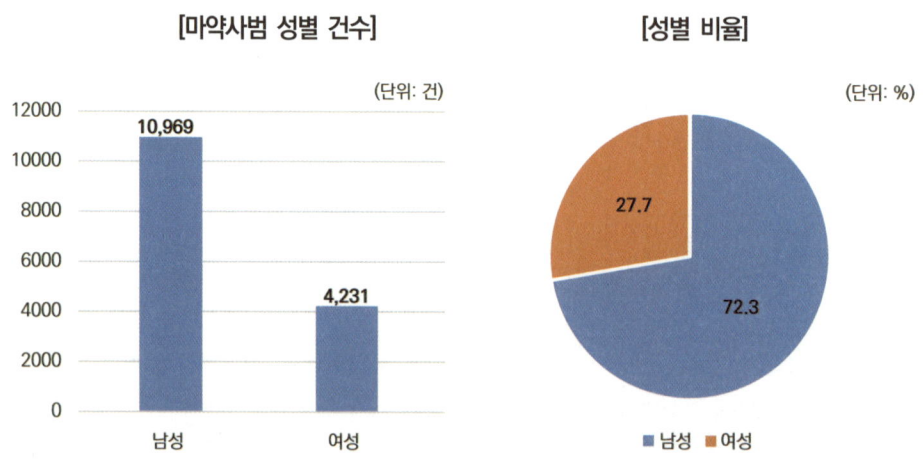

2023년 5. 6일 자 범죄백서(대검)에 의하면, **남자 합계 10,969명(72.3%)** 대비 **여성 4,231명(27.7%)**, 매년 지속적으로 증가 추세에 있다.

2024년 5월 9일 대검찰청 보도자료에 따르면, 1년간(**2023. 4월~2024. 3월까지**) 범정부 유관기관들이 마약범죄에 엄정 대응한 결과, 마약사범은 전년 동기 대비 약 46.7% 증가한 28,527명을 적발하였다.

2024년 10월 대검찰청의 보도자료에 따르면, 여성이 차지하는 마약사범의 비율이 2023년에 8,910명으로 2022년 대비 79.4% 증가했고, 2021년 비율 23.6%로 소폭 감소한 이후 2년간 증가해 2023년에는 전체 32.3%를 기록하였다.

[특수본 구성 후 마약범죄 수사성과, 10대 마약사범]

구분	22. 4.~23. 3.	23. 4.~24. 3.	증가율(%)
마약사범 단속 인원(명)	19,442	28,527	**46.7 ↑**
공급사범 단속 인원(명)	5,070	9,860	**94.5 ↑**
10대 마약사범(명)	463	1,551	**234.9↑**
마약류 압수량(kg)	915.1	939.1	**2.6 ↑**

〈대검찰청 대변인실 보도자료 2024. 5. 9. 참고〉

대검을 포함한 특별수사본부는 대규모 마약류 밀수범죄, 인터넷 마약류 유통범죄, 의료용 마약류 불법 취급범죄를 철저히 적발 및 엄단하는 공급사범에 대한 수사·단속을 강화함과 동시에 마약류 단순 투약사범 중독예방 및 치료·재활을 병행하여 투약사범의 사회복귀를 도모하고 재범을 방지함으로써 마약범죄를 근절하기로 하고 있다.[159]

수사기관에 압수된 주요 마약류는 향정신의약품이 706.8kg으로 전체 마약류 압수량의 85.4%를 차지한다. 향정신성의약품 중 필로폰 압수량은 지난해 175.4kg이었지만 2023년 9월까지 두 배가 넘는 362.3kg, 같은 기간 야바는 167.6kg에서

---

159) 「ソウル聯合ニュース」, 青少年狙う薬物犯罪　政府挙げて特別捜査本部構成へ, 韓国 記事一覧2023. 4. 10. 参照 확인.

180.6㎏, 환각물질, 즉 황홀경에 깊숙하게 빠져드는 엑스터시(MDMA)는 42.2㎏에서 감소한 34.0㎏을 압수하였다.

Ⅱ. 마약류 밀수사범 특징

올해 상반기 마약류를 밀수하는 주요 경로는 국제우편, 특별송달 화물, 여행자가 신체에 직접 은밀하게 은닉하거나 배낭 속에 숨겨 들여오다가 적발되는 순이다. 이러한 추세는 코로나를 계기로 국제우편·특별송달 화물을 통한 비대면 방식으로 집중되었던 마약밀수 경로가 여행자 밀수 방식으로 점차 전환되고 있는 것으로 관세청은 분석하고 있다.

2023년 9월 기준 국적별로는 태국 189명, 베트남 101명, 중국 85명, 우즈베키스탄 9명, 미국 7명 순이고, 특히 태국, 중국은 2015년부터 서로 경쟁하듯 1, 2위를 차지하고 있다.

최근 5년간 마약류 단속 현황을 보면 10대들의 마약사범이 지속적으로 증가하고 있는 추세일 뿐만 아니라 2023년도에 들어와서는 여성 마약사범(8,910명)의 비율이 증가하여 2022년(4,966명) 대비 무려 약 **79.4%**로 그 증가 추세가 뚜렷해졌다.

[투약사범 및 공급사범]

(단위: 명)

구분	2019년	2020년	2021년	2022년	2023년
마약사범 단속 인원	16,044	18,050	16,153	18,395	27,611
공급사범 단속 인원	4,225	4,793	4,045	4,890	9,145
10대 마약사범	239	313	450	**481**	**1,477**
20대 마약사범	3,523	4,493	5,077	**5,804**	**8,368**
여성 마약사범	3,577	4,457	3,818	**4,966**	**8,910**
외국인 마약사범	1,529	1,958	2,339	**2,537**	**3,151**

여성 비율은 2019년 22.3% → 2020년 25.% → 2021년 23.6% → 2022년 27.7% → **2023년 32.3%**로 증가하여[160] 마약사범 4명 중 1명꼴이 여성(24%)이다.

[역대 마약류 사범 단속 현황]

(단위: 명)

구분	1990	2000	2010	2020	2021	2022	2023
인원수	4,222	10,304	9,732	18,050	16,153	18,395	27,611

〈2023년도 대검찰청 마약 범죄백서 참조〉

특히 2022. 5. 6일 자 "대검찰청 마약류 범죄백서" 제3장에 따르면, 마약범죄의 특성상 중독에 의하여 재범률이 가장 높은 수치를 보이고 있으며, 실제 2021년 전체 마약사범의 재범률은 37%에 이른다. 이것은 마약사범 3명 중 1명은 중독이라는 금단증상으로 인하여 마약이라는 유혹의 미소 속으로 자신도 모르게 빠져드는 것으로 분석되었다.

역대 마약류 사범 단속현황을 분석해 보면, 1990년도 한 해 동안 단속된 마약사범은 4,222명에 불과하였으나 2023년도 마약사범은 2022년(18,395명) 대비 50.1%가 증가한 27,611명으로 역대 최초로 2만 명을 넘어 상승곡선이 매우 가파르다.

[최근 5년간 마약류 단속 합계(변동률) 및 현황]

(단위: 명, %)

구분	2019년	2020년	2021년	2022년	2023년
합계(변동률)	16,044	18,050 (+12.5%)	16,153 (-10.5%)	18,395 (+13.9%)	**27,611 (+50.1%)**
대마	2,629	3,212	3,777	3,809	**4,085**
마약	1,804	2,198	1,745	2,551	**3,970**
향정	11,611	12,640	10,631	12,035	**19,556**

〈2023년도 대검찰청 마약 범죄백서 참조〉

---

160) 「대검찰청 보도자료」, 2024. 6. 26. 4~5면 參照.

대마, 마약, 향정신성의약품(향정) 등에 이르기까지 2019년도부터 2023년도까지 최근 5년간 마약류 단속(변동률) 현황을 분석해 본 결과, 2019년 향정사범(11,611명)이던 것이 2023년에는 19,556명으로 증가 추세에 있다.

특히, 2022년도 합계(18,395명) 대비 2023년도에는 27,611명(+50.1%)으로 급격하게 증가하고 있다.

2024. 12. 31일 자 유엔마약범죄사무소(UNODC) 보고서에 의한 추산에 따르면, 황금의 삼각지대에 위치한 미얀마의 샨주에서 재배한 양귀비에서 추출한 헤로인의 수출액은 최대 12억 6천만 달러(약 1조 9천억 원)에 달한다.

또한, 마리화나를 제외한 아편·헤로인·펜타닐 등 아주 값싼 마약류 케타민·엘에스디(LSD),[161] 메스암페타민(히로뽕), MDMA(엑스터시) 등 향정신성의약품만이 아니라 신종마약 제품들이 동남아 황금의 삼각지대(Golden Triangle Area)에서 우리나라를 비롯하여 대만·홍콩·일본·호주·유럽 및 북미 등지로 밀거래되고 있다.

특히, 엘에스디(LSD)는 "코카인의 100배", 양귀비에서 추출한(抽出)한 "메스암페타민의 300배"에 달하는, 상상을 초월할 정도로 엄청나게 강력한 환각제로 호밀(맥각균)에서 화학적으로 합성된 마약이다.

이것은 해괴하고도 불가사의(不可思議; mysterious)한 왜곡현상, 실례로 귀여운 어린 고양이가 앉아서 작은 울음소리를 내고 있는데, 마약중독자에게는 사납고 거대한 호랑이가 귀에 보이고 고양이의 작은 소리는 호랑이가 울부짖는 거대한 소리로 변형되어 눈에 들리는 현상, 즉 인체의 시각 및 청각 그리고 감각기관이 완전히 비뚤게 그릇 변형(색체를 귀로 듣거나 소리를 눈으로 보는 현상)되고, 초자연적 초현실적인 환각증상을 보이는 등 단 한 번만 복용하더라도 초월적 신비와 모든 자율신경계가 괴기(怪奇)한 상대에 빠지게 된다.

---

161) 鄭奎澈, 前揭書. p.509; 신상구, 「약리학」, 서울대학교 출판부(서울대학교 의과대학 편), 1994. p.129.

Ⅲ. 마약사범에 대한 사법부의 판단

이처럼 마약류 공급자 및 투약자, 압수량 등 마약류 사범 관련 수치는 매년 증가하고 있으나 구속은 2022년 기준으로 마약류 사범 10명 중 1명만 구속되었다.

[현행법상 단속 규정]

구분	관련 법규	행위	처벌조항	형량
마약류	마약류관리에관한법률	제3조 일반 행위의 금지 등	제8장 벌칙 제58조~제69조	무기 또는 5년 이상 징역 등
	마약류 불법거래 방지에 관한 특례법	업으로서 한 불법수익, 불법수익의 은닉·가장, 불법수익의 수수, 마약류 물품의 수입, 선동 등	제3장 벌칙 제6조~제18조	**사형, 무기 또는 10년 이상 징역 등 (벌금 병과)**
	형법	아편 등의 제조, 아편 흡식기의 제조, 세관공무원의 아편 등의 수입, 아편 흡식 및 동장소 제공 등	제17장 아편에 관한 죄 제198조~제206조	10년 이하 징역 등
	특정범죄가중처벌등에 관한법률	마약류관리법 제58조 제1항 제1호~제4호, 제6호, 제7호에 규정된 죄 또는 그 미수죄, 제59조 제1항~제3항, 제60조에 규정된 죄	제11조 마약사범등의 가중처벌	무기 또는 10년 이상 징역 등
환각물질	화학물질관리법	화학물질 관리법 제22조 위반, 환각물질 섭취·흡입·소지 또는 판매·제공	제59조6호 제22조	3년 이하 징역 또는 5천만 원 이하 벌금 등

대검찰청 자료에 따르면, 2004년부터 2023년 9월까지 단속에 검거된 마약류 사범은 총 24만 2,494명 중 20.7%인 5만 140명만이 구속되었다. 2004년에는 46.3%로 단속에 적발된 자 절반 가까이 구속되었으나 매년 감소하면서 2022년에는 11.9%까지 하락했다가 2023년에 소폭 증가해 13.4%가 구속되었다. 특히 2018

년 전체 마약사범 중 구속된 인원은 2,151명 중 향정신성의약품 위반사범이 1,943명이고 불구속 상태에서 정식재판에 회부된 전체마약사범은 10,462명이다.

2023년 마약류 사범들의 1심 재판 결과는 4,618건 중 벌금 190건, 집행유예 1,986건, 실형은 2,253건으로 나타났다. 판결 비중은 벌금형은 2015년에 3.5%에서 4.1%, 집행유예 36.0%에서 43.0%, 3년 이상 실형을 선고받은 자는 4.2%에서 12.2%로 증가되었다. 반면 3년 미만의 실형은 53.0%에서 37.4%로 감소된 것이다.

또한 2024. 10. 2일 서울중앙지법 형사28부는 마약류 관리에 관한 법률 위반(향정) 등 혐의로 구속기소 된 30대 판매상에게 징역 10년 형의 선고와 더불어 재범의 위험성이 높다고 판단하여 80시간의 약물중독 치료프로그램 수강을 명했다.[162]

Ⅳ. 범죄수익몰수제도

불법수익몰수제도란 마약류의 불법밀매에 제공된 자동차나 항공기 등을 몰수하여 기동력을 마비시키고, 불법거래로 축적한 수익을 박탈하는 제도이다.

우리 형법 제48조 규정에는 임의적 몰수 및 추징에 관한 규정이 있고 형법 제134조(뇌물죄)에는 필요적 몰수 규정이 있다. 그 밖에 필요적 몰수를 규정하고 있는 법률은 특정범죄 가중처벌 등에 관한 법률 제13조, 특정경제범죄가중처벌 등에 관한 법률 제10조 및 국가보안법 제15조에 의거 몰수 추징을 규정하고 있다. 또한 필요적 몰수, 추징제도는 상법 제633조 제630조 제1항 또는 제631조 제1항에 규정되어 있고, 관세법 제272조(마약류 등 밀수 진용 운반기구의 몰수) 제269

---

162) 재판부는 "마약범행의 내용과 그로 인한 사회적 폐해를 고려하면 피고인들을 엄히 처벌할 수밖에 없다."라고 판시, 이번 판결에서 중형을 선고받은 자들은 2022. 7월~2024. 4월까지 총130회에 걸쳐 1억 6,200만 원 상당의 대마, 엑스터시(MDMA), 코카인을 다크웹에서 판매한 혐의로 구속 기소된 바 있다. 「로이슈」, "마약 1억여 원어치 수입판매자 중형선고", 2024. 10. 4.

조의 죄에 전용(專用)되는 선박·자동차나 그 밖의 운반기구는 그 소유자가 마약 등의 범죄에 사용된다는 정황을 알고 있는 경우 필요적으로 몰수하여야 하며, 어업자원보호법 제3조 및 외국환관리법 제33조에서도 필요적 압수 및 추징을 규정하고 있다.

미국에서는 몰수된 재산이 제도적으로 수사 자금화하여 수사에 참여한 기관의 기여도에 따라 적정비율 배분되고, 다른 외국의 수사기관이 국제사법공조의 형식 등으로 수사에 기여하였을 때에는 그 공로에 따라 일정금액을 배분받고 있다. 또한 범죄에 사용된 운송수단을 몰수하여 이를 오히려 마약밀매범죄의 수사를 위한 기동력을 위한 장비로 사용하기도 한다.[163]

경미한 범죄로부터 발생되는 수익이나 경제적 가치가 사소한 이익까지도 몰수되어 과잉금지의 원칙에 위배될 염려가 있고 또한 선의의 제3자의 재산권을 침해할 우려가 있기 때문이다. 특히 과잉금지의 원칙 또는 비례의 원칙은 국민의 기본권을 제한하는 법이 헌법적으로 인정을 받으려면 목적의 정당성, 수단의 적합성, 침해의 최소성, 법익의 균형성 4가지 요건을 모두 갖춰야 한다는 헌법 제37조 제2항에 이념을 명시적으로 선언하고 있다. 또한 모든 국가 작용을 지배하는 근본 원리 중 하나인 비례의 원칙, 이 원칙을 형법에 적용한 원리가 책임주의이다. 책임주의는 "형벌은 범죄자의 책임 정도에 비례하여 부과해야 한다."라는 취지이다.

[범죄 수익 환수 2023년 몰수 및 추징보전]

구분	합계	마약류 범죄	전세사기	민생침해 금융범죄
단속 건수	249	59	31	159
보전가액	595.2억 원	5.4억 원	54.5억 원	535.3억 원

〈서울경찰청 국제범죄수사대(参见相关报道)〉

---

163) the UN, the United Nations(d), The Impact of Organized criminal Activities upon Society atLarge, E/CN. 15./1998/3, January 11, 1998, pp.10~14.

경찰청 국가수사본부는 범죄수익환수를 위해 2023년 상반기(1월~6월) 전체범죄 수익 총 797건의 몰수 및 추징에 대하여 법원의 인용결정 영장을 받아 총 1,410억 원 상당의 재산을 보전(處分禁止)하였다.

V. 소결

우리나라 마약사범의 변화에 대한 추이를 보면, 1996년 이후부터 2024년 11월까지 검거된 마약류 사범은 합계 약 35만여 명 중 향정신성의약품 투약사범이 71.8%로서, 필로폰 및 MDMA(ecstasy; 황홀감의 극치 천사의 날개, 성서의 최초 인간인 아담과 하와가 에덴동산에서 사탄의 유혹에 빠져 고통과 죽음을 맛보는 선악과라는 금단의 열매의 깊은 속삭임에 빠져 버린, 일명 도리도리) 등 "향정"사범이 다른 마약류보다 우리 사회에 깊숙하게 만연된 상태라는 것을 보여 준다.

올해 상반기 마약류를 밀수하는 주요 경로는 국제우편, 특별송달 화물 및 여행자가 신체에 직접 은밀하게 은닉하여 밀수 및 밀매하는 등 그 수법도 다양하고 교묘하게 진화하여 그에 따른 수익으로 얻은 자금을 축적하고 있다.

따라서 마약류 범죄로 얻은 막대한 불법수익자금이 다시 범죄조직단체의 자금원으로 이용된다면 불법거래자를 처벌하더라도 마약류범죄 근절에 대한 실효성에 의문이 제기된다할 것이므로, 마약조직에 치명적인 타격을 주기 위해 불법재산에 대한 강력한 몰수제도에 대한 입법 취지인 것이다.

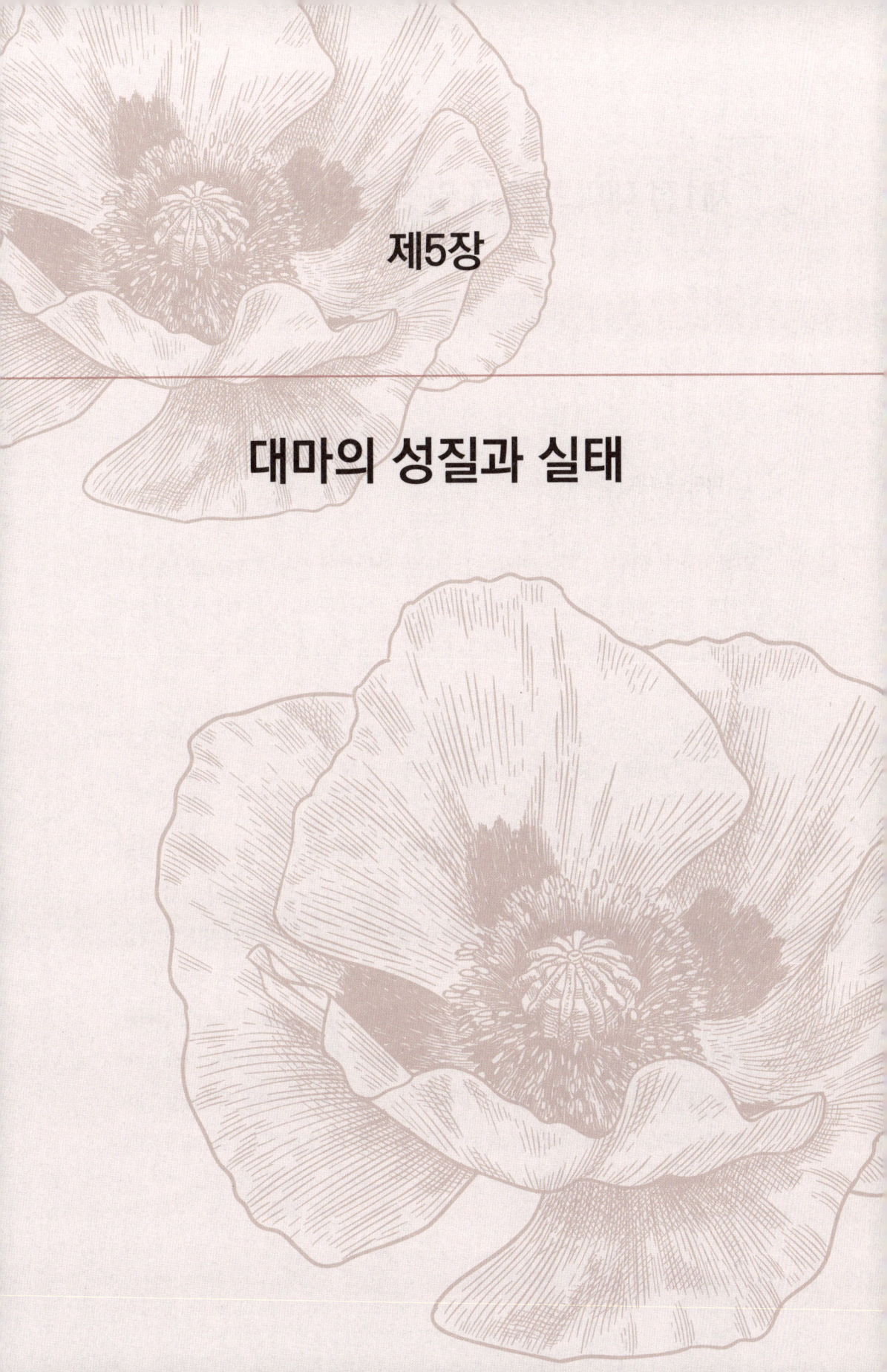

제5장

대마의 성질과 실태

제1절 대마의 유래 및 약리작용

Ⅰ. 대마에 대한 의의

고대 역사에 있어서 인류는 마약의 대명사인 대마초에 진통 효과가 있다는 사실을 인지하게 됨에 따라 600만 년 전부터 대마라는 초록의 식물이 유럽으로 광범위하게 퍼졌으며, 약 120만 년 전에는 중국에서 다시 번성한 천연 약초식물이 대마초인 것이다.

『삼국지』에 등장하는 전설적 명의 화타(145~208)라는 의술가는 대마초를 술과 함께 달여 마취제로 사용하여 개복수술을 단행하였다.

중국 후한 말, 화타라는 사람은 신의(神醫)라고 일컬어지는 전설적 명의로 칭송(稱頌)되는 인물이다. 그가 의술이 워낙 뛰어난 명의의 상징이다 보니 실제 역사와 관계없이 사실처럼 꾸민 옛 설화(說話), 조선 후기 작자 및 연대 미상의 예술적 창작물, 즉 민초(民草)들의 아픔이라는 그 시대를 대변하는 풍자적 해학 및 익살로 대표되는 작품인 고전소설 『별주부전』, 『토끼전』등 야사(野史)에서도 만병통치약(panacea)을 구해다 주는 인물로 등장한다.[164] 명의 화타는 독화살(poison arrow)에 맞은 운장(雲長) 관우의 어깨뼈 속 골수까지 치명적인 독극물(猛毒)이 침투한 상처를 칼로 긁어내는 시술로 독을 제거하는 데 성공한다. 이때 술과 함께

---

164) 차평일, 『삼국지』, 동해출판, 2007. p.180.

달여 농축시킨 마비산(痲沸散; 대마)을 진통제로 사용하고자 했으나 관우가 이를 거부해, 마취제 없이 수술을 집도, 완치시켰다. 이후 골칫거리인 편두통에 시달리고 있던 조조(曹操)의 초청을 받고 그(孟德)의 두개골(skull)을 메스로 절개하여 뇌수술을 집도(執刀)하자고 하는 말을 꺼냈다가 가혹한 고문을 당한 뒤 조조의 손에 살해되기 직전까지 진통제로서 약리작용이 탁월한 모르핀과 같은 효과를 지닌 마취제(대마초; 마비산)를 이용하여 외과수술(surgical operation)을 집도하는 등 수많은 사람들의 목숨을 구한 동양의 명의로서 의술의 초석을 남기었다.

오늘날까지도 의학의 아버지라고 불리는 히포크라테스(기원전 약 460년~기원전 약 370년) 이후, 화타는 역사상 인류를 구할 인체해부학[165]을 세계 최초로 집도했던 중국 삼국시대의 뛰어난 능력을 지닌 귀재(鬼才)이자, 천재적이고도 비범한 재능(genius)을 지닌 인물이었다. 특히 인체해부학을 집도했다는 명의 화타에 관한 기록은 『삼국지연의도』에 삽화로도 오늘날까지 전해 내려오고 있다(연세대학교 학술문화처 도서관 소장).

특히 1950~1960년대 우리나라에서는 전국적으로 대마초 흡연 습관이 널리 퍼진 상태였으며,[166] 1970년대 초 대마 흡연이 더욱 기승을 부리자 대마의 재배 관리 및 흡연 금지 등을 주요골자로 하는 대마관리법이 1976. 4. 7일 습관성의약품관리법에서 대마규정을 삭제함과 동시에 새로운 법령을 제정, 국민보건향상에 기여하고자 1977년 1월부터 대마관리와 유출 방지 관련 법률을 시행하였다.

---

165) 해부학(anatomy)이란 동물이나 식물의 구조를 연구하는 생물학의 한 분과로 특히 인체의 생김새를 연구하는 인체해부학(human anatomy)은 복잡한 인간의 기능을 이해하는 데에 필요한 기초로 매우 중요한 학문이다. 해부학이란 용어가 Hippocrates(B.C. 460)에 의하여 사용된 이래 많은 해부학자들이 인체의 미묘한 구조를 규명하였다. 17세기에 이르러서야 레이우엔혹에 의해 현미경(microscope)이 발명되어 생물의 미세한 구조를 연구하는 새로운 분야가 개척되었다. 특히 인체의 두개골(skull)은 머리를 이루는 골격으로서 뇌를 싸는 뇌두개, 안면을 형성하는 안면두개로 구분되고 22개의 분리골로 구성되어 있다. 韓甲洙(의학박사), 인체해부학(경희대학교 의과대학 편) 高文社, 1977. 11. pp.28~29.

166) 주왕기, 『본드·마리화나·필로폰』, 박영률출판사. 1995. 6. 29. pp.51~52.

당시 대마초뿐만 아니라 일반 사회계층에서의 약물남용 현상이 만연함과 동시에 남용약물의 종류가 다양해지자 1980. 4. 1일, 습관성의약품관리법을 폐지하고 향정신성의약품관리법을 신규로 제정, 공포하게 되었다. 2000. 1. 12일에 마약류 관리에 관한 법률(제6146호)이 제정되었고 이후 몇 차례 개정과정을 거쳐 2024. 8. 9일 대마초를 포함한 마약류관리법이 시행중에 있다.[167] 이 법은 마약·향정신성의약품·대마 및 원료물질의 취급·관리를 적정하게 함으로써 그 오용 또는 남용으로 인한 보건상의 위해를 방지하여 국민보건 향상에 이바지함으로 목적으로 하고 있다.

II. 대마초 유래와 성격

대마초는 세계적으로 아열대 기후인 필리핀과 태국에서부터 북반구 북부 아한대 지방의 기후, 즉 겨울에는 몹시 춥고 상당히 오랫동안 눈이 오며 여름은 짧고 한동안 고온을 나타내는 아한대인 스칸디나비아(Scandinavia)반도에 위치한 북유럽의 노르웨이·스웨덴·핀란드 및 시베리아 지역까지 서식하는 초본식물이다.

B.C. 3,000년경 시베리아에 있는 무덤(墳墓) 내부에서 새까맣게 그을린 대마 씨앗들이 발굴된 바 있고, 중국인들은 수천 년 전부터 대마초를 인체의 질병 치료약제로 유익하게 처방해 왔다. 대마초는 인간이 이용한 약제 중 가장 오래된 역사를 지닌 식물 중 하나로 기원전 3,000년경 전부터 대마초를 애용했다는 증거가 발견되었다.

마약의 대명사인 양귀비보다도 오래되었으며, 우리나라 한의학에서는 오랫동안 민간상비약[168]으로 사용되고 있는 삼(Cannabis sativa)이란 명칭은 마자인, 마근, 마엽, 미화라고 불리고 있으며, 다른 명칭으로는 대마 또는 대마초, 마리화나라고 한다.

---

167) 오세경, 『소법전』, 법전출판사, 2024. 3. 19. 592면. 參照.

168) 한국 등 아시아권의 동양한의학에서 사용되어 온 삼(麻)의 약효에는 통풍 및 류머티즘으로 인한 신체마비에는 대마의 꽃을 따서 차로 마시거나 덜 익은 꽃을 따서 물에 달여서 하루에 3번 공복에 복용하면 효과가 있다. 약산 정구영·청산 정경교, 『약초대사전』(산야초와 약용식물의 한방민간 약효 비방), 서울; 글로북스, 2019. 3. 10. pp.242~243.

수 세기 전 중국에서는 말라리아, 변비, 류머티즘, 각기병[169] 등의 치료 및 섬유제로 사용되었으나 도취감 등 환각효과를 얻기 위한 수단으로는 사용하지 못하게 금지시켰다.[170] 이후 기원전 800년경 인디아로 전해진 대마는 인도 사회에 깊숙하게 아주 널리 침투하게 되었다. 철저한 신분제 사회(카스트 제도)하에서 살아가는 인도인들 중 특히 소작농, 어민, 노동자, 농노 등 계급이 가장 낮은 수드라 계층의 사람들이 현실적 고난으로부터 도피하기 위한 목적 하에서 상습적으로 대마를 사용하여 왔으며 새로운 호칭, 즉 인도대마라는 언어가 생성하게 되었다.

대마는 이들에게 있어서 일상적 생활의 한 부분이 되었을 뿐만 아니라 종교적으로도 하나의 일체감을 가져다주는 약리작용의 물질로 인식되었다. 이러한 이유로 인간의 세계에 대한 근본원리와 삶의 본질을 연구하는 학문과 가치관뿐만 아니라 인도인들의 종교 및 사회저변의 신념 등 모든 분야에 대한 사리를 분별하고 공감하는 데 있어서 대마초는 불가결한 그 위치를 차지하게 되었던 것이다.[171]

---

169) 각기병(beriberi)이라는 이름의 語源은 "나는 할 수 없어(I can't)"를 의미하는 스리랑카 原住民의 언어로부터 유래, 전형적인 티아민(비타민 B1) 결핍증, 정제된 白米를 주식으로 먹는 경우 나타나는 증상으로 신경계, 피부, 근육, 소화기처럼 열량대사에 중요한 곳, 비타민 B1 결핍에 더욱 민감한 신경계, 심혈관계, 근육, 소화기(장기) 등을 중심으로 다양한 증세가 발생하는데, 이것은 일종의 영양실조 증상으로서 신경계 이상 장애로 인하여 신체 마미증상이 발현되는 것이다. 「서울대학교 병원」, "각기병[beriberi]", 의학정보실, 2024. 11. 1.

170) 李銀模, "대마의 성질과 그에 관한 현행법상의 규제", (1995. 제7호. 한국형사정책학회), p.309; UNODC, Cannabis can be harvested two times a year, increasing potential production. United Nations Office on Drugs and Crime. 2022.

171) 1961년에 만성 중독증으로 인한 폐단을 근절하기 위한 조치로서 대마의 사용을 금지시키는 법안을 인도에서 입법화시킨 바 있다. Robert W. Ferguson, Drug Abuse Control, Boston : Holbrook Press, Inc. 1975, pp.77~78.

Ⅲ. 대마의 약리작용 및 합법화

1. 대마 본질적 약리작용

마리화나(대마초)는 흥분과 우울증 억제의 작용을 모두 가지고 있으나 일반적으로 환각제(hallucinogen)로 분류하고 있다. 대마의 약리작용의 효력은 사용자의 기대감, 사용 시 환경, 사용자의 성격, 섭취량과 섭취방법, 약물의 강도 등에 의해 차이가 있으나 일반적으로 소량의 대마를 섭취한 경우에는 다른 순한 흥분제에서와 같은 약리작용이 발생하게 된다.[172]

특히, 대마가 성적 흥분감 및 만족감을 한층 더 끌어올리는지에 대해서는 아직 확실한 의학적 입증이라는 근거는 없지만 어떤 사용자들은 대마를 사용한 상태에서 더욱 강렬하고도 성적으로 긴 오르가즘을 경험했다고 증언한 바 있다.[173]

대마는 본질적으로 최음제는 아니지만 인간의 정신적 또는 심리적 작용에 기인하여 긴장감을 풀어 줌으로써 보다 자유로운 성행위를 가능하게 하고 또 그로 인하여 사용자는 성적 쾌감을 높일 수 있다고 한다. 그러므로 시간과 공간에 대한 착각에 의하여 실제보다 길고 강한 성적 쾌감을 경험한 것으로 느끼게 될 가능성도 있다.

특히, 한랭(寒冷) 지역 시베리아에서 오랜 세월 자생하고 있는 대마초의 약리적 작용을 이용하여 좀도둑이 수도승이 된 후, 그리고 10여 년간 영화로운 삶과 함께 러시아 제국 황제의 권력까지 손아귀에 움켜쥐고 뭇 여인들을 대상으로 하여 드라마틱

---

172) 龜山繼父, 藥物濫用取締法上の諸問題(3)-規制対象薬物に関する認識にかかわる問題点, 警察学論集 第32巻 第3号(1979. 3.), 132面; 伊藤榮樹 ほか2人(編)前揭書, 321面など.

173) 성적인 쾌감(쾌락)과 동시에 마약에서의 의존성(중독성)은 동전의 양면과도 깊은 관계가 있다. 모든 인간은 누구나가 무엇인가에 의존하며, 그것으로부터 얻어지는 행복감에 따라 자신의 존재를 뒷받침하고 싶어 한다. 大木康介著, 麻薬と脳そして文明, 精神世界史191面; 허인회, 『약리학』, 수문사, 65면; 李銀模, 前揭書, 314면; Allen Geller and Maxwell Boas, Sexual excitement from cannabis use and physical dependence on it. op, cit. p.46; Robert W. Ferguson, op. cit. p.91; 時事ネタ,ドイツ大麻, ドイツ, 大麻合法化に向け閣議決定! 個人が嗜好品として少量の所持・栽培を認める法案が成立見通し, 2023. 8. 17. さんしょう(参照).

한 생을 살다가 졸지(猝地)에 암살당한 요사스러운 예언자에 대한 다음과 같은 일화(逸話)가 오늘날까지도 역사적 사실로 전설처럼 전해져 온다.

러시아의 마지막 황제 리콜라이 2세가 지배하던 전제군주시대 우유부단한 지도자로 세상에 널리 알려진 그는 국가적 위기를 직시하지 못하고 간신배 나부랭이들에게 국정을 맡긴 채 정사는 내팽개쳐 버리고 매혹적인 여인들과 술이나 마시면서 부질없는 일에만 탐닉한 인간이다.

러일전쟁과 제1차 세계대전 상상을 초월할 정도로 엄청난 전쟁비용과 강제 동원된 수많은 젊은이들의 죽음과 함께 파탄이 난 경제로 인하여 신성시(神聖視)되어 왔던 황제에 대한 불신과 반감으로 인하여 민중의 분노가 최고조로 치닫고 있던 한 시대였다.

당시 황실의 권력을 손아귀에 쥔 사람은 황제 차르 니콜라이 2세가 아니라 심약하고 무능했던 황제 뒤에는 드세고 편협한 황후 '알렉산드라 표도로브나'가 있었고 그녀의 치맛자락 뒤에는 하늘의 영적존재처럼 존엄한 자로 떠받들고 있던 '라스푸틴'이라는 요사스러운 예언자 요승(妖僧)이 그녀의 아리따운 치마폭 속에 숨어 있었다.

라스푸틴이라는 요승은 1916년 12월 말 암살될 때까지 황제를 허수아비로 만들고 사실상 러시아 황제나 다름없이 충실한 여신도인 황후를 등에 업고 무소불위(無所不爲) 절대 권력을 휘둘러 왔던 것이다.

수도승이자 신비스러운 예언자로 변신한 라스푸틴은 황후의 절대적 신임 속에서 지능적인 야심가인 동시에 영적인 예언자이며 또한 향락주의자라는 비정상적인 존재, 심각한 재정난(財政難)에 허덕이고 있던 전쟁 속 혼돈의 와중임에도 그는 유흥가에서 술과 여자들을 위해 황실의 돈을 마구 뿌리고 다녔다.

그는 괴상한 무속신앙(巫俗信仰)을 겸한 최면술을 인간의 영적 교리로 삼고 정령(精靈) 신앙을 추종하는 종파에서 몇 년간 수도승 노릇을 하다가 중도에 포기, 수도원에서 하산하여 돌팔이 중(quack monk)이 된 이후 1904년 2월 8일에 발발한 러일전쟁의 혼란스러운 와중에 상트페테르부르크에 이르러 권력을 가진 귀부인들 사이에서 하나둘씩 신도를 얻고 마침내 알렉산드라 황후의 눈에 들어 황후까지 사로잡은 최면술사의 대가(大家)가 되었다.

이즈음, 황후가 뒤늦게 득남한 알렉세이 황태자(皇太子)를 끔찍하게 아끼고 사랑하여 왔는데, 독일 왕가의 공녀 출신인 황후 쪽 혈통을 물려받은 어린 황태자가 심각한 혈우병을 앓고 있었다. 오래전부터 유럽왕실을 심각하게 괴롭히고 있던 저주받은 혈우병(血友病)이 모친으로부터 유전되어 어린 남자에게 유전적 요인이 나타나는 증상, 의술로서는 당대의 최고 해탈의 경지에 이르렀다는 명의(名醫)들도 어쩔 도리가 없이 속수무책(束手無策)이었다.

특히 어린 황태자가 뛰어놀다 조그만 상처가 나도 피가 멎지 않고 계속 흐르고 있었을 뿐만 아니라 심지어는 피부가 가려워서 손가락으로 살짝 긁기만 해도 피가 흘러내려 온몸이 피범벅이 된 채 울부짖고 있는 경우가 다반사였다. 어린 황태자의 심각한 난치병으로 인하여 황실은 마음 편할 날이 단 하루도 없을 정도로 정신적 고통 속에 빠져 있었다. 고질병(痼疾病) 같은 혈우병[174]의 보인자(保因者)는 유럽의 왕족들에게 저주받은 사탄이 내린 불치의 병인가?

보인자(carrier)란 돌연변이 등 유전병의 유전 인자는 가지고 있으나, 겉으로 드러나지는 않는 사람이나 생물을 가리킨다. 예컨대, 영국 빅토리아 여왕의 딸 앨리스(Alice) 공주와 베아트리스(Princess Beatrice) 공주는 X 염색체를 통해 반성 유전되는 혈우병(血友病) 인자를 가진 보인자였다. 따라서 이들의 자손을 통해 스페인과 독일, 러시아 왕가에 혈우병이 퍼지게 되었던 것이다. 성염색체 유전 보인자의 경우 남성이 여성보다 훨씬 더 자주 영향을 받는다. 특히 반성유전(伴性遺傳)이란 성염색체의 유전자로 인해 생기는 유전 현상. 반성유전은 암수에 공통으로 존재하는 성염색체(X, Y 염색체)의 유전자에 의한 유전으로서, 그 유전자를 모친이 갖는

---

174) 혈우병은 아주 희귀(稀貴) 난치성 질환인 만큼 우리나라에는 혈우병 환자가 존재하지 않는 것으로 착각하는 사람들도 많으나 한국코헴학회에 등록된 우리나라 혈우병 환자는 2천 명, 등록되지 않은 환자를 포함하면 최대치(最大値) 약 3천여 명이 있는 것으로 추산한다. [hemophilia](서울대학교병원 의학정보, 서울대학교병원), 2014. 11. 9. 이우주 의학박사, 『의학대사전』, 연세대학교 편, 2000. 6. 5. p.1006.

지 부친이 갖는지에 따라 자손의 유전형질의 발현 양상이 달라진다. X 염색체에 있는 유전자로부터 유전하는 것을 반성유전이라 한다.[175]

유럽 왕가에 있어서 유전적 질환인 혈우병 전파의 원조가 바로 빅토리아 여왕이다. 19세기 아편전쟁과 제국주의 침략시대 군주로서 무려 64년간 재임한 빅토리아 여왕, 해가 지지 않은 나라 대영제국의 여왕이자 인도제국의 여제(女帝), 혈우병의 보인자(保因者)인 그녀는 인도산(産) 싸구려 아편을 중국에 강매(強賣), 판매량에 따라서는 100배에서 최대치 1천 배 이상의 대사기극을 연출하여 천문학적인 수익을 창출해 왕실의 거대한 금고에 비축하였다.

그러나 한편으로는 4천만 명 이상의 중국인들을 아편중독자로 만들어 죽음에 이르게 한 1, 2차 아편전쟁을 일으킨 우두머리(首魁)로서 그 여인의 공주들을 사랑 없는 정략결혼(政略結婚)을 위해 유럽 국가들로 시집을 보내면서 저주받은 희귀(稀貴)한 난치성 질병인 혈우병까지 함께 전파시켰던 것이다.

라스푸틴이란 괴기(魁奇)한 수도승은 신묘한 의술을 가진 자처럼 대마초를 이용하여 주술적 의식을 행한 후 한 달여 만에 빅토리아 여왕으로부터 유전된 어린 황태자의 심각한 난치성 질환에 대해 증상을 호전, 완화시켰든 아니면 말끔하게 치유(治癒)하였든 그 결과가 매우 좋아지게 치료함으로써 황실에 크나큰 공헌하게 되었던 것이다. 이로써 황후의 절대적 신임과 함께 요승은 비선실세(祕線實勢)로서 일순간 막강한 권력을 한 손에 거머쥐었다. 수도원에서 생활하기 이전에는 좀도둑에 불과했던 그 요승에게 있어서 아주 특이한 점은 이중인격의 선구자 격인 소설 『지킬 박사와 하이드』 같은 존재, 선과 악이라는 본능을 가슴 깊이 안고 살아가는 인간의 전형이었다. 즉, 황궁에서는 언제나 꾸밈없이 아주 소박하고 예의바른 이미지를 보여 주었으나 황궁 밖에만 나오면 발정이 난 수캐가 되었다.

---

175) Neil A. Campbell, Jane B. Reece: Biologie. Spektrum-Verlag 03, pp. 308~311; Ulrich Weber: Biologie Gesamtband Oberstufe, Cornelsen-Verlag 01. pp.178~182.

당시 국가비상사태라는 전시 사변 중인 관계로 나라 전체가 혼란 속에 정체(停滯)된 시대 혜성(彗星)같이 등장한 그는 능란한 언변으로 성서를 독특하게 해석함으로써 세상 물정 모르고 어리숙한 귀부인들에게 감명을 받게 하여 하늘의 신비한 구원을 안겨다 주는 "육체적 속죄 양"을 통해 새로운 영적인 삶을 얻게 된다는 사탕발림 같은 감언이설(甘言利說)로 최면술을 걸어 놓고 여인들 스스로가 옷을 하나둘 벗게 만든 후 실오라기 하나 걸치지 아니한 알몸의 여인들을 상대로 무아도취(無我陶醉) 빠져 성적으로 농락(籠絡)하다가 47세가 되던 해에 졸지(猝地)에 암살당하고 말았다.

　천재적(Genius)인 미사여구(美辭麗句)의 언변을 가진 요승(妖僧)은 황후를 알현(謁見)할 때면 언제나 밤하늘을 보고 점을 치는 점성술(astrology)로써 천문학(astronomy)을 설파(說破)하는 비범한 재능을 가지고 성스러운 구원자 메시아(Messiah)가 하늘에서 현몽하여 자신에게 계시를 내려 주었다고 그럴듯한 주문을 외우듯 간사한 꾀로 조삼모사(朝三暮四) 조언하였고 이에 대해 황후(알렉산드라)는 생사를 함께하는 문경지교(刎頸之交)처럼 그의 말을 전적으로 믿고 그대로 따랐다.

　1914년 7월 28일부터 시작된 제1차 세계대전이 최고조에 달했던 1915년, 황궁 정원엔 은행잎이 샛노랗게 물들기 시작한 초가을 무렵, 각료들을 설득하여 무능할 뿐만 아니라 나약하고 우유부단한 통치자(potentate)인 황제 "차르"를 총탄이 빗발치는 전장, 전쟁터의 총사령관으로 임명하여 전선으로 날려 보낸 황후와 요승이 사실상 황제의 권력을 행사하기 시작하였다.

　요승(라스푸틴)의 말을 듣지 않는 각료들을 모두 해임하고 아첨꾼인 충복들로 요직을 채웠고 요승의 마음에 들지 않으면 며칠이 멀다 하고 내각을 해산하고 다시 개각하는 등 권력의 맛을 본 요승과 황후(알렉산드라)가 한통속이 되어 똑같은 행위를 반복적으로 자행하였던 것이다. 그 누구나 권력에 대한 과도한 집착은 마약보다도 더욱 무서운 나락으로 떨어진다는 것이 만고(萬古)의 진리인 것이다.

　황실의 주치의(主治醫)에 의해 혈우병 보인자로 입증된(겉으로는 멀쩡해 보이지만) 알렉산드라 황후의 신비로운 치마폭에 싸여 무소불위의 권력을 행하고 있는 최면술사 라스푸틴이 러시아를 망치고 있다는 소문이 국민들 입에서 귀로 전파되어 전국으로 퍼져 나갔다. 이때 황궁 안에는 아리따운 미모를 지닌 양귀비꽃처럼 아름다운 한 여인이 있었다. 요조숙녀(窈窕淑女)와 매우 닮은꼴 같은 그 여인은 그야말로 경국지색(傾國之色)이라 할 만큼 절세가인(絕世佳人), 그녀는 매혹적인 여인 "이리나" 공주였다.

"라스푸틴"이란 요승은 공주에게 영혼을 빼앗기게 되었고 매일같이 그 여인에게 집착하고 있던 것을 절호의 기회로 하여 황실의 요인(要人)들은 요승을 제거하기 위해 공주를 미끼로 삼아 별장으로 유인하여 "싸이나"라는 이명으로도 불리는 치명적인 청산가리를 넣은 달콤한 케이크와 향기롭고 붉은 포도주를 마시게 하였다.

1916년 12월 30일 천재일우(千載一遇)의 기회가 찾아왔다. 초저녁 시간대 암살에 가담한 황족 "펠릭스"가 라스푸틴을 별장으로 초대했을 당시에는 아름다운 공주는 정작 집에 없었고, 삶에 대한 뜨거운 열정의 시인 푸시킨이 살았다던 우크라이나의 크림반도에 가 있었다.

어찌하였든, 요승 라스푸틴은 다른 여인이 건네준 청산가리가 든 포도주를 손에 들고서 행복에 젖은 눈동자로 고운 여인을 바라보며 눈 깜짝할 사이 단 한 번에 독주를 다 마셔 버렸다. 그러나 그는 곧장 죽지 않고 마약에 취한 듯 눈동자를 위아래로 굴리면서 광인(狂人)이 되어 온 집 안을 쓰러질 듯 말 듯 미친 듯이 날뛰더니 입에 게거품을 물고 죽음의 문턱에서 헛구역질과 발광(發狂), 금방 숨이 끊어질 듯 명재경각(命在頃刻) 상태에서 휘청휘청 걷다가 바닥으로 굴러다녔다.

이에 여러 발의 총을 요승의 몸에 발사하여 완전하게 제압하였다. 차가운 날씨에 눈발이 하나둘 날리고 있는 얼어붙은 강물의 얼음을 깨고 광기의 사제(司祭) 요승의 시체는 밧줄로 꽁꽁 묶인 채로 던져 수장(水葬)되었다.

그가 살해되고 강물 속에 던져진 지 며칠이 지난 후 암살에 관련된 사람들이 현장에 도착해 보니 뜻밖의 사건으로 인하여 화들짝 놀라지 않을 수가 없었다. 괴상(怪常) 야릇하게도 얼음 위로 올려진 채로 있는 시체는 밧줄 일부가 풀어져 있고 두 눈동자는 부릅뜬 채로 차갑게 얼어붙어 있었다.

아무튼, 죽어 있는 요승의 몸뚱이를 수거하여 보니 주머니엔 압착(壓搾)시킨 시베리아산(産) 대마초가 가득 담겨 있었다. 그가 사망하게 된 원인(死因)을 사체검시관

(body medical examiner)이 분석한 결과, 마약에 의한 중독이나 독극물인 청산가리에 의한 사망도 아니고 총에 맞아 죽은 것도 아닌 익사로 인하여 사망에 이르게 된 것으로 판명되었다.

그 요사스러운 예언자 땡추가 암매장된 후 그의 침실에서는 누더기 같은 남루한 보자기에 담긴 대마초와 함께 전쟁의 미망인들의 다이아몬드 목걸이로 보이는 귀금속 및 많은 현금들이 보관되어 있었고, 또한 예리한 칼로 잘린 듯 오래전에 죽은 닭발 몇 개와 겉표지에는 『천사의 심장(the heart of an angel)』이라고 적혀 있는 예언서라는 일기장이 발견되었다.

원시종교인 정령신앙을 믿는 기이하고도 괴기한 요승이 작성한 기록 중, 그것은 암살당할 것을 미리 예견이라도 한 듯 자신이 죽은 후 로마노프 왕조의 몰락에 대해 구체적으로 날짜를 적시한 일기장이었다. 저주받은 요승이 기록한 예언서와 같이 섬뜩하게도 같은 해인 1917. 7. 17일 새벽 2시 황제의 처자식까지 소비에트 볼셰비키(Soviet Bolshevik) 공산주의자들에 의해 무자비하게 집단 살해된 뒤 구리광산으로 옮겨진 시신들은 황산이 뿌려진 채 다시 난도질당한 후 형체를 알아볼 수 없을 정도로 훼손되어 광물을 캐낸 깊은 구덩이에 암매장되었다.

지중해 출구를 확보하기 위한 원대한 꿈의 남하정책(the great dream southward policy)을 세웠던 황제의 시대 러시아 제국은 크림반도의 크림전쟁(1853~1856)에서 충격적인 패배로 인하여 국가권위가 크게 실추된 이후, 1905. 5월 동해해전에서 일본을 꺾기 위해 한껏 기세등등하였으나 또다시 참담한 패배를 안겨 준 러일전쟁과 제1차 세계대전 발발, 독일 침입에 대비한 초토화 작전의 실패로 경제가 파탄이 난 상태였다. 그 결과 국민적 불만이 폭발하여 일어난 1917년의 2월혁명으로, 304년간 통치했던 로마노프 왕조는 한낮의 햇살 아래 풀잎에 맺힌 새벽이슬처럼 흔적도 없이 사라져 갔다. 얼어붙은 동토(凍土) 러시아, 남하정책을 강력하게 추진하던 제국시대 황족들의 수난사 이후 세월이 바람결에 흐르고 또 얼마나 흘렀던가?

소련연방 붕괴로부터 7년이 지난 1998년 DNA 검사를 통해 황족의 유골임을 학

인한 후 황제 및 황후의 일족들이 무참하게 죽임을 당한 지 80년 만인 1998. 7. 17일 국장으로 장례식이 거행되었다.

당시 대통령 '보리스 옐친'은 추모사에서 "황제 일족의 집단 살해는 러시아 역사의 가장 어두운 부분 중 하나"라고 언급하였다.

대마초에 취한 요승 라스푸틴이 청산가리를 건네받아 마시던 순간, 치명적으로 죽음 직전까지도 불타는 가슴으로 짝사랑했던 양귀비꽃보다도 더욱 매혹적인 절세가인 "이리나 공주"를 제외한 황제 및 황태자, 그리고 황후와 세 명의 공주 모두 로마노프 황가의 묘역이 있는 수도 상트페테르부르크의 성당에 안장(安葬)되어 영면에 들게 되었다.

당시 요승(妖僧) 라스푸틴이 졸지에 암살당한 것에 대하여 황후(알렉산드라)는 가슴이 찢어질 듯한 고통 속에 많은 시간 잠을 이루지 못하고 분노가 하늘을 찌를 듯 서릿발 같은 노기충천(怒氣衝天)으로 인하여 "이리나 공주"는 라스푸틴 암살사건의 주모자(主謀者)로 지목되어 산간 오지(奧地)로 유배(流配)되어 있었기에 피에 굶주린 공산주의(볼셰비키)자들에 의한 참혹한 학살(虐殺)에도 불구하고 전화위복(轉禍爲福), 구사일생(九死一生) 살아남아 프랑스 파리로 망명 여생을 보냈다.

아무튼, 아편전쟁과 제국주의 침략자들의 우두머리 수괴(首魁), 하늘로부터 저주받은 희귀(稀貴) 난치성 돌연변이 보인자(保因者; carrier)대영제국 "빅토리아 여왕"으로부터 유전된 혈우병이 결과적으로 러시아 왕가를 몰락으로 이끌었다는 설도 제기된다.

특히, 혈우병(血友病)이란 영어로 히머 필리어(hemophilia), '피(hemo)'와 '사랑하다(philia)'라는 그리스어를 합성한 것으로, 즉 피를 사랑하는 병이라는 의미이다.

혈우병은 선천적으로 혈액 응고 인자가 결핍되어 나타나는 선천성 출혈성 질환[176]으로 X 염색체에 있는 유전자의 돌연변이로 인해 혈액 내의 응고인자, 즉 피를 굳게 하는 물질이 부족하게 되어 발병하는 출혈성 증세인 이 질환은 약 10,000명 중 한 명 꼴로 거의 모든 경우 남성에게 나타난다. 희귀성(稀貴性) 질환인 혈우병은 남자 아이들에게 발병할 확률이 매우 높은 질병으로 이 증상의 원인이 되는 비정상적

---

176) 「서울아산병원」 유전성 혈액 질환,(Hemophilia A), 의학유전학센터, 25. 4. 1.

인 유전자 이상(異常)은 모친(母親)으로부터 물려받는다.

특히, 반성유전의 특성을 지닌 혈우병은 아버지(父親)에게서 아들에게 유전되는 형태는 전혀 없고 오로지 혈우병 보인자를 가진 어머니를 거쳐서만 아들에게 발생되는 고질병이다.[177]

19세기 영국 전성기 코카인을 애용했던 빅토리아 여왕은 당대 유럽 최고의 전제군주(专制君主)로서 아편전쟁을 일으켜 중국대륙을 아편소굴로 만든 정범(우두머리)이다. 따라서 그녀는 주변 유럽 국가 스페인, 러시아, 독일 등 왕실에 여왕의 딸들을 시집보내 인척 관계를 맺어 왔던 것이 저주받은 '악마의 유전인자'가 될 줄은 꿈에도 모르고 있었던 것이다.

빅토리아 여왕은 사실상 혈우병 보인자(保因者)로서 왕자들 중에서 유전적으로 혈우병을 가지고 태어났고, 영국의 공주들은 여왕처럼 겉으로는 멀쩡하지만 보인자로서 다른 국가로 시집가면서 '저주받은 혈우병'까지 옮기게 된 것이다. 결국, 빅토리아 여왕의 딸들을 왕비로 삼은 독일, 러시아, 스페인 등의 국가는 그 후손들에게 혈우병이라는 심각한 질병을 오염시킨 것이다. 전제국가(专制国家)인 러시아의 알렉산드라 황후의 외할머니가 되는 "영국 빅토리아 여왕"으로부터 유전된 혈우병이 마지막 황태자(알렉세이 니콜라예비치)에게 그 증상이 심각하게 나타나게 되었던 것이다. 황태자는 1918. 7. 17일 13세의 어린 나이에 공산주의자들에 의해 처참하게 총살당한 후 황산이 뿌려진 채 그 시신은 형체도 알아볼 수가 없었다.

역사상 가장 유명한 의사로서 의학의 대명사이자 서양 의학의 선구자인 히포크라테스(Hippocrates)는 고대 의학을 집대성한 인물로 "의학의 아버지"라 수많은 칭송(稱頌)을 받고 있는 인물이다.

19세기 이후 획기적으로 발전한 서양의학으로도 오늘날까지 희귀(稀貴) 난치성 질환을 치료하기까지는 참으로 어려운 난제인데도 불구하고, 기상천외(奇想天外)하게도 요승 라스푸틴이 동양의학을 접목하여 화룡점정(畵龍點睛), 혈우병을 치료했다는 역사적 사실은 참으로 신기하다고밖에 볼 수 없다.

---

177) 『그랜드 국어사전』, 前揭書, p.2866; 정규철, 『멘델법칙에 따른 유전병』, 前揭書, p.420.

최면술에 통달(通達)했다는 시베리아 오지(奧地) 출신 요승(妖僧) 라스푸틴이 피범벅이 된 어린 황태자의 혈우병 치료함으로써 황후의 절대적 신임을 등에 업고 세상을 어지럽히는 혹세무민(惑世誣民), 화려한 그녀의 치마폭 뒤에 숨어 앉아 황제의 무소불위(無所不爲) 권력을 휘두르다 화무십일홍(花無十日紅) 꿈결 속 천길 나락(奈落)으로 굴러떨어진 것이다.

그 당시 요승(妖僧)이 처방한 주요 약제로는 고대(古代)로부터 시베리아에서 자생하고 있는 대마초의 꽃봉오리와 뿌리를 사용했을 것으로 추정될 뿐 실제 확인된 바는 없다.

그러나 중국을 비롯한 동양 한의학에서는 칸나비노이드(cannabinoid) 성분이 다량으로 함유된 대마의 꽃봉오리와 대마초 뿌리를 처방전으로 하여 질병 치료를 위해 수 세기 동안 사용된 기록이 2001년 서울시 유형문화유산으로 지정된 『삼국지연의도(三國志演義圖)』 및 1610년(광해 2년)에 완성된 『동의보감』(허준)에서도 오늘날까지 전래되고 있다.

특히, 대마에서 발견되는 대표적인 유효성분인 칸나비노이드에는 향정신성 작용을 유발하는 THC 이외에 뇌 질환, 염증, 통증 개선 등의 효과가 있는 CBD, CBN 등의 물질이 있다. 최근 "중독성 없으면서 대마초 진통효과만"을 가진 성분을 순수하게 분리하는 데 성공한 "스탠퍼드대 공동 연구팀"은 대마초에서 발견한 천연 분자를 모방해 통증은 완화하고 뇌에는 작용하지 않아 중독성이 없는 새로운 화합물을 연구 개발한 결과를 『네이처(Nature)』[178]에 발표한 바 있다.

2. 의료용 대마 합법화 논란

본래 대마의 금기처방 사항으로 대마초의 암꽃의 열매나 작은 잎은 중추신경계를 마비시켜 환각증상을 일으키고, 다량을 사용하면 의식이 소멸되며 호흡마비를 초

---

178) 뉴시스, 2025. 3. 11. 동아사이언스, "마약성 진통제 대안(an alternative to narcotic painkillers)", 2025. 3. 10.

래한다. 고대로부터 위와 같은 처방 및 금기시하는 한의학의 문제점에 대해, 20세기 후반 의학계에서는 대마초가 뇌전증(癲疾) 환자에게 의료용으로 사용할 수 있다는 가능성이 제기되었다. 뇌전증(Epilepsy) 환자[179]가 간헐적으로 일으키는 발작과 경련을 제어하기 위해 쓰이는 항전간제(간질약) 가운데 대마초에서 추출한 칸나비디올(CBD)이 특히 효과적이라는 연구 결과가 나온 것이다. 이후 추가적인 연구가 진행되면서 CBD가 알츠하이머병과 발작적으로 호흡이 곤란한 심장성 천식 발현성(Asthma Expression)[180] 및 생리통[181] 등 심혈관계 질환을 비롯한 십여 개 질환에 효과가 있다는 연구 결과가 발표됨에 따라 의료용 대마의 사용에 대한 논의가 재개되었다.

특히 과대망상증세를 유발하는 강력한 환각제인 LSD, 황홀경 상태로 몰입시킴으로써 히스테리 및 경련과 함께 간질발작을 유발케 하는 MDMA(엑스터시)나 메스칼린 등, 또한 약리적 효과가 매우 빠른 전신 마취제인 케타민, 그리고 실신, 심장마비 등 사망의 위험성이 높은 코카인 같은 마약의 효과는 그 약물에 포함된 각기 서로 다른 물질에 의해서 촉발된다.

그뿐만 아니라 강력한 중추신경계통의 흥분제(endorphin 급상승)인 일명 히로뽕이라 불리고 있는 메스암페타민은 인체에 비정상적인 감정의 포물선을 급격하게 상승케 하여 발작이나 구토증을 일으킨다.

그리고 펜타닐과 같은 마약성 진통제는 순식간에 환각현상 속으로 깊숙하게 빠져

---

179) 뇌전증이란 경련을 일으키고 의식 장애를 일으키는 발작 증상이 되풀이하여 나타나는 질병으로 유전적인 경우도 있으나 外傷, 뇌종양 따위가 원인이 되어 나타나기도 한다. 「서울대학교 병원」, "의학정보실", 前揭書, 2面.

180) 발작적 호흡곤란 증상으로는 기관지성 천식(Asthma)과 심장성 천식 및 신경성, 尿毒性 천식발현성(Asthma Expression) 등으로 구별된다. 이우주, 『의학대사전』, 연세대학교 의과대학 편, 2000. 6. 10. p.212; 김종운, 『호흡기학』, 서울대학교 의과대학 편(서울대학교 출판부), 1994. 3. 10. pp.231~232. 參照.

181) 생리통에는 대마의 껍질을 벗긴 씨앗 두 되와 복숭아씨 75g을 잘 으깨어 뜨거운 술에 담가 하루 정도 두었다가 하루에 3번 식사 전에 한 잔씩 마신다. 술을 마시지 못하는 사람은 따뜻한 물로 복용해도 효과가 있다. 정구영, 前揭書, p.243.

들도록 주요 성분만을 화학적으로 합성하고 개량한 약물이다. 이들 역시 마약과 유사한 방식으로 진통 및 환각효과를 내는 약물이기 때문에 여전히 중독의 위험성은 치명적인 수준이다.

그러나 대마초의 해시시는 성욕촉진제인 미약, 즉 최음제(aphrodisiac)의 역할을 하지만 의료용 대마로 불리는 CBD의 경우 실제 다른 마약류와 비교했을 때는 중독성이나 환각 작용을 일으키는 정도가 매우 미미하다는 입장이다. 더욱이, 대마초에서 추출한 CBD는 1930년대에 이미 환각 작용을 일으키는 성분을 완벽하게 제거하고 추출하는 데 성공한 물질로서 대마초에서 나온 물질이지만, 마약으로서 "인체에 미치는 일반적이고도 치명적인 기능은 전혀 없다."라는 것이 실증적인 논거이다.[182]

---

182) 大學新聞(강지형 記者; 大麻 不似), "의료용 대마 합법화 논란", 2018. 11. 4.

제2절 대마의 의존성 및 사용형태

Ⅰ. 대마의 내성 및 사용(吸煙)형태

1. 대마의 의존성과 내성

대마의 사용에 따른 신체적 의존성의 발생 여부에 대하여는 아직 논란의 여지가 있으나 이를 부정하는 입장이 지배적이다. 그러나 신체적 의존성은 비록 완만하기는 하지만, 대마를 상습적으로 사용하거나 다량을 애용하는 자들에서는 중독성이 보인다.[183] 대마를 시험 삼아 2~3회 사용한 경우나 1년에 수회 정도 사용하는 것으로는 신체적 의존성이 유발되지 않는다는 주장도 있다. 그러나 대마를 반복적으로 사용하다 중단한 자에게는 각성제나 환각제인 LSD 등에서 볼 수 있는 중독현상이 나타나는 경우도 있다.

대마는 인간의 신경계에 흥분과 억제의 약리작용의 효과를 가져다주는 물질로서 환각제로 분류되고 있는 약물이다.

대마의 사용자로 하여금 도취감, 행복감 등을 느끼게 하지만 그 사용량을 점차 증가함에 따라 사용자는 황홀감, 자아상실, 혼란, 망상, 환각, 환청 등에 빠지게 되며,

---

183) 대마를 장기간에 걸쳐 반복적으로 사용할 경우 만성중독에 따른 작업능력 및 운동능력의 저하, 무기력, 무감각 등 인체의 신진대사에 기본적 장애를 유발하고 질병에 대한 저항력 약화 및 남성 호르몬에 이상을 초래한다. 특히 임신부가 이를 남용한 경우에는 태아에 매우 해로운 것이다. prentice Hall Law Business 1988, p.372 f; 李銀模, 前揭書, 314면.

때로는 공포감과 불안감, 고통스러운 감정 등을 경험하게 된다.

대마의 사용은 정신분열증과 같은 중독성 및 정신적 이상 증세 등을 유발할 우려가 크다. 대마의 상습적인 남용이 인체에 위험성을 가중시키는 또 다른 이유로는 대마의 사용자들이 더 강력한 마약류를 투약할 가능성이 그만큼 높다는 데 문제가 있다.

종래에는 대마에 대해서 고용량을 사용하지 않는 경우에는 내성이 형성되지 않은 것으로서, 어느 경우 보고되기도 한 바 있으나 오늘날 임상실험에 의한 보고에 따르면 대마와 헤로인의 관계에서 대마를 상습적으로 사용하는 경우 헤로인의 남용으로 이어지고 있는 것이 일반적이다.[184]

2. 대마의 사용형태

칸나비스와 마리화나[185]의 용어는 특별한 구분 없이 통용되고 있으나 이를 구분해 보면 칸나비스는 가공되지 않은 대마초를 지칭하며 마리화나는 잎과 꽃 등 대마초부분을 가공하여 직접 사용될 수 있도록 가공된 물질을 지칭한다. 대마는 흡연하는 것이 일반적이나 입으로 먹는 방법이나 용액을 마시는 방법도 이용되고 있다.

> 마리화나[Mary Jane(Maria Juana)]라는 이름의 유래는 청초한 눈동자를 지닌 여성을 의미하는 단어로, **인도 대마초(Cannabis Sativa)의 꽃봉오리와 줄기 및 잎과 꽃을 의미**한다. 마리화나를 말려서 잘게 썰어 먹기도 하고, 담배에 말아서 피우기도 하며, 차를 다려 마시거나 과자 속에 넣어 먹기도 한다. 마리화나의 주성분은 Tetrahydrocannabinol(THC)이며, 최근 이를 합성하기에 이르렀다. THC는 다발성 경화증(MULTIPLE SCLEROSIS, MS)을 치료할 수 있다.[186]

---

184) The WHO Committee of Drug Dependence Experts has been continuously conducting cannabis-related research. Robert W. Ferguson(2001), op. cit. p.89.
185) 鄭奎澈, 서울대학교 의학박사, 前揭書, p.508.
186) Drug Enforcement Administration, Problems with Drug Abuse, Washington, D.C,; Government Printing Office, 1995, p.21.

오래전부터 미국 젊은이들 사이에서 대마의 흡연이 유행처럼 행해지고 있으며 대마초를 건조시켜 잘게 썰어 이를 파이프에 넣어 피우거나 담배처럼 말아서 흡연하는 방법으로 사용한다.

특히 예전부터 인도나 이집트 등지에서는 대마초에 수지함량이 많기 때문에 수지를 추출하여 이를 흡연하거나 또는 대마의 잎과 줄기를 가루로 만들어 조미료, 향료 등을 가미하여 식용하기도 한다.[187] 그러나 최근에는 대마젤리, 대마사탕 등 대마 가공품이 계속 증가하고 있다.[188]

대마는 THC 농도가 높은 해시시(Hashishi)나 해시시 오일(Hashishi oil)의 형태로 사용되기도 한다.

해시시(Hashishi)는 대마초의 수지를 압축하여 단단하게 응고시킨 것인데, 그것은 순도에 따라 약 4~15%의 THC를 함유하고 있다. 해시시의 색깔은 암갈색 내지 흑색이고 색상이 진할수록 가장 양질에 속하며, 흡연의 방법에 의한 사용이 일반적이나 때로는 음식물이나 식료에 넣어서 섭취하게 한다.

해시시는 대마초의 잎과 꽃봉오리에서 나오는 고무즙과 같은 수지이며, THC의 함량이 많기 때문에 마리화나보다 강력한 작용이 있다. 심리적으로는 현실도피용으로 의존되고 있는데, 한 번에 100mg씩 흡입하거나 담배에 섞어 피운다. 약리작용으로는 상쾌한 기분과 함께 하늘을 날아가는 듯한 감정을 느끼며, 때로는 꿈을 꾸는 듯이 몽롱해지나 금단증상은 없다. 그러나 의존성이 강하게 작용하여 오랫동안 다량을 사용하게 될 수 있으며, 결막염, 기관지천식 및 만성기관지 염증을 일으키고 맥박이 빨라지며, 혼동 및 기억력 장애 등을 일으킨다.[189] 한편으로는 예술·자연·음

---

187) Robert W. Ferguson, op. cit. p.129; 伊藤榮樹 外 2人(編), 前掲書, 322面; 日本法務省 刑事局, 覚せい剤の影響による犯罪, 法律的判断, 第32巻第5号89. 53面。

188) 2018년에 대마 젤리, 대마 쿠키, 대마 초콜릿 등 대마 가공품 압수량은 9.5kg에서 2022년 103.5kg으로 급증하고 있다. 「대검찰청」, "마약류 범죄백서", 2023. 8. 「뉴시스」, "대마 젤리, 대마 사탕 마약확산", 2024. 10. 8.

189) 鄭奎澈, 上揭書, p.508.

악 등을 최고도로 즐긴다.

특히 해시시 오일(Hashishi oil)은 비교적 최근에 개발된 액체 대마에 해당하는데 THC의 함량이 무려 22~70%에 달하기 때문에 소량으로도 다량의 마리화나 대마수지에 상당한 효과를 극대화시킬 수 있다.

이 물질은 대마수지를 유기용매로 녹여서 그 추출물을 농축한 것으로 흡연이나 입으로 섭취하는 방법에 의하여 사용된다.[190]

위와 같은 방법에 의한 대마 흡연이나 섭취 방법이 아닌 보다 더욱 간편하게 대마와 인간이 접촉할 수 있도록 개발한 신상품들을 다음과 같이 열거해 보면, 대마 캡슐(알약), 대마 카트리지, 대마 초콜릿, 대마 캐러멜, 대마 크림, 대마 차, 대마 캔디, 대마 젤리, 대마 껌, 대마 물 담배, 대마 파스, 대마 치약 등에 이르기까지 그 수를 헤아릴 수 없을 정도로 세계적으로 새롭게 대마 관련 신종 상품들이 대유행처럼 암시장 저변에 쏟아져 나오고 있는 실정이다.[191]

II. 소결

농경사회였던 우리나라에서는 중국으로부터 목화가 전래되기 이전까지는 오래된 섬유작물로서 대마는 서민들이 얻을 수 있는 가장 값싼 천연 섬유재료였다.

일제식민통치시대 제국주의 일본의 수탈과 태평양 전쟁 죽음의 전쟁터로 끌려가는 군인들에게 두려움에서 오는 불안감을 완화시켜 줄 의도로 대마초를 피우게 하였을 뿐만 아니라 일본 총독부가 재배를 적극 권장해 왔다. 1945년 8.15 해방 이후에도

---

190) 李銀模, 前揭書, 316면; Robert W. Ferguson, op. cit. p.87; 厚生労働省, 第5回「大麻等の薬物対策のあり方検討会」, 議事録, 令和3年4月23日(2021).

191) 2024. 10. 26. AM 7시경 서울 한 아파트 단지 화단 여러 곳에 액상 대마 카트리지를 파묻은 20대 남성이 체포, 마약투약자 20대 피의자(유통책)는 현행범으로 체포될 당시 이미 동공이 풀리고 혼미한 상태였다. 「뉴시스」 2024. 11. 10.

마로 천을 짜서 옷을 만들어 입을 수 있고 벼와 더불어 일찍 파종해 수확하기 때문에 1년 내내 밭을 경작할 수 있어 매우 경제적인 식물이었다. 1950년대 후반만 해도 전국적으로 약 9,000ha의 땅이 대마 경작지로 이용되었다.

1960년까지는 전매청에서 담배 생산량이 부족할 때는 대마를 조금씩 담배와 섞어 제조하였고, 시골 농가에서도 담배가 없으면 대마초를 공공연하게 한가득 입안으로 꽉 차도록 빨아들였다. 다만 대마초가 국민들 사이에서 크게 선호되었던 것은 아니다.

당시에는 대마초를 꽃봉오리가 아니라, 잎사귀를 채취하여 흡입하였기 때문에 대마초의 효능을 전혀 느끼지 못하는 경우가 대부분이었고, 일반적으로 매캐한 맛과 고약한 냄새만 풍겼던 것이다. 당시 대마초는 담배가 없을 때나 피운다는 야설에 따라 아주 저질 품목으로 취급을 당했던 식물이다.

1972년까지 한반도 남쪽지방에서 약 3,500ha가 지배되었으나 1972년 대마관리법이 제정·공포됨에 따라 대마의 생산과 이용이 통제되었고, 근래에 들어서는 인건비 상승으로 인한 대마가공 노력비가 상승함에 따라 재배면적이 급감하게 되어 최근에는 강원도 및 경상도와 전남 일부 지역에서 약 300ha 정도 재배되고 있다.

그러나 2025년도 현재까지 한반도에서 경작되고 있는 대마초에 대한 실태에 대한 수치는 전혀 파악되고 있지 않다.

특히 대마는 한의학에서 산약초(산약) 또는 참마(산마)로 불리는 마(薯)와 전혀 다른 식물로서, 1960년대 이후로 주한미군을 통해서 잎 대신 꽃봉오리를 사용하여 피우는 방법이 일반인에게 널리 전파되면서 일부 유학생들이나 보헤미안주의(Bohemianism)자처럼 자유 분망한 삶을 살아가는 방랑객 또는 일부 장발가수들이 잘난 체 뽐내듯 금단의 식물인 대마초를 탐닉하기 시작했던 것이다.

천연기념물 어린 장수하늘소가 새벽이슬에 젖어 든 꽃잎의 향내에 취해 꿈결 속에 있는 모습

새벽녘 이슬에 젖어든 야생화 같은 보헤미안(bohemian) 자유분방한 자라는 개념
이 확산된 배경에는 봉건체제 해체와 자본주의 등장이라는 역사적 조건이 자리 잡
고 있다. 경제적으로 몰락한 지식인과 부드럽게 다가서는 꽃잎과도 같은 예술가 그
룹이 한꺼번에 대도시로 몰려들면서, 자본주의적 시민사회 변두리에서 기성 전통에
얽매이지 않는 사회통념을 지니고, 법률적 제도 및 규범적 가치관을 부정하고 일탈
적 하위문화 낙인이론을 형성하게 되었던 것이다.[192] 이들의 삶에 대한 생활양식은
집시처럼 방탕한 습관, 상습적으로 대마초를 입에 물고 다니는 일부 히피족 등 불
명예스러운 부정적 지칭의 용어는 예술가를 이상화한 낭만주의 사조의 영향을 받
은 푸치니(Puccini)의 오페라 〈라 보엠(La Boheme)〉 등 여러 장르를 통해 다양
한 표현을 얻게 되면서 18세기 이후 자연주의적 사고(思考)를 바탕으로 하여 새롭
게 조명 평가를 받게 된다.

대마에서 추출한 신종물질을 남용하게 되는 자는 이후 더욱 강력한 마약류 등으
로 분류하고 있는 금단의 열매인 약물이라는 유혹의 덫에 노출될 위험성이 상존하고
있다. 따라서 대마에 대하여 합법화가 승인된 국가와는 달리 대한민국은 기본적으로

---

192)   李相燮, 『文學批評事典』, 민음사, 2009; 金龍來, 前揭書, pp.163~168.

속인주의를 적용하기 때문에 한국인은 세계 어느 국가 어느 장소에서나 대마초를 흡입하면 처벌받는다.

형법 제3조(내국인의 국외범) 본법은 대한민국 영역 외에서 죄를 범한 대한민국 국민에게 적용한다. 속인주의(nationality principle)는 법의 적용 범위에 대한 입법주의 사람의 국적을 관할권 기준, 속지주의가 "로마에가 있을 때는 로마법을 따라라"의 개념이라면, 속인주의는 "로마 사람이라면 로마법을 따라야" 한다는 개념과도 같다. 도박죄를 처벌하지 않는 외국 카지노에서의 도박이라는 사정만으로 그 위법성이 조각된다고 할 수 없다(대판 2004. 4. 23. 2002도2518). 서울고법 판결(2018. 6. 14. 2017노2802)을 분석, 즉 대마를 합법화한 국가에서의 행위가 한국에서는 불법으로 규정하고 있기 때문에 한국법 규정대로 처벌한다면 재외국민의 기본권이 침해될 수도 있다. 따라서 국내법에서 불법으로 규정하고 있다 하더라도 외국의 법률이나 사회상규에서 허용하고, 국내법익을 침해하지 않거나 국내의 안전보장이나 질서유지와 무관하다면. 이것이 우리 헌법이념에 부합하는 합리적인 해석이다. 예컨대, 자전거를 타고 고속도로 및 자동차전용도로 진입이 합법 혹은 비범죄화가 된 나라에서는 자전거로 고속도로에 진입했다면 사고를 내지 않는 이상 크게 문제될 것이 없다는 이론과 같은 것이다.

오늘날 우리 국민이 해외여행 중 대마초를 합법화[193]한 나라에 가서 피우거나 소지하고 귀국할 경우에는 속인주의를 취하는 우리 현행법상 마약관리법에 의거 처벌받는다. 속인주의를 취하고 있는 우리 판례를 살펴보면, 외국인 출입이 허용된 필

---

193) 대마사범은 2010년부터 2012년까지 소폭 감소, 2013년부터 2015년까지는 1,100명 선으로 억제되다가 2016년 1,400여 명, 2017년도 1,700여 명, 2018년 1,500여 명 선까지 유지되다가 2019년 2,600여 명, 2020년 3,200여 명으로 급증하고 있는 추세이다. 이것은 미국의 일부 주, 캐나다 등의 대마 합법화 추세에 따라 여행자 또는 유학생 등이 대마 관련 제품 등을 밀수하거나 흡연하는 사례가 증가하였기 때문인 것으로 분석되고 있다. 대검찰청, "2022년 마약 범죄백서"(제3장), p.153.

리핀의 카지노라 하더라도 형법 제3조(내국인의 국외범)에 따라 필리핀에서 도박을 한 피고인에게 우리 형법상 도박죄(제246조)로 처벌하는 것은 당연하다(대판99도 3337).

제6장

대(對)마약 정책

제1절 중남미 지역 마약 정책

I. 마약 퇴치를 위한 억압 정책

마약문제에 대한 콜롬비아 정부의 정책은 억압 정책, 협상 정책, 그리고 합법화 정책으로 귀결된다.

특히 마약으로 인한 직접적인 피해 국가인 미국은 1970년대 이래로 동남아 황금의 삼각지대 최대 맹주로 군림하게 된 마약조직 쿤사에 의해 당시 피투성이가 된 채 치열하게 전개된 베트남전에 참전한 미군들은 마약조직이 제조한 마약의 가장 친근한 단골 고객이 됨으로써 매일같이 치명적인 아편과 뜨거운 잠자리에서의 동침(同寢)하듯 많은 중독자를 양산(量産)하였다.

당시 미국 내 마약중독자가 증가함에 따라 사회적으로 심각한 이슈(issue)가 되었고 남미에서도 코카인을 퇴치하기 위한 국가적인 강력한 정책의 일환으로, 마약 퇴치를 위한 억압 정책 중 하나는 코카나무에 대한 경작 및 재배근절 정책, 즉 베트남전쟁 중인 1962년부터 1971년에 걸쳐 진행된 미군의 군사(랜치핸드) 작전과 유사한 강력한 제초제를 하늘에서 살포하는 방식을 강요하게 되었다.

"랜치핸드" 군사작전(Operation Ranch Hand)이란 베트콩이 암약(暗躍)하고 있는 정글의 모든 숲, 나무들을 없애는 동시에 게릴라전을 수행하고 있는 베트콩들을 아사(餓死)시킬 목적으로 그들이 숨어 있을 만한 은신처를 해충을 없애듯이 박멸(撲滅)한다는 미명(美名)하에 정글 및 농촌 지역에 약 1,200만 갤런의 강력한 제초제의 일종인 고엽제를 무자비하게 살포한 작전으로, 이 군사작전은 '제네바 협약'을 명백하게 위반한 범죄행위로서 국제적으로 많은 비난을 받아 왔다.

고엽제(枯葉劑; defoliant)라는 제초제는 나무를 고사시키기 위해 살포하는 농약으로, 애칭으로 "에이전트 오렌지"라고 불리었다. 유명한 생물재해 마크를 만든 회사인 '다우 케미칼사'에서 개발한 고엽제가 양산된 이후에도 고엽제에 대한 치명적인 해악성은 알려지지 않았고, 1969년 7월 26일 미군이 메콩강 삼각주 정글 지역에 고엽제를 살포, 1971년까지도 계속되었다.

이때 살포된 고엽제에는 다이옥신이라는 화학적 불순물이 함유됐는데, 이것은 인체에 미치는 치사량이 0.15g, 반드시 사망에 이르는 "청산가리의 1만 배", "비소의 3,000배"에 달하며 죽음에 이르게 하는 독성을 지니고 있다.

고엽제의 독성은 인체에서 분해되지 않을 뿐만 아니라, 10~25년 동안 체내에 축적되어 각종 암과 신경계 손상 및 기형을 유발시키고, 죽음에 이르는 독성은 2세에게도 유전되는, 인류에게 심각한 피해를 끼치는 약물이다.[194]

II. 협상 및 합법화 정책

콜롬비아 정부의 대(對)마약 정책이라는 것이 오늘날까지 마약문제가 대두된 이후 줄곧 조삼모사(朝三暮四), 마약의 최대 피해국인 미국을 속이기 위해 일관성이 없이 오락가락한 정책만 남발하고 있다.

마약 밀수출에 대한 협상방법 중 하나는 사법부로의 귀순정책이 대표적 사례에 해당한다.

---

194)   Kuehn, Bridget M.; Agent Orange Effects, Journal of the American Medical Association, 2010; 303(8):722. Weisman, Joan Murray. The Effects of Exposure to Agent Orange on the Intellectual Functioning, Academic Achievement, Visual Motor Skill, and Activity Level of the Offspring of Vietnam War Veterans. Doctoral thesis. Hofstra University. 1986.

합법화 정책 또한 헌법재판소가 판시한 "마약소비의 합법화" 결정은 미국의 강력한 항의로 인하여 국민투표를 실시하기로 현 정부가 대내외적으로 선포하였으나 오늘날까지 국민투표는 실시되지 않고 있다.

즉 콜롬비아 정부당국의 마약에 관한 정책은 경제적 이익을 위한 경제 사면조치와 마약활동에 관한 정치적 수용의 불가피성 사이에서 줄다리기 정책이라는 양면정책을 추구하고 있는 실정이다.

Ⅲ. 소결

콜롬비아 정권의 마약 정책에 가장 큰 변화를 가져온 것은 마약 갱단조직과 정부와의 협상 폭을 넓히는 데 주안점을 두고 있는 입법정책과 파블로(Pablo)의 죽음이라고 할 수 있다.[195]

그의 죽음은 미국으로 하여금 화살을 칼리 카르텔(Cártel de Cali)로 돌리게 하였고 그를 사살한 군경합동 특수부대를 칼리조직과의 대결국면으로 이끌게 되었다.

또한 사법체계의 개정은 칼리 카르텔 상층부로 하여금 정부와의 협상 가능성을 높여 주었고 파블로의 죽음이 칼리로 집중된 압력을 피하기 위해 로드리게스(Rodríguez)를 비롯한 칼리 카르텔 상층부는 정부와 협상을 시도하였다. 콜롬비아 정부의 대마약 정책에 불만을 가진 미국 행정부는 경제제재조치 등 여러 가지 수단을 통하여 콜롬비아 정부를 지속적으로 압박하고 있다.

미국의 위와 같은 압박에도 불구하고 중, 장기적으로 현 정부에서는 괴이한 이변이 없는 한 대마약 정책에 새로운 대안의 창출은 기대하기 어렵지만 세관업무의 강화 및 밀수활동에서 벌어들이는 마약자금의 세탁수단을 약화시키는 데는 거시 경제적 측면에서 어느 정도 구조조정은 기대된다.

---

195) 마약 왕 파블로 에스코바르, 불량스럽고 반항적인 좀도둑 소년이었던 자가 무자비한 범죄 소굴로 빠져 이 세상에서 가장 악명 높은 마약 왕이 된 것이다. Netflix, 2012.

제2절 기타 지역의 마약 정책

I. 동남아 지역 마약 정책

양귀비에서 추출(抽出) 후 정제한 마약, 세계에서 헤로인의 70%를 생산해 온 마약 왕 쿤사(Khunsa)가 당뇨병에 의한 합병증으로 2007년에 사망한 이후, 그 조직은 와해된 것이 아니라 잔당세력들이 새롭고 더욱 강력한 조직으로 규합 재편성하여 미얀마의 5개 주 중 샨주를 점령한 이후 밀림지대인 샨 고원에서 독립 국가를 건설하고 황금의 삼각지대 내의 독립투쟁의 아버지로서 명성이 높은 인물인 샨족[196] 대표를 최고지도자 두목으로 내세우고 왕성하게 활동 중이다.

오늘날 특히 이 지역의 아편 생산은 중국의 수요증가로 전성기를 맞고 있다. 그것은 미얀마 아편을 정제한 헤로인의 최대 소비국은 중국이기 때문이다. 이것은 100만여 명으로 추산되는 중국 마약 중독자들이 미얀마에서 아편 생산 확대를 촉발시키고 있는 것이다.

---

196) 미얀마는 다수족인 버마족을 비롯해 샨족, 카렌족, 카친족 등 130여 개의 소수민족으로 이 뤄져 동남아에서 민족 구성이 가장 복잡한 국가이다. 샨족이 점령한 산州는 우리나라 남한보다 약간 큰 면적으로 인구는 약 1천만 명이 넘는다. 미얀마 인구 중 두 번째로 많은 샨족은 태국, 중국과 국경 지역에 거주하며 인구는 400~600만 명으로 추산, 이들은 비참할 정도로 매우 가난한 농민들로 구성되어 있으며 주로 아편의 원료인 양귀비를 재배하며 삶을 이어 가고 있다. 「시사저널」, "미얀마 샨족", 2021. 4. 20. 「BBC News 코리아」 2023. 12. 28.

유엔마약범죄사무소(UNODC)는 2023년 2월부터 4월까지 미얀마 샨주에서 마약 단속을 통해 펜타닐[197]의 제조 원료인 메틸펜타닐, 메스암페타민(필로폰) 1억 9,350만 정(17.4t), 헤로인 292kg, 아편 588kg, 모르핀 49kg 등을 압수했다. 당시 압수한 마약들은 사상 최대 규모였다.

2021. 2. 1일 군사 쿠데타 이후 오늘날까지 약 4년간 미얀마는 군사정권과 반군 간의 치열한 내전(交戰)으로 인하여 황금의 삼각지대 내 양귀비 경작 및 필로폰 정제 등에 관한 모든 통제가 사실상 불가능한 상태이다.

II. 서남아 지역 마약 정책

이란은 이슬람 원리주의 혁명과 아프가니스탄에 소련이 침공한 이후 법질서가 일반적으로 무너져 불법적인 아편의 거래가 증가되었다. 이후 이 따른 이란 정부는 효율적인 마약의 규제에 관한 입법정책적인 계획안 자체도 마련하지 못하고 있을 뿐만 아니라 마약의 퇴치를 위해 유엔 등 서방국가들과도 철저하게 비협조적인 정책을 유지하고 있다.

따라서 황금의 초승달 지역에서 마약의 억제 내지는 퇴치를 위한 정책은 사실상 수행되지 않고 있다.[198] 그로 인해 지구상 수많은 인류가 불법약물의 중독이라는 늪 속의 깊은 수렁에 빠져 오늘날에도 고통을 겪고 있다.

---

197) 미국은 오늘날 펜타닐과 전쟁을 벌이고 있는 실정이다. 좀비처럼 팔다리가 경직된 채로 거리를 배회하는 사람들 대부분이 마약성 진통제 '펜타닐'에 중독된 남용자들로서, 미국 국립보건원(NHS)의 자료에 따르면 2021년에만 7만 601명이 합성마약 남용으로 사망. 합성마약의 대표적인 물질인 펜타닐, 제1차 세계내전 참전 당시 사망한 미군의 수는 5만 3,000명으로 미국은 현재 1차 세계대전보다 더 힘든 전쟁을 치르고 있는 셈이다. 문제는 펜타닐이 비단 미국의 일만은 아니라는 점, 최근 들어 펜타닐의 처방과 오남용이 늘어나면서 우리나라도 더 이상 안전한 나라가 아니다. 「국제신문」 medical column, "신종마약 펜타닐의 습격", 24. 6. 22.

198) MacDonald, David/Pluto Press(UK), Drugs In Afghanistan: Opium, Outlaws And Scorpion Tales Opium, Outlaws, and Scorpion Tales. 2007. 2. 22.

이란에서 마약사범에 대한 극형의 집행은 지난 25년간 심각하게 빠른 속도로 증가하고 있는 마약사범에 대한 척결의지에서 시작된 것이라는 분석이다.

2015년 6월까지 694명이 사형에 처해진 지난해 753명에 육박하고 있으며 이것은 다른 국가들에 비해 현저히 높을 뿐만 아니라 사법제도에 심각한 문제점이 있다.[199]

우리 대한민국 헌법 제10조 모든 국민은 인간으로서의 존엄과 가치를 가지며, 행복을 추구할 권리를 가진다. 국가는 개인이 가지는 불가침의 기본적 인권을 확인하고 이를 보장할 의무를 진다. 따라서 인간 존엄성이란 인간이라는 이유만으로 소중한 존재로 인정받고 존엄하게 대우받는 것이다.

모든 인간은 인격체이기 때문에 수단이 아니라 목적으로 대우를 받아야 한다.

인권이란 인종, 성별, 종교, 언어, 신분, 재산, 지능 등에 관계없이 사람이면 누구나 존중받고 행복하게 살기 위해 마땅히 누려야 할 권리이다. 위와 같이 양성평등사상 즉 모든 사람이 자유롭게 행동하고 평등하게 대우받을 권리가 있고 깨끗한 환경에서 건강하고 행복하게 살 권리 또한 있다.

그러나 이란의 혁명(독재) 정부에 의한 참혹한 인권유린 행태는 오로지 자신들의 권력유지를 위한 수단, 즉 인간의 생명을 담보로 삼고 정치적 희생양의 도구로 이용하여 전 국민에 대한 겁박의 수단으로 광란의 칼춤 아래 처참하게 죽임을 당하고 있는 것이 오늘날의 현실이다.

특히 2015년 상반기(6월)까지 이란 혁명 정부에 의해 처형된 사형수 69%가 마약사범이다. 사형대의 이슬로 사라진 자들 중에는 미량의 마약을 단순하게 소지하였거나 호기심 또는 우연한 기회로 1회 투약하였음에도 불구하고 감옥에 구금되었다가

---

199) 사형제도는 모든 상황에서 가장 혐오스러운 것으로서, 불공정한 재판을 받은 후 마약관련 범죄에 대한 사형을 대규모로 집행하고 있는 것은 참으로 기괴한 권력남용이다. The World's Most Hateful Penalty System Executing large-scale executions of drug-related crimes due to capital punishment, unfair trials is a bizarre abuse of power. Amnesty International, April 4, 2024.

사형이 집행된 사람들의 90%가 30세 미만의 초범들이다. 유엔총회보고서에 따르면, 혁명 정부하에서의 마약사범들은 수사기관에서 장기간 독방 감금과 고문(Torture) 뿐만 아니라 변호인 접견 자체도 금지되고 있다.

이와 같이 이란 정부의 인권유린 상황은 인간이 질식할 정도의 심각한 상태인 것이다. 그뿐만 아니라 표현의 자유에 대한 강경한 처벌로 이어지는 이란 정부의 사법 체계의 심각한 문제점에 대해서도 예리하게 지적하고 있다.

> 2022년 히잡을 똑바로 착용하지 않았다는 이유만으로 한 소녀를 영장 없이 체포, 경찰서 유치장에서 두개골 골절에 의한 다발성 출혈로 인한 사망 사건에 대한 유엔 진상조사단 발표에 의하면, 보안군에 의해 황당무계(荒唐無稽)하게도 여성 49명과 어린이 68명을 포함해 최소 551명이 총살에 의해 살해된 것이다.
> 1981년부터 1988년까지 경찰에 불법 체포된 마약 소지자들(고문에 의한 허위자백, 누명 씌우기, 증거조작) 등, 자의적이고 잔악한 처형, 그뿐만 아니라 1988년도 하반기에만 무려 30,000명 이상의 "반체제 정치범"에 대해서도 즉결 처형을 자행함으로써 반민주적 정치체제 유지를 위한 희생의 재물(property of sacrifice)로 삼았던 것이다.[200]

특히, 샤리아법은 이슬람교에 대한 배교 행위, 알라신을 무시했다는 죄와 노상강도에게 사형에 처할 뿐만 아니라 기혼자의 혼외정사는 돌로 쳐 죽이고, 미혼자는 태형 100대에 처한다. 절도죄는 손목 절단하고, 턱수염을 기르지 않은 남자, 히잡, 차도르를 쓰지 않는 여자 등은 태형, 또한 전근대적인 '명예 살인'(Honor killing)을 적극 허용, 즉 여성이 가문의 명예를 더럽혔다는 이유 하나만으로 가족 친지들에 의해 살해된다. 2023. 4월 제네바 유엔 인권 보고서, 가문의 명예를 손상시킨 누이나 딸을 살해한 사 무쇠, 농

---

200) 이슬람 정부(이란)의 치명적인 마약 퇴치 정책은 빈곤과 제도적 불이익에서 오는 악순환(vicious circle)에 기인하고 있다. 이에 따라 무자비한 탄압과 마약과의 전쟁 속에서 사형집행은 2024년 초부터 3월 말까지 최고조(853명)에 달하고 있다. Iran's deadly anti-drug policy stems from a vicious cycle of poverty and institutional disadvantage, Amnesty International, April 4, 2024.

성애자 교수형, 간통한 남자 고추 거세, 상간자(相姦者)인 여자는 돌로 쳐 죽이고 있다.

술을 마신 자 태형 80대, 반정부 시위에 참가하거나 정부를 비방한 자뿐만 아니라 마약을 소지하기만 해도 잔혹하게 목을 베어 버리는 참수형(斬首刑) 등 코란이라는 피도 눈물도 없는 무자비한 종교율법, 알라신에게 도전하는 자에게는 "오로지 죽음을" 오늘날에도 시행하고 있다.[201]

13c 중세 교회는 종교 보호 및 통일성을 위한 배타적인 수단으로서 종교재판소(Inquisition; religious court)라는 위하적인 형벌제도, 즉 일반국민들로 하여금 겁을 먹게 하여 이단행위를 하지 못하도록 성직자들이 그 이단혐의자를 심문하고 형의 집행에 관여하였다. 범죄혐의자와 관련된 공동정범 및 공범이 누구인가를 자백하지 않을 시에는 형사상 어떠한 적법절차도 없이 투옥시켜 잔인하게 고문(torture)한다. 고문에도 불구하고 자백(Confession)하지 않는 자는 기요틴(guillotine)이라 불리는 단두대(斷頭臺) 형벌로 잔혹하게 죽임을 당했으며, 억울한 누명을 씌워 무자비한 단두대라는 형틀에서 처형된 사람이 중세 유럽에서만 무려 50만 명에 이른다.[202]

---

201) 「매일경제」, 2019. 4. 12. 20면; 「서울경제」, 코란율법, 2020. 1. 8. Kali Robinson, Sharia, The Intersection of Islam and the Law, December 17, 2021 2:00pm(EST).

202) 끝없이 드넓은 바닷가 소금을 생산할 수 있는 프랑스 모든 연안의 소유권은 국왕이 장악, 그곳에서 생산된 소금은 국왕이 전권으로 관리하고 판매하였던 것이다. 성직자 및 귀족들은 세금 한 푼 내지 않고 무료로 배급되고 있는 소금이라는 귀중한 상품, 제3의 신분을 가진 민초들에게는 시중보다 무려 10배가 비싼 가격에 소금을 구입하도록 강제하였고, 이에 민가에서 관리들 몰래 소금을 정상적인 가격에 사고팔다가 적발된 자는 가차 없이 쥐들이 득실거리는 공포의 바스티유감옥(La Bastille)에 처넣고 고문(supplice; torture)과 함께 단두대 형틀 앞에 끌어다가 매일같이 수백 명씩 죽임을 당했던 공포정치 암흑의 시대, 그 절대 권력을 가진 왕권을 일거에 제거한 대 사건이 바로 1789년 8월 26일에 발발한 위대한 프랑스 시민혁명, 이로서 영구토록 절대 권력이라는 특권이 주어진 신분제는 폐지되고 지구상에서 단 하나 불멸의 혼이 담긴 박애정신이라는 인권사상(자유·평등·국민주권)프랑스 헌법사에 성문화되기에 이르게 된 것이다.

단두대라는 무시무시한 형틀(刑具)을 만들도록 지시한 루이 16세 자신도 1793. 1. 21. 일요일 10시 튀일리 궁전[Palais des Tuileries(palɛ de tɥilʁi)] 광장에 설치된 단두대 형틀에서 처형되었다.[203] 오늘날에도 굴절(屈折)된 현대사 이란의 혁명 정부, 국가 도덕성을 회복하겠다는 미명(美名)하에 서슬이 시퍼런 칼날이 서 있는 형장, 이슬로 사라지고 있는 민초(民草)들이 부지기수이다. 하루 평균 2명 처형, 2023년 한 해 이란에서 무차별적으로 처형당한 국민 수는 총 853명으로, 이는  2015년 이후 가장 높은 수치에 해당한다. 이러한 사형집행 행위는 국가권력을 빙자(憑藉)한 무자비한 살인 행위인 것이다.

Ⅲ. 기타 지역 마약 정책

유엔마약범죄사무소(UNODC)에 게시된 각국의 2021년도 마약류별 압수 현황을 파악한 결과, 독일·인도·브라질의 압수량은 한국과 비교해 볼 때 그 수치가 압도적으로 많은 것으로 분석된다. 우리나라는 2021년도 독일·인도·브라질 3국과 비교 분석을 통하여 본 통계상 일부 마약류별 압수량은 세계적으로 상위권을 차지하고 있다. 황금의 초승달 지역에서 유럽 및 미국 등 기타 지역으로 밀수출되고 있는 헤로인 마약 중 유럽 지역에 압수된 헤로인 양은 75%에 이르고, 미국 내에서 압수된 양은 25%를 차지하며 아라비아반도 등을 거쳐 유통되다 적발된 헤로인의 75%가 아프가니스탄, 이란, 파키스탄에서 유입된 마약이다. 미국은 물론이고 우리나라뿐만 아니라 인도 및 독일, 브라질 등은 마약류 유입의 억제를 위해 국가적 차원에서 강력

---

203) 차하순, 「西洋史總論」 탐구당, 1994. pp.379~382.; 李璟在,西洋刑罰史, 吉安社, 1997. pp.72~93; "Human Rights News of Amnesty International", 2024. 4. 5.

한 단속정책을 취하고 있으나 치밀하고 교묘해지는 범행수법으로 인하여 많은 어려움을 겪고 있는 실정이다.

IV. 소결

오늘날 마약과의 최후 일전을 치르고 있는 미국과는 달리 황금 삼각지대는 아편 생산에 최적인 기후와 자연조건을 갖춘 세계적 아편 생산지로서 그에 대한 생산을 더욱 증가시키고 있는 실정이다. 미얀마는 현재 헤로인의 기본 원료인 아편을 아프가니스탄에 이어 세계에서 두 번째로 많이 재배하는 나라이며, 이란은 아프가니스탄에서 생산되어 유럽으로 판매되는 마약의 주요 운반통로로, 전 세계 아편(opium) 압류의 89%, 헤로인 및 모르핀 압류의 41%를 차지하고 있다. 오늘날 마약문제를 해결하기 위해 이란의 혁명 정부는 마약을 근절하겠다는 초강경 정책의 일환으로 매일 평균 2명씩 사형을 집행하고 있는데 이러한 행위는 마약범죄를 뿌리째 뽑아 없애겠다는 정책이 아니라 사법살인행위를 자행하고 있는 것이다. 법치주의를 수호할 최후 보루인 재판부가 소량의 마약을 단순 소지한 천진무구한 어린 소년들에게까지 사형선고를 남발하는 판결은 재판이 아니라 인권을 참혹하게 유린하는 사악한 범죄행위로서 법관들의 인격이 황폐화되었다는 것을 반증하는 것이다. 다시 말하자면, 이란의 혁명재판소 판사들이라는 자들은 근엄한 얼굴을 하고 판결을 선고하지만 실상은 불한당(hooligan) 같은 무시무시한 지옥의 괴수 염라대왕인 저승사자들이다.

제3절 마약류 사범에 관한 입법 및 정책

Ⅰ. 미국 및 남미의 대마약 정책

1. 의의

뉴욕 항 입구 리버티 섬(Liberty Island)에 있는 자유 여신상은 미국의 상징이자 뉴욕의 상징이다. 자유여신상 왼손에는 독립 선언서를, 오른손에는 자유를 상징하는 횃불을 하늘 높이 받들고 있다.

하늘이 베풀어 주신 은혜로운 대지, 인간의 품에 영원한 자유를 안겨 주는 신천지 미국을 향해 타이타닉호보다 작은 배를 타고 대서양을 횡단하여 이주를 해 온 유럽 인들은 꿈결 속 뜨거운 가슴을 안고 새로운 인생의 처음 출발점인 미(美)대륙에서의 삶을 축복할 뿐만 아니라 또 다른 희망에 대한 용기를 가다듬게 하는 강한 존재로 여겼던 것이 바로 자유의 여신상(Statue of Liberty)인 것이다.[204]

---

[204] 최근 들어 자유의 여신상에 대한 인종문제 등으로 기존의 가치관이 흔들리고 있다. 그것은 다민족 국가, 즉 수많은 인종의 백화점이라고 할 수밖에 없는 뉴욕, 백인 여성인 자유의 여 신상은 온당치 않다는 주장이 그 논쟁의 핵심이다. 오래선 신천지 대자연, 이 땅에 찾아온 사람들 희망의 빛 자유의 여 천사, 그러나 시대상의 변화와 함께 새로운 시련에 시달리는 것이 자유의 여신상이기도 하다. 자유의 여신상은 애당초 미국 태생이 아니라 독립전쟁 당 시 미국과 선린우호(睦隣友好) 차원에서 프랑스 정부가 미국에 보낸 것이다. 자유여신상을 제작한 사람은 프랑스 천재 조각가이자 건축가인 프레데릭 바르톨디(Frédéric Bartholdi) 이다. 그는 자신의 어머니를 모델로 하여 반민주적인 독재정치보다 더욱 가혹한 왕정국가 인 전제정치(专制时代) 치하에서, 핍박으로부터 자유(freedom from persecution), 즉 속박을 탈피하고자 하는 의미로 이 작품을 완성하였던 것이다.

그러나 이민자들이 자유의 땅 미(美)대륙으로 발을 들여 놓으면서 아편과 코카인도 숙명적인 사명인 듯 자연스럽게 그들의 가방과 주머니 속에 담겨 편리한 기호품처럼 미국으로 유입되었다.

당시 마약이 세상에서 가장 행복을 가져다주는 사랑의 묘약(妙藥)이라는 인식이 널리 전파되면서 미국 및 캐나다 등지로 광범위하게 유통 되었던 것이다.

꿈결 속 나락으로 직행하는 금단증상의 약물, 인간의 정신을 혼미케 하는 마약은 국가적 차원에서 통제약물로 지정되어 있지 않았기 때문에 누구든지 쉽게 약국에서 뿐만 아니라 야시장등 모든 지역에서 박카스(피로회복제)를 사듯 무분별하게 구입할 수 있던 약물이었다.

그로인하여 마약류 중독이라는 심각성을 차츰 인식하게 됨에 따라 국가적 차원에서 통제물질로 지정하고 단속의 대상이 되었던 것이다.

2. 마약류단속법

1800년대에 아편제와 코카인은 대부분 규제되지 않은 마약으로서 남북전쟁 (1861. 4. 12.~1865. 5. 26.) 이후 아편 사용이 급증하였고 20세기 초에 이르러서 코카인은 범죄조직과 밀접하게 연관되기 시작하였다. 이에 따라 미국에서의 마약류 규제입법으로 해리슨 마약류 관련법이 1914. 12. 17. 연방법으로 승인·제정된 이후 여러 단계를 거쳐 2022년에 이르러 새롭게 개정된 마약류에 관한 법률 404조는 마약의 단순 소지 자체를 엄격하게 금지하며 초범인 경우에도 1년 이하의 징역 또는 1,000달러 이상의 벌금에 처할 수 있다. 누범(累犯)의 경우 최대 3년 이하의 징역 및 5,000달러의 벌금형으로 그 처벌 수위가 상향되었다.

이 법의 개정목적은 마약류 남용에 대해 보다 많은 연구와 효율적인 예방을 가능케 하고 마약류 남용자 및 중독자에 대한 치료와 재활대책을 촉진하며 또한 마약류 남용의 예방과 규제를 위한 단속의 강화 및 형벌의 전반적인 균형을 유지하는 데 그 이념이 있다.

3. 해외 공급차단 정책

1970년대와 1980년대에는 마약을 밀수하는 데 교묘한 수법을 총동원하여 미국 및 캐나다 등지로 물밀 듯이 코카인 홍수를 이루던 시대였다.

영화 〈아메리칸 메이드(American Made)〉에 등장하는 "배리 실(Barry Seal)"이라는 비행기 파일럿(an aerial pilot), 그는 하늘에서 세상을 갖고 논 남자라는 닉네임(Nickname)을 가진 탁월한 조종사로서 경비행기를 이용하여 남미에서 초록빛 바다 카리브해 직항로(直航路)를 이용하여 미국 각 지역으로 마약을

공중에서 투하하는 기상천외(奇想天外)한 작전을 동원하여 엄청난 양의 코카인을 미국 전 지역으로 유입시켰다.[205]

최근에 이르러 코카인 등 마약범죄조직들은 파마나 운하를 통해 카리브해를 거쳐 뉴욕등 대도시로 직접 밀매하는 형태를 취하고 있다. 이에 대항하기 위해 미국 정부는 마약생산국 정부와 적극적인 협조하에 헤로인 등 아편제조업자 및 코카인 등에 대한 소득원 대체프로그램에 3,500억 달러를 지원하여 코카나무를 포함하여 양귀비 생산을 근절하기 위해 노력하고 있으며, 마약관련국 정부와도 외교협정을 통해 아지트(은신처)에 숨어 있는 마약 제조업자 및 판매조직들을 일망타진에 주력하고 있다.

---

205) 냉전시대(the Cold War era) 미국인이었던 비범한 항공조종사 "배리 실(Barry Seal)"은 콜롬비아 최대 코카인 갱단에 포섭된 후 메데인 카르텔의 마약 밀수업자로 활동하였다. 이후 미(美)마약 단속국(DEA) 핵심요원으로 전향(轉向)하여 마약조직의 최고 두목급 등 많은 범죄자를 소탕하는 데 크나큰 공적을 세우다가 1986. 2. 19. 코카인 갱단의 살인 청부업자에 의해 백주대낮에 살해되었다. 그가 마약조직에 몸을 담고 있을 당시 부(富)의 상징인 백 달러 현금 뭉치 돈을 길거리에 흘리고 다닐 정도로 한순간에 천문학적인 돈다발에 파묻혀 살았다. 도저히 헤아릴 수 없을 만큼의 일확천금(一攫千金)을 벌어들였던 그가 아내와 함께 살고 있던 주택에 있는 대형금고뿐만 아니라 허름한 창고 등 모든 곳에 코카인 판매 대금인 달러를 쌓아 놓을 장소가 부족하여 드넓은 과수원 땅속에 돈다발을 가득 묻어 두고 살았던 실존 인물이다.

본래 마약 등 범죄조직의 원조는 이탈리아 연안에 있은 바람의 섬(Sicilia)을 근거지로 하여 탄생된 조직이다. 2차 세계대전 당시 시칠리아는 연합군에 의해 점령되었다. 지중해에서 가장 큰 섬 시칠리아는 전후(戰後) 본토와의 역사적, 문화적 차이를 인정받아 자치주가 되었으며 종전 후 마피아 조직(mafia organization)이 도시에까지 그 영향력을 확대하고 정계와 밀접한 유착관계를 맺어 왔다. 역사상 세계적으로 가장 위대한 "걸작(Masterpiece)"이라는 영화 〈대부(The Godfather)〉의 범죄조직도 이탈리아의 시칠리아 섬으로부터 유래된다.[206]

최근 들어 멕시코 내에서도 '펜타닐(Fentanyl)'에 대한 문제가 심각[207]해지면서 북미 3국인 미국·멕시코·캐나다가 연합하여 펜타닐 밀매와 생산 원료 차단에 대응하기 위하여 구체적인 방안을 논의한 바 있다.

인류 최악의 마약, 펜타닐(Fentanyl)은 "모르핀보다 100배", "헤로인의 50배" 강력한 마약성 진통제로 중국에서 펜타닐의 원료가 밀수출되어 멕시코에서 가공된 후 미국으로 은밀하게 수출되고 있다. 합성마약인 펜타닐(Fentanyl)의 "예상 치사량은 2mg"이다.
한 알당 2~3달러에 거래될 정도로 매우 저렴한 데다가, 순도 90% 이상으로 정제된 펜타닐을 1kg(약 2.2파운드) 이하 소량으로 포장하여 우편으로 보낸 방법과 중국산 마약 원료를 화학약품으로 은닉 위장해 멕시코로 실어 나른 뒤 완제품을 만들어 미국에 공급하는 방식이다.
이에 미국은 펜타닐에 대하여 완전 차단을 위한 본보기로 중국의 "마약 왕"이라

---

206) 김용래, 前揭書(법학석사학위논문), p.14.
207) By Craig McCarthy, Unprecedented NY flood of fentanyl causing "heartbreaking" loss, Published Jan. 2, 2024; National Center Drug Abuse Statistics(NCDAS), Fentanyl abuse statistics indicate it is the world's deadliest opioid, causing almost half of all overdose deaths nationwide. December 2. 2024.

는 두목의 모가지에 거액의 현상금을 내걸고 국제형사경찰기구(Interpol)에 적색수배령을 발령하였다. 또한 멕시코 마약카르텔에 대해서는 대통령 당선자 트럼프(Donald Trump)까지 나서서 지속적이고도 강력한 압력을 행사 중에 있다.[208] "21세기판 아편전쟁"이라 칭하고 있는 미국 등 서방국가들은 멕시코와 중국이 인류에게 있어서 가장 치명적인 펜타닐 밀수출 통정(通情) 행위의 공동정범이라 지목하고 있다.

독립선언문과 헌법이 만들어진 역사적이고도 아름다운 도시라는 애칭을 가진 "필라델피아(Philadelphia)"가 한두 달 사이로 마약중독자가 급증하면서 졸지에 "좀비랜드"라는 불명예스러운 도시로 변질되어 버렸다.

[미국 내 펜타닐 과다복용 사망자]

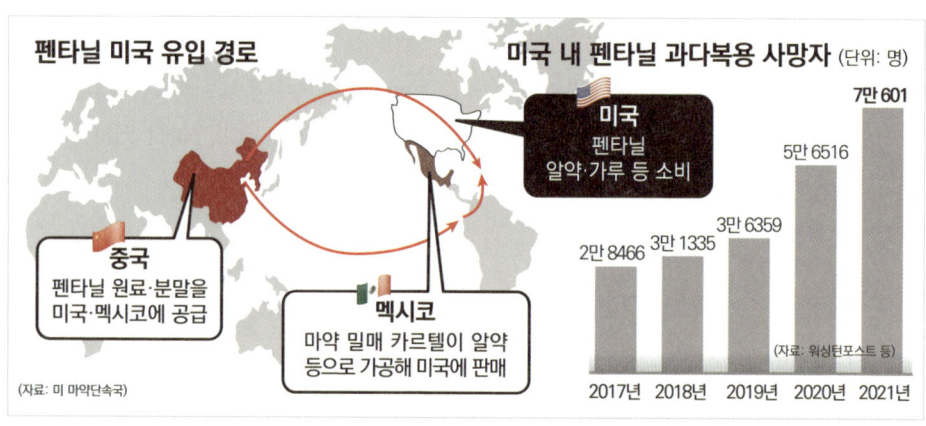

미국마약단속국(DEA) 통계에 의하면, 2020년 펜타닐 과다복용으로 사망한 사람

---

208) By Craig McCarthy, Unprecedented NY flood of fentanyl causing "heartbreaking" loss, Published Jan. 2, 2024; National Center Drug Abuse Statistics (NCDAS), Fentanyl abuse statistics indicate it is the world's deadliest opioid, causing almost half of all overdose deaths nationwide. December 2. 2024.

은 5만 6,516명이고 2021년 사망자는 7만 601명에 이른다.[209] 이에 따라 미국 마약단속국(DEA)은 펜타닐[210] 과다복용으로 인한 사망사례가 빠른 속도로 증가하고 있기 때문에, 펜타닐 원료 수출국인 중국 측으로부터 이를 공급받아 정제하여 밀매하고 있는 멕시코에 대한 외교적 해결책이 매우 시급하다고 촉구하고 있다.

II. 남미 3국의 환경적 토양 및 마약 정책

1. 환경적 토양과 코카인

산들바람이 나지막하게 불어오는 남미 지역 고산기후는 해발고도가 가장 중요한 인자로 고도가 상승할수록 기압이 감소함에 따라 기온이 낮아지게 된다.

지구 대기권의 최하층인 대류권(對流圈)에서는 고도가 상승작용으로 인하여 환경기온감율(6.5℃/㎞)[211]에 따라 기온이 하강하게 됨으로써 열대 고산 지역은 1년 내내 서늘한 상춘기후, 천혜의 기후조건 하늘이 베푼 은혜로운 대지, "지구상 마지막 기회의 땅"이라고 불리고 있는 콜롬비아의 수도 보고타(Bogota)는 인구 천만 명 이상이 살고 있는 고산 지역에 위치한 도시이자, 해발 고도 2,640m 적도 부근에 위치하고 있음에도 불구하고 여름철 찌는 듯한 무더위도 없고 1년 내내 봄과 가을 같은 날씨 청량한 하늘 아래 신선한 바람이 살랑대는 사시장춘(四時長春) 기후로서 사바나 기후나 열대우림기후보다 기온이 낮아 항상 봄이 계속 유지된다.

그러나 평화로운 도시 같지만, 여전사가 주연으로 등장하는 영화 〈콜롬비아나〉 마

---

209) The U.S. Centers for Disease Control and Prevention said 107,735 Americans died from drug addiction between August 2021 and 2022, 66% of these deaths involved synthetic drug opioids such as fentanyl. U.S. Drug Enforcement Administration, March 21, 2023(EST).

210) Alberto, author's title(ABC). Fentanyl: How Mexican and Chinese Cartels Sell This Powerful Drug in the U.S. February 4th, 2020.

211) 韓國民族文化百科事典, 高山氣候, 2025. 5. 15. 參照.

약갱단으로부터 부모를 잃은 소녀의 처절한 복수극에서 보듯 마약 거래조직 갱단 간에 유혈충돌로 인한 살인사건이 빈발하는 지역이기도 하다.

안데스 고산 지역에서의 마약 원료인 코카나무와 함께 고대 문명이 자연스럽게 발달하게 되었던 원인도 연중 온순하고 부드러운 기후로 인한 환경적 토양과 매우 밀접하게 관련되어 있다.

특히 보고타를 비롯하여 코카의 나라 잉카 제국의 고도(古都), 비교적 시원한 안데스산맥의 산 중턱에 있는 도시들, 적도를 관통하고 있는 에콰도르 키토(Quito)에서는 세계 최대 마약갱단의 두목 탈옥사건이 발생하기도 하였으며, 적도 바로 아래 좁은 안데스산맥의 계곡 2,850m 높이에 자리를 잡고 있는 키토(Quito)는 한반도와 만주를 통틀어 가장 높은 산, 칼데라 호수인 천지(天池)를 품고 있는 백두산 최고봉인 장군봉(2,744m)보다 높은 고원지대에 위치하고 있다.

또한 볼리비아 행정 수도 라파스(La Paz; 평화의 성모 마리아라는 뜻) 및 멕시코 시티(Mexico City) 등이 대표적인 고산 지역에 위치하고 있는 도시들로서 아득한 오랜 세월부터 코카인과 관련이 깊다.

수 세기 전 아시아 대륙으로 퍼진 양귀비 및 마리화나(대마초)와 달리 코카나무는 고요한 안데스 고산 지역 산야, 원주민 토착사회에서 5,000년 이상 평화롭게 경작해 오던 식물이다.[212]

오늘날에도 남미의 코카 경작은 원주민의 지역경제 및 국가경제가 한 몸이 되어 깊이 뿌리를 내리고 있음에 따라 미국 주도하에 실시되고 있는 코카 재배 및 생산에 대한 억압, 말살정책(제초제 살포작전)이라는 결과에 대한 예측은 영원한 미지수(未知數)로 남아 있다.

콜롬비아는 2022년 말에 230,000헥타르로 가장 많은 코카 농장을 확보하여 재

---

212) Los Rios Hernandez, Coca cultivation combines environmental factors with fertile soil and indigenous knowledge to create a perfect environment for a thriving drug trafficking market. Sept. 26. 2024.

배·경작하고 있다. 안데스산맥과 아마존 밀림 지역의 지리적 이점은 코카 작물을 재배하기에 아주 적합한 자연적 토양과 보호소 역할을 하고 있다. 코카 재배에 대한 근절정책이라는 미국의 지속적인 압박에 따라 정부의 노력에도 불구하고 마약 밀매업자들은 최상급 제품에 지불하는 가격을 현금($)으로 농부에게 지급하고 있을 뿐만 아니라 코카인 추출(抽出)에 필요한 약품과 실험실까지 제공하였고, 이에 재배 농부들에게 더욱 매력적이고 수익성이 높은 작물이 코카라는 확고한 신념이 더욱 강하게 자리 잡게 된 것이다. 따라서 코카인 원료를 확보하기 위한 피맺힌 쟁탈전이 가열됨에 따라 콜롬비아 내 민족해방군(ELN)과 무장혁명군(FARC) 간 무력충돌이 발생하여 80명이 사망하고 수십 명이 부상한 것으로 보도된 바 있다.[213]

2025. 1. 17일 베네수엘라 북부 국경부근 카타툼보(Catatumbo) 지역에서도 코카나무 생산 및 코카인 장악 위한 주도권을 둘러싼 유혈분쟁,[214] 이 지역을 차지하기 위해 마약갱단 간 교전이 다시 시작되었다.

2. 태평양 연안의 에콰도르 및 카리브해 온두라스의 마약 정책

213) Central Herald, A Deep Dive into International Drug Trafficking, synthetic drug trafficking. April 1. 2024.

214) AP(Associated Press)quoted report, 콜롬비아 마약전쟁(마약갱단 간) 사망자 속출, 그리스도 福音뉴스, 2025. 1. 20.

태평양 연안에 위치한 에콰도르는 잉카문명의 마지막 보루(堡壘) 역할을 한 수도가 위치한 지역이다. 이곳은 100년이 넘은 긴 세월동안 스페인의 식민지라는 아픈 역사를 간직한 국가이기도 하다.

오늘날에는 카리브해에 위치한 중남미의 온두라스 및 남미의 콜롬비아 그리고 페루 등지에서 생산된 코카인은 에콰도르를 거쳐 미국으로 밀수출되고 있으며 파나마 운하를 통해 중동 및 유럽지역으로 유입되고 있다. 이를 차단하기 위해 에콰도르정부의 코카인에 대한 정책은 미국과 공조를 통해 최대한 협조한다는 기조(基調)를 유지하고 있다.

최근까지 "코카인의 여왕"이라 불리고 있는 에를린다 보바디야(61세)라는 여성 마약두목은 온두라스 북동부의 험준한 산악 지역에서 체포된 후 미국 마약단속국(DEA) 요원들의 삼엄한 경계하에 미국행 비행기로 압송(押送)되었다.[215]

일명 "코카인의 여왕"이라 불리고 있는 그녀는 섬세하고 나약한 감정을 밖으로 잘 드러내지 않고 엘리트 여성(알파 걸)과도 같은 리더십의 소유자로서 모든 면에 있어서 높은 성취욕과 자신감 한편으로는 매섭게도 차가운 표정을 지닌 여장부(女丈夫)이다.

무려 500만 달러(약 65억 7천만 원)[216]의 천문학적 현상금이 목에 걸려 있던 '코카인의 여왕'인 그녀는 페루뿐만 아니라 콜롬비아 및 온두라스 등지에서 생산된 마약을 잔혹한 멕시코 마약조직과 손을 잡고 미국 및 유럽으로 밀반입하는 데 중추적

---

215) 중남미의 작은 국가 온두라스의 "후안 올란도 에르난데스" 전 대통령까지도 코카인 밀매 혐의로 4월 초 긴급 체포된 후 미국 마약단속국(DEA) 요원들의 삼엄한 경계하에 미국행 비행기로 압송(押送)된 후 징역 45년형과 벌금 800만 달러의 중형을 선고받고 현재 뉴욕 브루클린 교도소에 수감 중이다. 그는 코카인 등 모든 종류의 마약을 퇴치하겠다며 법과 상식을 강조하는 공약을 내걸고 대선에 출마, 2014년 1월 온두라스 대통령에 취임 이후 연임에 성공하였으나 재임 중 기관총을 포함한 각종 무기를 소지하고 400톤이 넘는 엄청난 코카인 밀매에 직접 개입한 혐의로 2022년 1월 퇴임당했다. 동년 2월 미국 마약단속국(DEA) 요원 및 온두라스 경찰특공대에 의해 대통령 저택에서 포위된 채 처절하게 저항하다가 결국 체포된 바 있다. 오늘날 중남미 온두라스는 태평양 연안 국가 에콰도르를 포함하여 페루 및 콜롬비아 등지에서 생산, 정제된 마약을 미국으로 밀매하기 위한 중간 기착지로서 미국정부의 주목을 받고 있다. CNN, 2024. 4 27; 매일경제 2024. 6. 27. 1면 參照.

216) BBB News Korea 2025. 4. 10. 參照.

(pivotal)인 역할을 해 왔던 여인이다.

미국과 유럽지역으로 다량(多量)이 밀수출되고 있는 코카인 및 그 조직에 대한 경로를 추적하던 미국 마약단속국 요원들이 500만 달러의 현상금을 내건 지 불과 2주 만에 산세(山勢)가 험하고 가파른 거대한 바위산 아래 깊은 동굴 속 은신처에 숨어 있던 여인을 체포한 것이다.

마약 여두목인 이 여인을 체포하는 과정에서 격렬한 총격전이 발생해 그녀의 아들 티토 몬테스는 사살되었으며, 또 다른 아들 후안 카를로스는 도주하여 살아남았다. 그녀의 또 다른 제3의 아들 노에 몬테스는 2017년에 미국으로 압송된 후 37년 형을 선고받고 오늘날까지 복역 중에 있다.

특히 콜롬비아 및 볼리비아 등의 남미국가들과 같이 마약 정책에 대해서는 에콰도르 역시 미국과의 관계 악화에도 불구하고 코카인에 대한 억제 정책에 대해서는 매우 미온적(lukewarm)인 태도로 일관하고 있으나 중남미의 온두라스는 남미국가들과 달리 미국의 대(對)마약 정책에 적극적으로 동참하고 있다.

III. 소결

미국사회는 20세기 초 이래 마약의 최대 소비시장을 형성하여 왔기 때문에 이를 방지하기 위한 그에 따른 노력을 부단하게 기울여 왔던 것이다. 그러나 이러한 노력에도 불구하고 오늘날 미국의 사정은 점차 악화되어 가고 있고 이는 특히 신종마약 크랙의 출현 이후 더욱 현저한 양상으로 나타났다. 2020년대 이후 코카 경작지의 확대 및 인건비 상승과 함께 부수적인 비용의 증가뿐만 아니라 그에 관련하여 고용된 노동자들에 대한 모든 비용의 상승으로 인하여 더 많은 현금보상이 요구됨에 따라 대체작물의 경작 등 기타 국가적 정책은 사실상 실행이 어렵다는 것이 현실적인 문제점인 것이다.

또한 관련된 당사국 정부에서는, 마약 카르텔과의 협상을 통한 합법화 시나리오라는 해법을 제시했으나 정치적 권위의식과 분배문제, 오랜 세월 경작 농민들과 카르텔과의 뿌리 깊은 커넥션이라는 수많은 요소들에 의해 쉽게 풀 수 없도록 복잡한 형세에 놓여 있는 것이다.

특히, 지구 종말의 마약, 황천길로 직행하는 '펜타닐'이란 마약의 원료가 중국에서 멕시코로 밀수출된 후 다시 멕시코에서 강력한 신종마약으로 재탄생하여 미국으로 유입되고 있는 심각한 문제점에 대하여, 멕시코 헌정사상 200년 만에 첫 여성 대통령에 당선된 셰인바움 대통령이 미국으로 대량으로 유입되고 있는 펜타닐을 차단하기 위한 강력한 조치를 취하지 않고 있다는 주된 이유를 들어 2025년 4월 1일부터 멕시코에서 미국으로 수입되고 있는 모든 수출품목에 대해 25%의 관세를 부과시키고 있으며, 8월 이후부터는 30%로 인상하겠다는 트럼프 대통령의 천명(闡明)으로 인하여 두 나라 간 신경전이 한층 고조되고 있다. 이뿐만 아니라 미국 정부는 남미국가들로부터 불법이민자 및 마약유입에 대한 국경봉쇄정책을 보다 효율적으로 추진하기 위하여 전국 마약국경봉쇄체제(NNBIS)를 구축한 바 있다.[217] 이 체제는 세관, 연안경비대, 마약조사국, 법무부 및 재무부에서 선발된 수백 명의 요원들이 주요 출입국지점에 대한 검문검색 등 봉쇄활동을 지도 및 감독을 하고 있으나 그 효과에 대한 긍정적인 결과에 대해서는 아직도 미지수로 남아 있다.

---

217)　김상희, 前揭書, 182면 參照.

제4절 기타 주요 국가의 대(對)마약 정책

Ⅰ. 동남아 국가 및 기타

동남아 국경의 산악 지역인 황금의 삼각지대는 90년 초반까지 태국을 제외하고는 마약류 문제해결에 매우 소극적인 자세를 취해 왔으나, 1992년부터 중국을 비롯하여 태국과 미얀마가 국경을 통제하기 위한 전략적 우산정책(雨傘計劃)을 수립하고 시행, 이 같은 수립방안의 시행은 대체작물 경작, 수요 감소, 법집행 강화를 총망라하고 있으나 정책의 실행 가능성은 아직도 요원(遙遠)하기만 하다.

오늘날까지 비상계엄령하에서 아편의 생산량은 상상할 수 없을 정도로 급증하였을 뿐만 아니라 반군과의 오랜 내란으로 인하여 치안은 무방비 상태, 범죄소굴이 된 미얀마를 제외한 베트남을 포함 다른 동남아시아 국가들은 마약류 문제에 대한 강경대응 정책을 견지하고 있다.

아편의 최대 생산국인 미얀마는 군사정변 이후 군부가 정권을 장악, 이에 소수민족과 자유민주진영의 연합세력에 의한 강력한 저항으로 인하여 연달아 퇴각하고 있는 군부정권, 사실상 국가전체가 무법천지로 변질되어 있다.

실례로 외국인 관광객들은 닥치는 대로 납치(최근까지 6천 명 이상), 약탈 및 약취와 성폭행뿐만 아니라 인신매매, 국제적 사기행각 및 납치한 사람의 신체 장기(臟器)를 강제로 꺼내 판매하고, 현란한 색조(色調)를 섞어 넣어 알약 형태로 정제한 아편 신제품을 길거리 등지에서 공개적으로 판매하는 등 악마의 소굴이 되었다. 이에 따라 세계적으로 여행 금지국가의 오명을 간직하고 있다.[218]

중국 본토와 함께 대만(Taiwan) 역시 과거 아편전쟁과 태평천국의 난으로 인하여 오랜 세월 심각한 고통을 경험했던 역사를 간직하고 있는 국가이지만 1980년대 이후 아편에서 정제한 메스암페타민류의 남용이 증가함에 따라 엄벌주의 정책을 취하고 있다.

19세기 최대의 군사 분쟁, 14년간 길고 긴 태평천국의 난(전쟁)으로 인한 사망자는 2천만 명에서 약 7천만 명 정도 추산, 떠돌이 유랑 난민 신세가 된 사람도 천만 명에 이른다. 태평천국의 난이 중국대륙을 휩쓸고 있을 당시 전근대적 봉건제 사회, 철저한 신분제 사회였던 청조사회에서 자유주의적 정치 및 경제와 여성의 지위향상에까지 선진유럽의 사회상을 가진 태평천국의 사조(思潮)가 새롭게 중국대륙에 광범위하게 확산되었다.

18세기 계몽주의 이후 근대사상과 조화를 이뤄 새롭게 등장한 종교개혁론이 신(新)프로테스탄트이다.

홍수전(1814. 1. 1.~1864. 6. 1.)은 청조 당시 개신교에 깊은 감명을 받고 종교국가인 태평천국(太平天國)이라는 나라를 건국, 천황으로 등극한 뒤 청나라에 반기를 들고 피어린 투쟁, 태평천국(太平天国; 1851년~1864년 Heavenly Kingdom of Great Peace) 청나라 말 홍수전(洪秀全)이 청사진(靑寫眞)으로 내세운 나라, 한낱 무당의 영적인 신(神)내림이 아닌 영롱하게 빛나는 하늘의 진리에 대한 계시를 받은 신정(神政)국가, 당시 중국 민중들에게 열렬히 지지를 받았던 반란군(50만 명)

---

218) 태국은 1979년 형법 제정 후 2019년까지 7차례의 일부 개정을 거친 「1979년 마약법」에서 마약을 5종으로 분류하고, 이를 허가 없이 소지, 판매, 수입, 수출, 제조하는 행위에 대한 벌칙을 두고 있다. 이 법을 위반하는 경우에는 1년 이상 종신형, 사형 또는 최소 1만 바트(한화 약 40만 원)에서 최대 500만 바트(한화 약 2억 원)의 벌금에 처하거나 징역과 벌금을 병과 할 수 있다. 조인현, 上揭書, p.55.

의 지도자(首長), 남경에서 미래에 대한 획기적인 정책을 실시하는 등 국가를 경영하였던 그는 지도력이 뛰어난 군주로서 봉건제사회 체제하에서 종교국가이라는 이념을 실현하고자 하였으나 잦은 내부 권력투쟁 끝에 천경(난징)성에서 오랫동안 포위된 채, 서릿발 같은 눈보라 몰아치던 때로부터 군량미가 떨어져 초근목피(草根木皮)로 연명하다가 한 맺힌 생을 자결(自決)로 마무리했다는 설도 있으나 영양실조 등으로 아사(餓死) 직전에 병사(病死)함으로써 기독교적 이상향(理想鄕)에 대한 그의 원대한 꿈은 한낱 물거품이 되고 말았다.[219]

19세기 아편전쟁 이후 서양문화와 접촉할 기회가 다양해졌다는 점에서 혁명가 홍수전(洪秀全) 자신이 종교개혁의 선구자인 프로테스탄트(Protestants)로서 혁명이 중국대륙을 석권(席捲)하고 성공리에 마무리되었다면 우리 한반도(the Korean Peninsula) 역사뿐만 아니라 중국의 역사 아니 세계의 역사도 완전히 달라졌을 것이라는 한 줄기 아쉬움만이 남아 있다.

말레이시아(Malaysia)는 마약류 문제에 대해 초강경 정책을 취하고 있는바, 헤로인 15g, 모르핀 15g, 헤로인과 모르핀을 합하여 15g, 아편 1,000g 이상을 소지한 자에 대하여는 반증(反證)이 없는 한 마약밀매자로 간주하고, 위험 마약류 밀매자에 대해서는 사형을 절대적인 형벌로 시행하고 있다.

II. 서유럽 및 기타

유럽 국가들 중 프랑스, 스웨덴, 스위스 등은 엄격한 통제유형을 유지하고 있으며 2000년대 들어와서 대다수 국가들도 마약사범에 대해 처벌의 범위를 지속적으로 확대 강화해 가고 있다.

네덜란드와 덴마크는 마약류에 대하여 매우 온건주의적 통제정책의 유형을 유지하

---

219) 박원호·譯書·小島晋治 著. 前揭書, pp.36~37.

고 있는 국가이다.[220]

특히 네덜란드는 마약과 관련하여 유럽의 다른 국가들과는 현저하게 다른 정책을 취하고 있다.

마약중독자인 소비자들에게 엄격한 형벌적 규제입법을 강화하게 되면 수사관들의 눈에 띄지 않도록 비밀스러운 은신처로 잠행하게 될 것이고 이에 따라 치료모델의 실시 및 마약 의존자들에 대한 사회로의 복귀에 매우 부정적인 낙인이론에 따라 햇볕 정책을 취하고 있다.

영원히 지울 수 없도록 불멸의 쇠도장처럼 찍는 낙인이론이란 사회적 낙인 또는 낙인효과(the stigma effect)로 인생에 "치욕적인 프레임이 씌워져" 한평생 가혹한 멍에(yoke)를 안고 살아가게 된다는 이론, 즉 사회로부터 한번 낙인찍힌 자는 부정적 사고(思考)를 가진 인간으로 변질되어 가는 현상, 범죄학·범죄심리학 등에서 청소년 문제뿐만 아니라 일탈행위자(범죄자)에 대한 꼬리표(label, tag)처럼 범죄자로 한번 낙인찍힌 자는 사회적 고정관념에 따라 스스로 느끼는 상황적 곤경에 처함으로써 정상적인 사회인으로는 영원히 돌아갈 수 없다.

프랑스 국왕 루이 16세가 신기한 예술작품처럼 독창적으로 새롭게 창안한 단두대라는 형틀은 그 누구든 보기만 해도 심장이 떨리는 듯 서슬이 시퍼런 칼날, 빠르고 쉽게 수많은 사람들은 처형할 수 있도록 특별하게 제작된 형틀은 고안자인 루이 16세 국왕의 생각과는 전혀 다른 반대의 결과를 낳았는데, 그것은 아이러니하게도 자신의 육신이 38세의 나이에 국민의 인권을 유린 무자비한 학살의 두목으로 낙인찍혀 목이 잘려(1793. 1. 21.) 떨어져 나간 이후, 가장 화려함의 극치 베르사유 궁전에서 진줏빛보다도 더욱 아름답고 황홀한 장미꽃이라 불리어 왔던 그의 왕비 마리 앙투아네트 역시 전제정치의 산물 "저주받은 단두대"에서 사치스러운 생활로 인하여 국가예산을 탕진, 나라를 말아먹은 여인으로 낙인찍혀 37세의 나이에 사형이 집행(1793. 10. 16.)되었다.

---

220)   『每日經濟』, "세계의 창을 열고", 2006. 7. 18. (參考相关报道)

특히 남미 대륙 북동쪽에 위치한 기아나(French Guiana)라는 지역은 지리적으로도 매우 독특한 자연 환경으로 코카인의 주생산지역인 안데스 산맥의 기후조건과 전혀 달리 전 국토의 99%가 열대우림으로 뒤덮여 있는 프랑스 자치령이다.

이곳 프랑스 해외영토 "기아나"라는 육지에서 아주 멀리 떨어진 작고 외로운 섬, 〈빠삐용〉(Papillon; 프랑스어 '나비'란 의미)이라는 불멸의 영화에 등장하는 "단두대라는 가히 살벌한 형틀", 등장인물인 주인공

빠삐, 가슴 정중앙에 나비문신을 새긴 그는 '악마의 섬'에서 매일같이 탈옥을 꿈꾸고 실행하는 무기수로 복역하고 있다.

나비라는 별칭을 가진 빠삐용의 죄명은 살인범, 그는 억울하게 누명을 뒤집어쓰고 낙인찍힌 인물이었으나 실상을 젊음을 허무하게 낭비한 죗값이 바로 살인범이라는 것, 그릇된 국가형벌권의 자의적 행사 및 남용보다도 인생에 있어서 더욱 가치를 부여하고 있는 소중한 삶, 그 "젊음을 낭비"함으로써 한평생을 무기수로 치욕적인 옥살이를 하면서도 매일같이 자유를 향한 끈질긴 집념 하나로 육신은 참혹하게 망가진 채 탈옥을 향한 사투는 수없이 이어지고 정결하게 참회하지 않은 살인범이라는 씻을 수 없는 낙인을 뒤집어쓴 채 다시 체포, 악마의 섬으로 압송되는 등 수차례에 걸쳐 시도한 결과 인생의 끝자락, 말년이라는 종착역에 이르러서야 자유를 얻게 된다는 매우 의미심장한 소설의 줄거리가 "삶의 가치"를 다시금 가슴 깊이 반추(反芻)하게 한다. 아무튼 프랑스 국민혁명의 시대 흥분과 분노의 감정이 고조된 채 파리 광장에 모인 수많은 군중들 앞에 공개된 처형 집행장, 무자비한 공포정치의 산물, 시퍼런 칼날의 단두대 아래 강물처럼 흐르는 핏빛물결의 한 시기, 빅토르 위고가 발표한 『레 미제라블』은 피바람이 불어닥친 혁명 전후라는 역사적 배경, 당시 '비참할 정도로 가난한 사람들'과 함께 프랑스 시민혁명의 초석(礎石)을 세움으로써 유럽 대륙 역사상 최초 "인간의 권리 선언"인 인권사상(1789. 8. 26.)과 관련 깊은 작품이다.

특히 수많은 여인들과 염문을 뿌린 빅토르 위고의 애정 행각은 인생 말년까지 계속 이어지는 가운데 완성된 원작 소설 『레 미제라블』에 등장하는 인물 "장 발장(Jean Valjean)"은 본시 선량한 사람이었으나 얄궂게도 처절한 사회 밑바닥 끝까지 몰락한 인간, 심각한 빈곤으로 인하여 비참한 생활고, 굶주림 속 아사(餓死) 직전에 빠진 7명의 조카와 누님 등을 구하려고 빵 하나를 훔쳐 나오다가 체포되었던바, 신비로운 구원의 자비란 빛 좋은 개살구일 뿐 이미 엎질러진 물이었다.

암흑시대부터 중세까지[221] 지속되어 온 악의 우두머리 사탄이 지배하고 있던 종교 재판소, 일명 이단자(異端者)인 마녀(Witch)들을 처단하기 위해 설치된 법의 최후 보루(堡壘)라는 곳은 19세기까지도 나약한 민초(民草)들에게 무자비한 형벌을 뒤집어 씌워 처벌하는 도구로 전락되어 왔던 것이다. 당시 종교재판소는 범죄자로 기소된 모

---

221) 서기 476년에 서로마제국이 멸망하고 13세기 문예부흥기까지를 중세시대라고 하고 중세 초반기를 암흑시대(476~1000년)라고 일컫는다. 그야말로 암흑시대 고결한 인간의 모든 가치관은 사라지고 완전히 혼돈상태에 빠진 서구 문명은 오로지 무당에 의한 주술 및 술법, 신화주의로 탄생된 점성술(astrology) 같은 미신과 신비주의만이 판을 치던 영적(靈的)인 시대였다. 심지어 자신의 육체를 바라보는 것마저도 부도덕한 것으로 생각하고 목욕을 하지 않고 더러운 옷을 걸치고 이로 인하여 발생하는 고약한 냄새를 없애기 위하여 돈을 가진 자들은 온몸에 향수를 뿌리고 살았다. 특히 이슬람 근본주의 창시자인 모하메드(Mohammed)가 죽은 6~7세기경, 불결한 정도로 아주 비위생적 관념을 가진 이슬람 광신도인 순례자들에 의해 콜레라(cholera)가 여러 차례 걸쳐 대유행하여 수많은 사람들이 "영문도 모른 채" 죽어 나갔다. 중세 후반기(1000~1453년)에 이르러서는 치명적인 질병들이 유럽의 대도시에서 유행병처럼 만연하였다. 1346년~1353년까지 흑사병(黑死病; 페스트; plague)이 대유행함으로써 영국에서는 전체인구 약 1/2이 사망하였다. 이로 인하여 14세기 유럽에서는 7천 500만~2억 명의 목숨을 앗아 간 인류 종말의 중세시대 범세계적으로 대역병이 걷잡을 수 없이 창궐하였기 때문에 죽음의 그림자 짙게 드리워진 공포의 암흑시대였다. 鄭奎澈, 前揭書, pp.8~9; 車河淳, 前揭書, p.185. p.229. p.237. p310. 參照.

든 혐의자들에게 오로지 "흑백"으로만 판단하여 처벌하는 무시무시한 법정, 그곳에 선장 발장은 위하(威嚇)주의 형벌에 의한 일벌백계(一罰百戒) 엄청난 중형에 처해진다. 지옥 같은 악마의 세상 거대한 돌산(石山)의 강제노역장, 외로운 달빛만이 서러운 미련만을 남기고 하루하루 빵 한 조각에 주린 배 부여잡고 발목에는 무거운 쇠사슬이 묶인 채 온갖 두려움 속에서 하늘도 슬피 울던 침묵과 고난(苦難)의 수치스러운 19년간이라는 형벌, 자신의 영혼을 악마에게 팔아서라도 탈옥하고자 하는 간절한 마음이 하늘에 닿았던가? 구사일생(九死一生)으로 지옥의 나락에서 벗어나게 되었다. 그러나 그 역시 인간이었기에 정치 및 사회에 대한 원망과 분노, 증오심을 가슴 깊이 새기게 된다.

탈옥 이후에도 정신적으로 치유되지 않은 피맺힌 상처들로 인하여 강한 유혹에 의해 신념이 흔들리는 때도 많았으나, 고뇌와 번민 속에 인간 본성으로 돌아가 어질고 선한 삶을 살아가려고 최선을 다하지만 빵 하나를 훔친 ""도둑놈에 중형을 받은 탈옥수" 등 추악한 범죄자로 한번 낙인(烙印)찍힌 불명예를 안고 요지 인물로 지명 수배되어 집요한 추적에 쫓기는 처량한 신세, 19세기 초부터 유럽 대륙을 휩쓸고 있던 코카인은 그 얼마나 인기가 좋은 상품이었던가? 뇌쇄적(惱殺的)인 성적흥분제로 둔갑하여 "강력한 정력제"로서 유럽 최고의 신비로운 사랑의 묘약(妙藥)의 가치를 부여한 코카인이 대유행하고 있을 당시 노다지를 캐듯 일확천금(一攫千金)의 수익금($)을 거두어들이는 마약 밀매자보다도 더욱 간악한 범죄자로 낙인찍힌 인물, 해박한 지식을 가진 도망자 경찰과의 긴 악연의 역사를 간직한 장 발장이었다.

불명예의 상징인 낙인이론(Labeling theory)은 사회병리학적 주변의 낙인(1차 낙인)이 자체적 낙인(2차 낙인)의 원인이 된다고 하는 것이 골자이다. 1차적 일탈에 대한 차별적 재제가 2차적 일탈로 이어지는 과정을 강조한다. 즉, "바늘 도둑을 사회가 황소 도둑으로 만들다."라는 말과도 같다. 사회통제가 일탈행동을 유발시키는 대표적 요인으로는 지키지 못할 약속을 남발하는 자로 "오명 씌우기", 교묘하게 조작된 증거로 마녀사냥식 "누명 씌우기", 오락가락 일관성 없는 "편견과 차별"을 받게 되는 자들, 단순 실수로 인한 경미한 사건의 전과자 및 마약중독자(俗稱, 약쟁이), 신용불량자(사기

꾼), 정신질환자 등에 대한 공정치 못한 편견에 따른 사회적 차별이론에서 논의된다. 특히 이러한 문제점으로 등장하고 있는 것이 바로 수사기관이나 사법기관에 의해 전과자로 낙인찍기가 고질적인 사회 병리학적 폐습(弊習)의 관점에서 주로 논의된다. 또한 언론을 이용하여 사악한 프레임(frame)이라는 허무맹랑(虛無孟浪)하고 거짓된 증거를 이용하여 아주 질 나쁜 인간으로 "낙인찍기"가 그 유명한 억대의 "논두렁 시계 사건"으로 굴절(屈折)된 우리 현대사에 있어 누명을 뒤집어씌운 대표적인 사례이다. 낙인찍기 이론중 하나인 '골렘 효과', 유대교 전설 속에 등장하는 "점토 인간 골렘", 태생은 순수이성을 가진 존재이나 차츰 포악한 성향으로 변해 간다.

설명을 덧붙인다면, 부정적인 시각으로 누군가를 대하게 되면 점점 그 부정이라는 기대에 맞추어 바람결에 사악한 풍문(風聞)이 주변에 전파되고 인식됨에 따라 아주 질이 나쁜 인간 악마의 화신으로 변질되어 간다.

그러나 어설프게 설익은 풋사과와도 같은 어느 예술인 하나가 자신만의 안식처 비밀의 방에서 못생긴 조각상 하나를 만들어 놓고 지고지순(至高至純)한 마음으로 깨끗하게 다듬고 고운 연둣빛 저고리와 다홍치마 녹의홍상(綠衣紅裳)을 곱게 입히고 걸작(masterpiece)이나 된 듯 매일같이 정성을 다해 하늘에 기도하듯 천국의 노랠 부르니 "구원의 천사"가 이에 감동하여 도깨비에 홀린 듯 아름다운 자연미의 극치(極致) 절세미녀(the goddess of beauty)로 탄생시켜 영원토록 그와 함께 살도록 하였다는 흥미로운 일화(逸話)가 사랑의 여신 아프로디테 비너스 『변신 이야기』에 등장한다.[222] 즉 선입견적 고착화된 관념을 벗어나 긍정적 측면이라는 '피그말리온 효과'는 치욕적인 낙인이론에 반대되는 개념으로 전설 속에 묻혀 있던 그리스 신화, 세상에서 가장 "못난 이 조각상"에 관한 멋진 사랑의 부활(Resurrection)이라는 에피소드(episode)이다.

어쨌든 마약사범에게 엄격한 형벌을 부과하여 불명예스러운 낙인을 찍어 사회적으로 매장시킬 경우, 중독자들이 비밀리에 깊숙한 은신처로 잠행(潛行)하게 됨으로써 음성적인 마약 소비자들을 양산하여 결과적으로는 마약 밀거래 가격의 최고점이 어

---

222)   김용래, 형사정책, 고시연구원, 1999. 1. pp.163~168.

디인지 알 수 없을 정도로 천정부지 오르기만 할 것이며, 이에 따라 마약 거래상 또는 판매상들은 활개를 칠 수밖에 없다는 논거인 것이다.

즉 범죄자가 아닌 보호받는 환자로 다루어서 아주 싼 가격에 소량의 마약을 제공하면서 서서히 마약중독의 **나락(늪)에서** 빠져나올 수 있도록 치료하겠다는 온건주의적인 대응책으로써 매춘에 관한 정책과 더불어 마약에 관해서도 네덜란드 정부는 부드러운 "햇볕 정책"을 취하고 있다. 이러한 온건주의 햇볕 정책을 취하고 있는 네덜란드는 흔히 마약이라는 '문턱 낮추기'로 표현하고 있다.[223]

실례로, 네덜란드 수도 암스테르담에 가면 거리 곳곳에 "커피숍(Coffee Shop)"이라고 적혀 있는 간판을 심심찮게 볼 수 있다. 하지만 우리나라의 커피숍 분위기를 기대하고 웃으면서 들어갔다간 큰 낭패(狼狽)를 보기 십상이다. 네덜란드에서의 커피숍은 다름 아닌 마리화나 및 대마초 등 마약을 판매하는 곳이기 때문이다.

젊은 청춘을 사고파는 매춘행위와 함께 마약에 관한 네덜란드인들의 사고방식은 아주 "자유분방하고 실용주의적"인 모습을 보여 주고 있다.

푸르른 하늘가 수평선 위로 보이는 무한대의 넓은 청정무구의 세계, 오색종이 위에 원도면(原圖面)을 그리듯 네덜란드에서의 마약에 대한 온건주의 햇볕 정책이란 청사진(靑寫眞), 그 결과[224] 네덜란드는 마약 중독자 비율이 전인구의 0.16%로 마약을 엄격히 규제하는 프랑스의 0.26%보다 낮은 수치를 유지하고 있다.

이처럼 네덜란드 정부는 극단적이고 무책임하다고 느낄 정도로 인권적 측면에서 국민의 자유와 권리를 보장하고, 이에 국민들은 균형감각을 가지고 그 자유를 마음껏 누리고 있는 것이다.

특히, 지구상에서 아무래도 과거와 현재가 매우 어색하게 공존하고 있는 장소(**크리스티아니아**), 덴마크 수도 코펜하겐 남동쪽에 자리 잡고 있는 꿈속의 낙원이라 불리

---

223) Manuela Díaz, The Netherlands recognizes individual freedom, human rights, and options, 2024. Volume 2, No. 2.

224) Manuela Díaz, The Netherlands recognizes individual freedom, human rights, and options, respects the human rights of drug users, 2024. Volume 2, No. 2; 『每日經濟』 前揭書.

고 있는 아주 작은 나라 하나가 있다.

꿈결 속의 낙원이라는 크리스티아니아는 본래 군사기지가 있던 곳이었으나, 이 시설물이 다른 곳으로 옮긴 이후 빈 공간으로 남아 있던 곳에 유럽 지역에서 집시(Gypsy), 대마초를 상습적으로 입에 물고 유랑객처럼 떠돌던 히피족들이 하나둘 모여들었고, 초기 덴마크 정부당국은 이들의 거주 여부에 대하여 여러 단계를 거쳐 심사숙고(contemplation)하였으나 결론은 사실상 불허하는 방향으로 결정되었다.

그러나 이들 히피주의자들이 끈질긴 투쟁을 벌인 끝에 1989년에 이르러서야 덴마크 정부로부터 완전한 자치권을 획득해, 그들만의 "이상향(理想鄕)"을 꿈꾸는 실험적인 일정한 지상낙원(paradise on earth)인 크리스티아니아를 만들었고, 오랜 세월 히피족들이 기호품으로 즐겨 피우던 대마초가 이 작은 섬으로부터 전국적으로 유행처럼 번지게 되었던 것이다. 특히, 일상적으로 대마초를 입에 물고 거리를 활보하고 다니는 집시문화를 간직한 히피족들은 오늘날 현대인들에게도 언제나 이방인 같은 존재이다.

코펜하겐 예술자치구 크리스티아니아 대마초 그림

크리스티아니아(Christiania)의 면적은 서울 한강 밤섬(27만 ㎡)보다 조금 큰 33만 ㎡이고 주민은 겨우 850여 명에 불과한 초미니 국가와도 유사한 아주 작고 자유로운 공동체 마을이다. 이들은 사회적으로 오래된 낡은 관습을 부정하고 아름답고 고결(高潔)한 삶을 추구한다는 숭고한 이념을 지니고 있다.

그러나 이들의 고상한 이상주의적 사고방식에도 불구하고 히피(hippie)주의에 심취한 젊은이들은 도덕적 관념을 상실한 채 대마초를 습관적으로 피우면서 생활한다.

히피(hippie)주의란 어원에 관해서는 여러 가지 야설이 있으나 해피(happy; 행복한)에서 유래되었다는 설이 정설인가에 대해서는 논란의 여지가 있다.

오늘날까지도 히피들이 사회적으로 저평가 받는 이유는 본인들 자업자득, 미풍양속을 해하는 상습적 풍기문란행위, 즉, 고결한 사랑이 아닌 집단난교(collective promiscuity)를 자행하고 무위도식과 마약, 그러나 무소유 및 내적 평화와 평등을 꿈꾸는 이들의 가치관은 정치적인 이유가 크게 작용했던 것이다.

아무튼, 히피족들의 해방구로 알려진 이곳에는 매년 약 50만 명 이상이 방문하는 코펜하겐의 대표적인 관광지 명소가 되었다. 그러나 최근 외부 마약 갱단이 이곳 대마초 판매망을 완전 장악, 마약 거래량이 폭증해 매년 150만 달러(약 24억 원) 상당의 대마초가 크리스티아니아로 들어온다.[225]

덴마크 내에서 불법으로 금지된 대마초 거래를 아나키스트(Anarchist)를 추종하는 히피족들이 거주하는 이 지역에서만은 자유롭게 거래되도록 합법화시켜 주었던 것이다.

아나키스트(Anarchist)란 흔히 무정부주의자, 자유 지상주의적 사회주의(Anarchism)는 국가와 정부뿐만이 아닌 민족주의를 넘어서 자본주의사회와 같은 인간의 자유로운 권익을 억압하는 모든 체제 및 규범에 반대, 이러한 아나키즘은 다분히 계몽주의, 이상주의적 성향을 가지기 때문에 현재 인류 세력 간의 정치적 균

---

225) Google Maps provided(Take a picture). 2025. 3. 10. 參考.

형, 사회문화적 체계와 과학기술 수준으로는 아나키스트가 말하는 지구상에서의 이상향 실현이라는 것[226] 자체가 사실상 불가능하다는 것이 중론이다.

하지만 이들이 거주하는 자치구가 수많은 마약성 관광객으로 인하여 수익성($)이 좋은 지역으로 변모하자 마약 갱단들 간에 새로운 먹잇감을 앞에 놓고서 투쟁의 장이 됨에 따라 아나키스트(Anarchist; 무정부주의자)를 근본적 이념으로 하는 히피족, 기존 사회규범과 법질서를 거부하며 극단적 자유주의만을 추구하던 자들 스스로가 아이러니(irony)하게도 법과 질서를 강력하게 요구할 정도로 유럽의 마약문제는 위험 수위에까지 치닫고 있다.[227] 그러나 이와는 달리 서유럽 국가들은 지난 수년간 마약사범에 대한 단속을 위한 억압적인조치를 점진적으로 강화해 왔다.

독일의 경우, 1971년과 1981년, 2001년에 걸친 형법 개정과정에서 자신의 사용을 위한 소지와 부드러운 마약(soft drugs)에 대한 합법화의 논의가 반영되었다.

이에 따라 독일 정부는 2024년 4월 1일 0시를 기해 치료용 대마초 합법화를 위한 법안을 마련하기에 이르렀다.

그 취지는 사회적으로 비밀리에 유행하고 있는 대마초를 음지에서 양지로 끌어들여 "암시장"을 깨끗이 일거에 척결하고 청소년을 보호하겠다는 것이 법안의 골자이다.

그러나 대마초가 합법화된 이후에는 대마초 품귀현상(品貴現狀)으로 인하여 정상적인 방법으로는 대마초를 구입하기가 어려워짐에 따라 정부가 처음 의도한 정책과는 전혀 달리 대마초 "암시장"이 더욱 네 활개를 펴고 성업 중에 있다.

오래전부터 불면증(Insomnia)치료를 위한 특효약으로서 신약이 개발되어 있음에도 불구하고 대마초를 합법적이고 값싼 가격으로 구입하기 위해서 의사 처방전을 받

---

226) The Wall Street Journal(WSJ), Christiania in Copenhagen, Denmark, op, cit. p.3; 시사상식사전, 지식엔진연구소, 아나키즘(Anarchism), 박문각, 2018. 11. 16.
227) 유명한 덴마크의 한 공동체 마을이 마약범죄 온상으로 변질, 히피족(극단적 자유주의자)들 스스로가 마약범죄 척결을 요구하며 집단행동에 나서다. The Wall Street Journal(WSJ), the largest tourist attraction in Northern Europe and the symbol of Danish inclusion and tolerance, is undermined by drug gang tyranny, August 8, 2023.

아 대마초를 구하려는 "가짜 불면증 환자"들도 기하급수적으로 증가 추세에 있다. 독일 내에서 습관적으로 피우는 기호용 대마초 판매는 마약류 관리법에 따라 여전히 금지되고 있으나, 대마초를 직접 경작하거나 공동 재배 모임인 비영리단체인 "대마초클럽"을 통해서 대마초를 구입하는 것은 허용된다.

오늘날 대마초 합법화 정책에 따라 정기적으로 대마초를 흡연하는 자들은 독일 8천4백만 명의 전체인구 중 약 5%정도인 400~500만 명 정도로 추산된다. 지난해 의료용 대마초가 합법화된 이래 중독자가 전년대비 14.5% 급증한 것으로 나타났다.[228]

이와는 달리 대부분 유럽 국가들은 대마초를 포함한 마약류 거래에 대한 처벌을 대폭 강화하였고, 최근에는 다른 유럽 연합 국가들(European Union states)과 발을 맞추어 1985년 여행에 대한 자유화를 위한 솅겐 협정 및 1988년 유엔협약에 따라 금융기관의 자금정화에 이용금지와 마약류 제조에 필수적인 물질을 파악하여 통제하기 위한 법제를 정비하여 시행 중에 있다.

솅겐 협정(Schengen Agreement)은 유럽 각국이 공통의 출입국 관리 정책을 사용하여 국경 시스템을 최소화해 국가 간의 통행에 제한이 없게 한다는 내용을 담은 협정이다. 이 조약은 벨기에, 프랑스, 독일, 룩셈부르크, 네덜란드 5개국이 1985년 6월 14일에 프랑스·독일과 국경을 접하고 있는 룩셈부르크의 고요한 작은 마을 솅겐, 풀빛 같이 밝고 선명한 푸르른 호숫가 모젤강에 떠 있던 낡은 선박 프린세스 마리 아스트리드 호(Princesse Marie-Astrid) 선상에서 조인되었다.
또한 5년 후인 1990년 6월 서명한 솅겐 협정은 참가국 사이 "언제나 여행을 자유롭게" 국경을 철폐할 것을 선언하였다.[229]

영국은 오랜 세월 마약이라는 약물남용을 범죄행위로 보지 않고 하나의 병리현상

---

228) 韓國日報, 2024. 4. 1. 아시아經濟, 2025. 7. 17. 참조.
229) Schengen Agreement, Decision of the Executive Committee of 22 December 1994 on bringing into force the Convention implementing the Schengen Agreement of 19 June 1990.

으로 파악하고 치료·처방모델을 사용하여 왔던 국가였으나 최근 메사돈 프로그램이 별효과를 발휘하지 못하고 약물남용의 확산의 결과에 따른 억제 정책이라는 통제모델을 강화하여 2001년 이후 마약 거래단속법에 의해 마약류를 압수할 수 있게 하고 압수마약 사범에 대한 처벌 범위를 확대 강화하였다.

스웨덴에서는 1970년대 초반까지 청소년센터에서 대마초에서 추출한 해시시의[230] 사용이 승인되었으나, 1980년대에 들어서는 마약류 소비·거래 이외에 소지행위도 처벌하고 있다.

이에 따라 유럽 국가들은 네덜란드에 마약류 관련법규를 개정, 강화하도록 압력을 행사하고 있으나 오늘날까지도 요지부동(搖之不動)이다.

이탈리아는 1961년 마약에 관한 단일협약과 1971년 향정신성물질에 관한 의정서에 가입한 국가로, 최근 국제협약의 규정에 크게 저촉되지 않은 범위 내에서 약물남용에 대해 부분적으로 합법화하는 유화적인 정책을 취하고 있다.

이탈리아의 조직범죄 단체의 주요 수입원은 마약의 밀매이다. 혼잡한 해상 항로라는 전략적 위치를 악용하여 또 다른 범죄조직과 연결하는 것이 매우 용이하기 때문이다. 전 세계 범죄조직 중 이탈리아에서 가장 부유한 마피아 조직은 "은드랑게타(Sono Ndrang Heta)"가 통제하고 있으며 유럽으로 밀반입된 코카인의 80%를 차지한다. 이 조직은 위조품 밀수 및 판매, 협박과 갈취, 산업폐기물 밀매 등 수익금에 대한 자금세탁까지 모든 돈과 관련된 사업에 관여하고 있다.[231]

캐나다의 경우, 일부 주에서 마약을 개인적인 용도로 소량을 소지하거나 투약할 경우에 처벌하지 않는다는 조치에 대하여 전면적인 수정법안이 발효된 바 있다.

---

230) 미국에서 각성제로 주로 사용되는 대마의 일종인 해시시는 대마초를 건조, 압착(壓搾)시켜 환각효과를 대마초보다 10배 이상 강하게 만들어 사용한다.

231) United States Department of State Bureau of International Narcotics(Law Enforcement Affair), International Drug Control Power Report, March 2022. pp.117~118.

그러나 서방 국가와는 달리 사우디아라비아를 비롯한 중동의 아랍권 국가들은 고대로부터 전통적으로 이어 온 일부다처제인 축첩제도(蓄妾制度) 및 물 담배 애용은 그대로 유지하나, 금주(禁酒) 및 마약에 대한 억제 정책은 강경책으로 일관하고 있다.

　사우디아라비아는 2024년 1월 초부터 7월 15일까지 무려 100명의 마약사범을 처형한 바 있다. 2024년 현재까지 이틀에 한 명씩 사형을 집행하고 있는 것이다. 이들 중 마약사범에 대한 사형 집행, 사우디아라비아 수도 리야드에서 사형 선고가 확정된 헤로인 밀수사범인 파키스탄 국적자 2명이 참수형(斬首刑)으로, 그 형의 집행이 이루어졌다. 조선시대 국가 반역죄를 저지른 자들에게 술에 취한 망나니가 서슬 퍼런 칼춤을 추면서 행해졌던 참수라는 무시무시한 전근대적인 사형제도가 백주(白晝)에 버젓이 오늘날에도 일부 국가에서 자행되고 있는 것이다.

　생물학적인 측면에서 오늘날까지도 인간에게 있어서 결혼에 대한 정의가 명확하게 정립되어 있지 않다. 4대문명의 발상지로부터 오랜 세월 마약과 운명을 함께 유지해 온 인류가 국가번성을 위한 이념 중 하나가 종족 번식과 보존이라는 것이다.

　즉 국가적 정복사업 중 필수적 요소가 인구 증가로서 많은 자식들을 낳고 거느리는 것이 최우선적 목표였던 것이다. 고대로부터 일부일처 및 일부다처제라는 제도가 혼재(混在)되어 인류와 함께 오늘날까지 존속되어 왔으며 사회적 환경변화에 따른 종의 멸종을 막는 중추적인 역할에도 기여해 왔다. 수렵 및 채집시대에도 양귀비와 대마초를 경작하면서 뛰어난 수렵(狩獵)을 위한 사냥꾼이나 족장의 경우에는 여러 명의 아내를 가질 수 있었고, 문명이 발달된 이후에도 축첩이라는 제도는 크게 변하지 않았다.

　거의 모든 시대 지배자라는 군주(君主)들은 못해도 여러 명의 여자, 심한 경우에는 수천 명에 달하는 일부다처제라는 "하렘(harem) 제도"를 유지하여 왔다. 우리나라만 해도 수백 명의 후궁을 거느리고 살았던 왕들은 물론이고, 문벌이 높은 벼슬아치 사대부(士大夫) 양반들에게도 처첩을 거느리는 하렘(harem)이라는 몰지각한 작태(作態)는 일상적이었고, 정식으로 혼인하지 않고도 여자 노비와 밤이면 은밀하게 남녀 간에 뜨거운 통정(通情)행위, 로맨스가 아닌 성폭행 행위로 여러 명의 자식을 두는 경우도 부지기수였다.

　고려 및 조선시대 이전부터 오랜 세월 본처인 정실부인(正室夫人), 즉 조강지처(糟糠之妻)가 아닌 여인(처첩)들에게는 닉네임(nick name)이란 애칭으로 새롭게 불리어 온 이름이 존재해 왔다. 이에 따라 처첩(축첩)이란 애칭은 첩실(妾室), 소실(小室), 측실(側室), 작은집, 작은마누라, 작은아씨 등 그 표현도 매우 다양하게 전래되어 왔던 것이다.

　전통적 가부장제적 사회에서 인격체로서 남성과 여성 간의 불평등이라는 상징적 이념이 뿌리 깊게 자리 잡고 있던 제도가 바로 남존여비사상(男尊女卑思想)이다.

　특히 반민주적 봉건제 전통사회 중국에서는 여성의 인권존중 사상이란 사실상 존재하지도 않는 제도로서 여성은 오로지 여필종부(女必從夫)의 대상이었을 뿐이었다.
　약소국가인 우리나라는 몽고 침입과 병자호란(丙子胡亂) 등 수많은 전란(戰亂) 당시 강제로 도살장에 끌려가는 소처럼 수많은 여인들이 낯선 이국땅으로 잡혀가 첩실이나 노비(奴婢)로 한평생 슬프고 끔찍한 삶을 살아가면서 침략자들의 성적 노리개가 되었던 것이다.
　특히 아라비아 반도 홍해연안에서 약 80㎞ 떨어진 이슬람 성지(聖地)사막 한가운데 독성을 지닌 전갈(Scorpions)만이 존재하는 황무지, 메카의 비탈진 산자락 서늘한 동굴 속에서 하늘에 기도 후 알라신의 계시를 받고, 예수 그리스도를 치명적 사이비 종교, 사교(邪敎) 집단인 이단으로 적대시하는 이슬람 교리를 창시한 원리주의 『코란(Koran)』 경전의 최후 예언자인 마호메트(Mahomet)는 스스로가 모범적 귀감(龜鑑)이 되고자 하는 선례를 세우겠다며 4명의 부인을 두었고 그로 인해 오늘날까지도 일부다처제(축첩제)가 유지되고 있으나 음주 및 도박, 탐욕과 거짓 등은 절대적 금기(禁忌)사항이다.[232]

---

232)　車河淳, 前揭書, pp.147~183.

하지만 정부의 묵인하에 물 담배를 허용하고 있는 이슬람주의 신봉자들, 아랍권에서 수백 년간 매일같이 애용되고 있는 기호품, 시도 때도 없이 수시로 입안 가득히 상습적으로 빨아들이는 시샤(shisha), 후까(hookah) 등으로 불리는 물 담배의 성분이라는 것은 일반 담배보다 니코틴의 함유량이 "100배에서 200배 이상", 심한 경우는 양귀비에서 농축시킨 아편 앵속의 미세한 입자를 소량(少量)씩 혼합하여 섞어 흡입하는 경우도 있다.

즉 위스키나 브랜디 따위의 독한 양주를 적당히 섞은 후 감미료나 방향료(芳香料) 등과 얼음을 혼합한 술을 마시는 것보다 물 담배를 칵테일하여 흡입할 경우, 물 담배의 니코틴 함량과 양귀비의 아편성분이 "상호작용(interaction)"이라는 강력한 상승작용으로 인하여 치명적인 중독성 및 내성을 유발하기 때문에 꿈결 속 나락(奈落)으로 빠져들게 되는 것이다.

Ⅲ. 소결

마약류 중 코카인·필로폰(히로뽕)·헤로인 등으로 대표되는 강한 중독성(Hard Drugs)을 가진 마약에 비해 금단증상과 정신적 의존도 및 신체에 가하는 해악(害惡)이 비교적 약한 마약류를 소프트 드러그(Soft Drugs)라고 지칭(指稱)한다. 네덜란드와 덴마크에서는 대마초 및 소량의 마약은 독성이 약한 마약(Soft Drugs), 그 외의 다른 종류나 다량의 마약류는 중독성이 강한 마약(Hard Drugs)으로 구분하여 분류하고 있는 것은 내성이 강한 마약(Hard Drugs)의 소비를 억제하려는 완화 정책에 대한 취지로서, 이것은 금단증상으로 인한 중독성이 강한 마약(Hard Drugs) 남용자를 인체에 영향이 적게 미치는 소량의 마약과 대마초 쪽으로 유인하려는 정책이었으나 결과적으로는, 모든 마약류가 다량(多量)으로 유통되는 역효과를 가져오게 됨으로써 이러한 특별한 정책(particular policy)이라는 것이 획기적인 성과를 이루지 못한 상태이다.

특히, 고대 역사적 유산과 현대적 감각이 하나로 조화를 이루고 있는 꿈결 속 동화책 같은 아름다운 도시 덴마크 수도 코펜하겐(Copenhagen), 스칸디나비아 반도의 중심지에서도 종래 중독성이 약한 부드러운 마약(Soft Drugs) 합법화를 주장했던 단체까지도 마약에 대한 규제정책을 주장하고 있는 실정이다.

한편, 캐나다의 경우 일부 주정부 차원에서 시험적으로 운용하고 있는 마약류에 대한 합법화 정책 역시 사실상 실패한 정책이라는 견해가 지배적이다.

일본의 경우와 같이 마약사범에 대한 철저한 단속과 엄벌주의 형벌, 중독자에 대한 완전한 치료, 마약류 남용방지를 위한 국민적 합의를 얻기 위한 정책의 병행이 필요할 것으로 보이나, 이 역시 마약문제로 최악의 상황에 직면한 인종 백화점이라 불리고 있는 다민족 사회를 가진 미국 등 다른 유럽 국가들에게는 일본과 같이 단순한 문제가 아니다.

어느 한 사회에서의 정책의 결정과 그 효과는 정치문화, 사회적 구조 및 형태에 따라 달라질 수 있는바, 일본에서의 마약근절정책의 성공은 정부에 의한 정책의 강력한 수행과 이에 대한 국민들의 적극적인 호응의 결과라고 보인다.

한편, 2025년 1월 초부터 콜롬비아 내 무자비한 마약군벌(갱단), 코카인(정신흥분제)[233]의 새로운 지배자의 등장과 함께 동년 1월 20일 트럼프(Donald Trump) 대통령 취임으로 인하여 불법이민자 문제와 더불어 마약에 대한 강경정책의 일환으로서, 코카인의 불법 밀매 및 유입을 방지하기 위해 군 병력을 동원하여 국경의 완벽한 봉쇄하고, 불법이민자들을 체포한 후 수갑을 채우고 포승줄로 묶어 군용기를 동원하여 강제 추방 등 극약 처방을 추진하고 있다.

---

233) 영원한 마약의 대명사 양귀비를 비롯하여 강력한 환각제 엘에스디 및 코카인 등 모든 마약은 의학적으로 인간의 중추신경계에 치명적인 타격을 가함으로써 촌각을 다투듯 절정의 흥분상태에 이르게 하는 물질인 노르아드레날린(noradrenaline)뿐만 아니라 지나친 엔도르핀(endorphin)의 급격한 상승작용으로 진통 및 환희의 기쁨을 가져다준다. 특히 도파민(dopamine)이란 신경전달 물질을 거대한 폭풍우처럼 일순간 생성시켜 극적인 쾌락을 경험하게 된다. 따라서 인체에 저장된 도파민을 한순간에 모조리 소모시킴으로 인하여 쾌락이라는 환희의 극대화는 눈 깜짝할 사이에 모조리 사라지고 사망 선고에 이르는 극심한 고통의 나락(奈落)이라는 황천길 앞에서 헤매게 된다.

이와 같이 하늘도 놀랄 신기한 묘책이라는 청사진(靑寫眞)은 양귀비 아편(앵속)에서 추출하여 정제한 헤로인 및 모르핀의 100배, 필로폰(메스암페타민)보다 무려 300배 강력한 펜타닐(fentanyl) 등 "인류 최악의 마약"에 대한 근절정책이 그 얼마나 큰 성과를 달성할 수 있을지에 대해서는 향후 역학적으로 풀리지 않는 미지의 수로 남아 있다.[234]

---

234) 아편류(Opioid) 마약인 모르핀(Morphine)은 본래 양귀비에서 추출, 기이할 정도로 강력한 진통 효과를 내는 엔도르핀(endorphin) 유사체이다. 1804년 독일의 화학자이자 약사인 프리드리히 빌헬름 아담 제르튀르너(Friedrich Wilhelm Adam Serturner, 1783~1841)가 아편에서 분리한 핵심 물질로서 흥미롭게도 이상하고 야릇한 초자연적 존재, 그리스 신화(神話) 꿈결 속의 불가사의한 신(神) 모르페우스(Morpheus)에서 이름을 따 모르핀이라 작명하였다. namuwiki, Morphine named after Morpheus, the god of dreams, 2025. 1. 19.

제7장

결론: 꿈결 속 나락(奈落)

신비로움과 아름다움을 간직하고 있기 때문에 천상의 꽃이라 불리는 양귀비는 인류 역사와 함께 지속되어 온 식물로서 하느님이 인간에게 베풀어 준 가장 크나큰 은혜의 선물이라고 생각하는 오랜 전설이 오늘날까지도 실체적 진리처럼 인식되고 있다.

아편에서 고요하게 흐르는 냄새는 향기롭고 그 맛은 푸르른 창공처럼 해맑고 꿀벌보다도 더욱 달콤하다. 이슬비가 하염없이 내리는 날 기분이 울적하고 답답할 때면, 매혹적인 양귀비와 깊은 사랑을 느낄 수 있을 뿐만 아니라 정겨운 눈길로 서로 마주 바라보며 교대로 입안으로 빨아들일 때면, 처음부터 정신이 맑아지고 머리와 눈이 선명하고 깨끗해진다. 아편의 연기를 계속하여 흡입하면 가슴이 갑자기 확 열리면서 정겨운 흥이 수십 배로 증가하며 선명한 울음소리의 대명사 샛노란 깃털을 간직한 꾀꼬리처럼 고운 여인의 아름다운 콘서트 선율(concert melody)이 은은하게 들리어 오는 듯 무아경(無我境)에 이르게 된다.

시간이 흘러 포근한 베개를 베고 하늘 높이 누우면, 머릿속 혼미하고 복잡하던 번민(tormented)은 모두 사라지고 영혼이 상쾌해지니 이것이 진정 인생의 지상낙원

(地上樂園)이라 할 것이다. 이와 같이 황천길에 이르도록 짝사랑했던 여인, 치명적인 아편이라는 인류역사의 한 세기 희생양(scapegoat)이 되었던 양귀비라는 독성을 지닌 마녀와의 깊고 깊은 정념(情念)을 가진 욕망이라는 금단현상을 겪었던 어느 아편 중독자의 슬픈 고백을 시적표현으로 각색하여 보았다.

아무튼, 기원전 5,000년경 현재의 이라크 지역에 거주했던 사람들이 대리석 (Marble)에 양귀비(아편) 관련 지식을 새겼던 것이 아편에 관한 인류 최초의 기록이 오늘날까지도 현존하고 있다.

히포크라테스 의사의 윤리(희생 및 봉사, 장인정신) 등에 대한 선서문(Hippocratic Oath)으로, 세상에 널리 알려진 그리스 의학자 히포크라테스는 4세기경 양귀비 아편으로부터 추출한 액체를 질병치료제로 사용하도록 권장하였다.

푸른 바탕 오색종이 위에 원도면(原圖面)으로 흰 줄을 그리듯 지구상 유라시아 거의 북서쪽 끝 유럽 서쪽 지역에 자리 잡고 있는 네덜란드, 그곳은 마약에 관해서는 햇볕정책이라는 온건주의적 청사진(靑寫眞)을 유지한 결과, 마약 중독자 비율이 전인구의 0.16%로 마약을 엄격히 규제하는 프랑스의 0.26%보다 낮은 수치를 유지하고 있다.

이처럼 네덜란드 정부는 극단적이고 무책임하다고 느낄 정도로 인권적 측면에서 국민의 자유와 권리를 보장하고, 이에 국민들은 균형감각을 가지고 그 자유를 마음껏 누리고 있는 것이다.

그러나 늦가을(晩秋) 어스름 초저녁 첫사랑 설렘 같은 연보랏빛 은은하고 그윽한 달빛에 흠씬 젖은 하늘가 고요한 물결 따라 흐르는 황홀경(恍惚境) 속 천상의 뱃놀이가 아니라 마약이라는 내성에 의해 자신도 모르게 살며시 다가오는 금단증상으로 인해 흘러간 애절한 기억은 순식간에 사라지고 가슴 깊이 스며드는 치명적인 독성 (deadly toxicity)으로 인하여 저승이라는 나락(奈落)으로 굴러떨어지는 찰나(刹奈) 자신의 몸이 거대한 냉혈동물(冷血動物) 악어의 이빨(crocodile's teeth)에 갈기갈기 찢겨 씹히는 고통의 나래를 펴게 된다.

전 인류 문명의 발상지이기도 한 북반구 거의 모든 온대와 아열대지구에서 매우 성장력이 높은 양귀비, 스위스에서 발굴된 기원전 4,000년경 신석기시대 마을 유적에서 고고학자들은 "아편 앵속"의 종자와 과실유적을 발굴한 바 있으며, 이곳 유적지에서 발굴된 아편의 원료는 인공으로 교배시킨 품종이었다.

기원전 3,400년경 문명의 발상지의 하나인 이라크의 티그리스 유프라테스 강 유역에서 인류는 이미 대규모로 양귀비 작물을 심기 시작했으며, 마약의 성분을 가진 초목에 "쾌락의 식물(plant of enjoyment)"이라는 아름답고 멋진 이름을 붙여 주었다. 코카나무의 역사를 거슬러 올라가면 안데스지방에서 발견된 기원전 500년경으로 추정되는 다수의 '미라'에서 외과적 수술 흔적이 보이고, 또 그 당시에 수술에 필요한 마취제로 코카잎을 사용했을 것으로 추정된다. 이 코카잎의 마취작용을 잘 이용한 것은 잉카 시대의 황제들로서 그들의 국가통치에 크나큰 역할을 했다.

이후 고대 남아메리카 페루인들의 분묘(graveyard)를 발굴, 확인한 결과 코카잎을 입에 물고 있는 형상이 발굴되어 코카와 고대인간의 관계를 한층 더 명확하게 설명해 주고 있다.

잉카제국하에서 코카잎을 사용하는 것은 엄격하게 통제하고 있었고, 이에 따라 제국에서 주는 포상(褒賞) 중에서 코카잎을 마음껏 즐길 수 있는 권리를 부여하는 것은 최고로 영광스러운 은전(恩典)으로, 성직자 및 기원자(祈願者)들은 코카잎을 입에 물어야만 높은 제단에 오를 수 있었다. 또 죽는 순간까지도 그들은 죽어 가는 사람이 입에 넣어 주는 코카잎의 맛을 느낄 수만 있다면, 그 영혼은 영원히 살 수 있는 천국에 갈 수 있다고 맹신하여 왔다. 오늘날 남미의 고대 무덤 속에서 지속적으로 발견되고 있는 코카잎이 가득 찬 포대자루도 토속신앙 및 주술적 사고(思考)의 원인에 기인한다.

인류 역사상 대마초 및 코카인은 오랜 세월 환각상태에서 주술적 종교의식을 위한 정령(精靈) 신앙 및 의료용으로 대마초를 약재(藥材)로 처방하여 왔다. 한편, 1903년 제정 러시아 수도인 상트페테르부르크에 혜성(彗星)처럼 등장한 '라스푸틴'이란 자는 대마초를 약재로 처방하여 혈우병자인 어린황태자의 병세를 호전시킨 크나큰 업적으로 화룡점정(畫龍點睛), 홀연히 구름을 타고 하늘에서 내려온 신성한 구원의 사도(使徒)로서 일순간 황실의 두터운 신망을 한 몸에 얻고, 1916. 12. 30일 암살당하기 직전까지 절대 권력을 한 손에 움켜쥐고서 러시아 제국을 흔들던 인물이다. 그자는 해탈의 경지에 이를 정도의 높은 식견은 가진 성스러운 자도 아닐뿐더러 타락한 파계승(땡중)으로, 마리화나를 상습적으로 입에 물고 거리를 활보하는 집시처럼 동가식서가숙(東家食西家宿) 떠돌이 생활을 하던 돌중(땡초)에 불과했던 기이(奇異)하고도 요사스러운 점쟁이(무당)였다.

이즈음, 코카인 중독증세를 보이고 있던 알렉산드라 황후는 섬망(譫妄)으로 인하여 의식이 흐리고 착각과 망상에 사로잡혀 알아들을 수 없는 말로 헛소리나 잠꼬대, 또는 몹시 흥분했다가 불안해하기도 하고 비애(悲哀)나 고민에 빠지기도 하면서 마침내 전신 마비증상을 일으키는 의식 장애 등 신경쇠약에 시달리고 있었다. 그녀는 부부간의 뜨거운 사랑이라도 나누듯 금슬지락(琴瑟之樂)이랴, 아름다운 로맨스 사랑이 아니라 불륜관계에 있는 '라스푸틴'이란 자가 없으면 단 하룻밤도 잠을 이루지 못하는 심각한 정신적 상사병(相思病)에까지 이르렀으며, 그들은 아둔하고 멍청한 '황제 차르'를 사실상 허수아비로 내세워 사리사욕(私利私慾)을 위해 폭정을 일삼았다.

우크라이나 크림반도에서 발발한 크림 전쟁(일명 동방 전쟁; 1853~1856)에서 참패한 이후 러일전쟁 및 제1차 세계대전에 투입된 천문학적인 전쟁비용으로 인하여 러시아의 경제 및 재정상태는 이미 파탄지경에 이르렀던 당시 그는 농민과 노동자들에게 생계유지조차 어려울 만큼 가혹하게 세금을 징수함으로써 도탄에 빠뜨렸던 가렴주구(苛斂誅求), 차갑게 얼어붙은 한겨울 추위와 함께 약 500만 명 이상이 심각한 빈곤상태, 배고픔에 허덕이다가 굶어 죽어 가는 아사자(餓死者)들, 도시 골목길 여기저기 싸늘하게 얼어붙어 있는 수많은 시신(屍身)들 사이로 기러기 떼처럼 슬피 우는 소리 홍안 애명(鴻雁哀鳴)인지라, 비참한 정도로 곤궁함에 지친 민중들이 도탄지고(塗炭之苦)라는 늪 속에서 정의·자유와 평등 그리고 빵을 달라는 애절한 호소의 목소리로 평화적 항의 시위를 벌였다. 이에 비상계엄령이라는 비상대권을 발동하여 황제의 근위대가 무차별 발포, 총칼로 유혈진압, 내우외환(內憂外患)에 직면하게 됨으로써 하늘처럼 신성시되던 '차르'의 권위가 단번에 천길 나락(奈落)으로 굴러떨어졌다.

그렇게 라스푸틴은 체제붕괴와 볼셰비키(급진적 공산주의) 혁명에 일조하게 된 1905. 1. 22일 피의 일요일 사건의 시퍼런 칼날의 수괴(우두머리)였던 것이다. 수도

광장의 한복판 시위대에 함께 행진하던 여자와 어린아이들까지도 진압부대인 기마병의 말발굽 아래 처절하게 인권을 유린하고 짓밟아 버린 피의 일요일 사건, 눈 덮인 벌판(雪原) 붉은 핏자국(鮮血)들이 어지럽게 널브러져 나뒹굴고 있는 길거리 수많은 주검들 위로 웃고 있는 혹독한 독재자일 뿐만 아니라 일어탁수(一魚濁水), 한 마리의 미꾸라지가 모든 물을 흐리게 함으로써 나라를 말아먹은 미친 간신배 요승으로 역사에 기록되어 있다.

국가비상사태, 몹시 위태로운 누란지위(累卵之危), 전쟁 중이었던 제정 러시아 당시 대마초를 주술적(呪術的) 의식으로 사용하는 수도원, 뻐꾸기(Cuculus canorus) 서글프게 우는 산고수청(山高水淸), 고요한 산사(山寺)에서 도(道)를 닦던 수상한 몽상가 '라스푸틴'이란 자는 본시(本始) 농부에서 상습적으로 좀도둑질을 일삼다가 지역에서 추방된 후 미친 광대가 되어 집시처럼 마리화나를 입에 물고 떠돌이 유랑객으로 전전(轉轉)했다. 세찬 비바람과 이슬을 맞으며 굶주림 속에서 풍찬노숙(風餐露宿) 생활에서부터 수도승(순례자)에서 미친 요승으로, 다시 최면술사이며 점성술사에서 천문학자로 변신하였을 뿐만 아니라 불가항력적인 혈우병 보인자 병약한 신체, 배꼽에서부터 흐르는 피는 끊임없이 멈출 줄 모르고 있는 어린황태자의 난치병을 미스터리(mystery)하게도 치유시킴으로써 당대 최고 의술을 가진 성스러운 자(聖者) 하늘에서 강림한 신적인 존재(神醫), 전제군주(专制君主) 시대 황제를 꼭두각시로 만들어 놓고 전쟁의 소용돌이 혼돈의 역사 한가운데서 황후의 연둣빛 저고리 녹의홍상(綠衣紅裳), 비수(匕首)처럼 시퍼렇게 살아 있는 권력과 더불어 꽃향기 그윽한 아름다운 치마폭 뒤에 숨어 있는 '비선실세(祕線實勢)'로서, 막강한 권력을 한 손에 거머쥐고 휘젓다가 따스한 봄날 꿈결 속 한바탕 덧없는 헛된 영화로운 삶 일장춘몽(一場春夢)이런가? 인생무상(人生無常)인지라 차갑게 얼어붙은 강물 속에서 화려했던 영광을 뒤안길로 남기고 암살되었다.

그 미친 요승은 시베리아 지역에서 자생하는 대마초를 주머니에 가득 넣고 하늘의 영적 존재인 선지자가 된 듯 자아도취(自我陶醉)에 빠져 숱한 귀부인이라는 여인들의 현란한 치맛자락을 벗기며 성적으로 농락(籠絡)하던 자로서 마약에 취한 듯 요사스러운 삶을 살았던 최면술사이다.

토착적 정령신앙 주술적 샤머니즘(shamanism), 즉 '샤먼(呪術師)'은 원래 러시아 지방, 주로 시베리아 북부의 여러 종족 간에 행해지고 있던 주술(神靈)을 중심으로, 말린 대마초를 모아 모닥불을 피워 놓고 입과 코로 대마연기를 빨아들여 몹시 흥분 (excitement)된 환각상태에서 술법 의식을 행하는 원시 종교의 일파로서 주술적 방법을 통해 병자를 고치고 현실과 초현실적 이상향(理想鄕)의 세계와 의사소통을 하는 초월적 능력을 지녔다고 신봉되는 사람들이 존재하여 왔다.

오늘날까지 대마초는 극동의 시베리아 지역뿐 아니라 유럽을 비롯한 전 세계적으로 널리 약재 또는 환각제로 사용되어 왔던 식물이다.

특히 북미대륙 역사상 가장 큰 줄기를 차지하는 대마초는 원래 의료용으로 간간이 쓰였고 대마초 금지 법안도 존재하지 않았으며, 19세기 당시에는 코카인이나 모르핀, 심지어 헤로인까지도 동네 약국에서 타이레놀을 사듯이 구입할 수 있는 일반약품이었다.

특히, 중국대륙에서 발발한 아편전쟁 이후 권력을 장악한 사치스럽고 욕망에 가득 찬 여인, "권력을 향한 끊임없는 집착은 아편의 중독성보다도 더욱 강렬한 것이다." 라는 사실을 실증적으로 묘사(描寫)한 여걸이 매혹적인 비단 치맛자락을 걸친 서태후 (西太后)이다.

청조의 함풍제의 후궁으로 남편이 사망한 후 아들 동치제가 5세의 어린 나이로 즉위하자 반대파를 일거에 제거하고 모후(母后)로서 섭정(攝政)이 되었다.

그러나 세월이 흘러 16세가 된 아들의 친정(親政)이 시작되자, 절대 권력을 잃게 된 모후에 의한 거센 압력으로 인해 다시 모후(母后)에게 권자(權座)를 위임하고 북경의 환락가에서 음행(淫行)에 깊숙이 몇 년간 빠진 황제는 1875년 19세의 젊은 나이로 매음굴(賣淫窟)에서 매독과 아편에 중독된 채 졸사(猝死)하자 이제 막 걸음마를 떼고 있는 누이동생의 세 살짜리 아들을 황제로 옹립한 서태후는 다시 권력을 더욱 완벽하게 장악했다. 그러나 세월이 흘러 1898년에 이르러서 광서제가 이를 반대하자 입헌파 캉유웨이(康有爲)를 포섭하고자 하였다.

아편전쟁과 제국주의 침략의 한 세기 입헌파인 그가 서태후에 의한 1인 독재체제를 청산하고자 입헌군주제로의 전환을 꾀하자 살육(殺戮)의 쿠데타를 감행해, 무술정변을 일으켜 황제 광서제를 유폐시키고 7억 명의 중화민족 위에 또다시 군림하게 된다.

눈부시게 화려한 궁궐에서 한낱 이름도 없는 비참한 신분을 가진 가장 천박한 계집종인 무수리에 불과했던 궁녀에서 뜨거운 열정 하나로 최고 통치자 황후의 자리에까지 오르게 된 정열이 넘쳐흐르는 그 여인, 매혹적인 양귀비꽃과 시퍼런 칼날(fascinating poppies and blue blades)을 양손에 들고 중국 천하를 뒤흔들더니 결국 거대한 대륙을 열강들에 의해 갈기갈기 찢겨 몰락의 길로 이끈 세계 역사상 최고의 여인천하(女人天下)였다.

제국주의(imperialism)라는 거센 파도가 세차게 휘몰아치고 있던 19세기 말 끊임없는 반란과 외세의 침략에 의해 기울어져 가는 청 왕조의 운명 따위는 그 여인에게 관심 밖이었다. 최고 권력자 서태후, 불알이 없는 내시(內侍)부터 고관대작(高官大爵)에 이르기까지 그녀의 마음에 들면 마음껏 권력으로 감싸안아 주었고 마음에 들지 않는 자는 가차 없이 죽임을 당했던 반세기, 신비스러운 여인의 화려한 비단 치마폭에 싸여 숨겨진 치명적인 중독성을 지닌 절대 권력과 아편이 함께해 온 중국의 50년이라는 긴 역사적 실체가 수많은 민초들의 자성(自省)의 목소리에서 들려오는 듯하다.

인류 역사상 논란의 대상인 흡연용 대마초는 20세기 초반 멕시코 이주민과 함께 미국으로 유입되었는데, 특히 1910~1920년까지 지속된 내전, 유혈이 낭자한 분쟁의 와중 멕시코 혁명 발발로 인하여 1910년대부터 피난민들이 미국 국경을 넘기 시작했을 당시, 담배처럼 흔했던 대마초는 멕시코 피난민 주머니 속에 담겨 미국 남부 지방으로 퍼져 나갔다.

당시 아메리카 대륙의 귀족들에게 예속(隸屬)되어 하루하루를 어렵게 살아가는 노예가 고된 노동을 마치고 잠시 쉬면서 대마초를 피우던 것은 흔한 풍경이었다. 미국 사회에서 하층민에 속하는 멕시코인과 흑인들의 자극적인 기호식품으로 자리를 잡았던 식물이 오늘날까지도 논란의 중심에 서 있는 연구대상 바로 대마초인 것이다.

북유럽 덴마크 수도 코펜하겐 크리스티아니아 자치구 대마초 합법화 지역의 경우 히피주의 문화를 기저로 하여 대마초를 습관적으로 피우면서 생활하는 이들에 대한 유래는, 1960년대 중반을 거쳐 후반기에 이르러, 미국 역사상 가장 최악의 전쟁인 베트남 내전의 깊은 수렁 속 같은 교착 상태에 빠진 미국 사회를 기반으로 하여 젊은이들이 삶에 대한 희망과 의욕을 상실하기 시작하였다. 베트남 전쟁에 참전했던 군인들 대다수가 정신질환이 심각한 외상 후 스트레스 장애(PTSD)에 시달리거나 상당수가 황금의 삼각지대에서 유통된 아편 및 헤로인 등 마약 중독자 및 사회적으로 적응하지 못하는 자들과 기타 범죄자들이 미국사회를 혼돈케 하였다.

이에 따라 기존 규범적 사회질서를 부정하고, 인간성을 중시하는 자각운동의 일환으로서 자유와 평화, 인간의 정신적 가치관에 그 이념을 두고 물질 및 문명을 부정하는 운동이 미국 전역으로 퍼지기 시작했다. 이것이 바로 히피족 문화의 기폭제 시발점이 되었던 것이다.

따라서 히피문화란 탈사회적(脫社會的) 행동을 하는 사람들을 일컫는 말로서 젊은 청년층을 주체로 하여 시작된 이 문화는 워싱턴 및 뉴욕·로스앤젤레스·버클리 등 대도시로 퍼져 나갔고, 파리·런던 등 유럽까지 파급되면서, 쾌활한 성격의 소유자들로서 음악에 뛰어난 재능을 지닌 집시(Gypsy)들의 기존 유럽 지역의 문화와 융합(融合)되면서 오늘날의 기준점인 바로미터(barometer)가 되었다.

히피(hippie)주의란 어원에 관해서는 여러 가지 야설이 있으나 해피(happy; 행복한)에서 유래되었다는 설이 정설인가에 대해서는 논란의 여지가 있다.

오늘날까지도 히피들이 사회적으로 저평가 받는 이유는 본인들 자업자득, 대마초에 취한 채 미풍양속을 해하는 상습적 풍기문란행위, 즉, 고결한 사랑이 아닌 집단난교(collective promiscuity)를 자행하고 무위도식과 마약, 그러나 무소유, 내적 평화 및 평등을 꿈꾸는 이들의 가치관은 정치적·사회적 환경적 요인이 유발된 동기(動機)로 크게 작용했던 것이다.

미국에서 마약류 사용은 8년간의 독립전쟁(1775~1783) 이전부터 영국에서 유입되기 시작하였고, 1800년대 후반에는 그 양이 크게 증가하였다. 이 후 헤로인과 함께 마리화나, 코카인, 크랙 등이 사회전반에 걸쳐 급속하게 확산되어 갔다.

그뿐만 아니라 미국 역사상 최악의 악몽과도 같은 베트남 전쟁(1960~1975), 1970년도 한 해에만 황금의 삼각지대에서 생산된 마약으로 인해 중독된 미군의 숫자는 무려 22,000명에 달한다.

일본의 경우 제2차 세계대전의 패배에 따른 국민들의 정신적 혼란과 좌절감 등이 마약류의 남용을 촉진하였으며, 이후 1970년대부터는 각성제가 남용되기 시작되어 오늘에 이르고 있다.

아무튼, 오늘날 눈부시게 변화되어 가는 국제질서 및 세계적 신시대(worldwide epoch) 초고속 스피드사회에서 맹렬한 속도로 뇌구조로 곧장 쳐들어 가는 마약이 만연되고 있는 것이 결코 부자연스러운 사건도 아닐 것이다. 인간적 측면에서 마약과 어떠한 인과관계가 있는 것인가를 찾아내는 일이야말로 마약문제를 해결하는 열쇠가 될 것이다.

매혹적은 눈길로 유혹하는 양귀비와의 사랑이란 사막 한가운데서 전갈(Scorpions in the middle of the desert)과 뜨거운 사랑을 나누는 것처럼 미친 짓이다. 따라서 치명적인 독성을 지닌 양귀비와의 사랑이란 영원히 함께할 수 없는 짝사랑과도 같은 슬픈 사랑일 뿐 그것은 순결하고도 고결한 사랑이 아닌 것이다.

매혹적으로 아름답고 순결한 처녀의 새하얀 면사포(Noce Blanche; White

Wedding)를 둘러쓴 마녀의 유혹(백색 가루 코카인), 그 매혹적인 미모에 현혹되어 단 한 번이라도 마약이라는 금단의 약물에 빠져들게 되어, 이것을 흡입하면 순식간에 졸음도 사라지고 감수성과 운동성이 향상될 뿐만 아니라 날개를 단 천사가 된 듯 근사한 쾌감을 맛보게 된다.

오늘날까지도 영혼의 화신(the embodiment of the soul)이라 불리고 있는 마약 엘에스디(LSD)는 존엄한 자 그리스 로마 신화의 프시케(Psyche), 천상의 아름다움에 대한 경지(境地)에 오른 샛별 같은 성욕 및 애욕의 비너스(Venus)의 빼어난 아들로서 사랑을 맺어 주는 아바타의 신(神), 큐피드(Cupid)가 사랑한 미소녀, 사랑의 영혼(the soul of love)과 델로스(Delos; 분명하게 보이는)의 합성어로 마치 "영혼이 보이는 듯" 쇼킹(shocking)하게도 경이로운 환각적 효과를 체험하고 맛보게 된다는 의미를 가진 약물이다.

영혼의 화신(化身; avatar)이라 불리고 있는 엘에스디(LSD)는 인체의 점막 표면에서, 심지어는 귀에서도 매우 쉽게 흡수되어 30~60분 내에 아주 인상적, 천체 은하계를 비행(飛行)하는 듯 신비로운 경험에 깊숙하게 빠져든다.

1960년대 미국의 히피와 반문화에 큰 영향을 주었고 1971년부터 미국에서 불법약물로 지정된 이후 오늘날 UN에서도 규제 약물인 엘에스디(LSD)는 플래시백(환각 재현) 현상이 나타나며, 아주 미세한 극소량, 즉 1회 사용량(단 100~250mg)으로도 강력한 환각효과를 나타낼 수 있다. 하지만 LSD에 의한 지속적인 환각 재현 효과는 정신병적 반응의 연장과 생리학적 재발현상 등 인체에 심각한 부작용을 수반(隨伴)하게 된다.

소금꽃처럼 고혹적인 순백의 금지된 열매 코카인이든 마약의 선구자라 지칭되는 모태와 같은 아름다운 양귀비 꽃망울이든 그 치명적인 유혹의 손길에 의해 운명의 나락으로 곤두박질치는 마지막 황천길이 곧 마약인 것이다.

이것은 인간에게 있어 암 덩어리 같은 사악한 악마의 독버섯, 생명을 위협하는 약물에 의한 중독이란 금단현상을 심각하게 유의하지 않고 간과한 행태로서, 세계적으로 고통스럽게 마약에 신음하며 죽어 가는 수천만 명의 사람들이 지구상에서 오늘도 비참한 최후를 준비하고 있는 것이다.

특히, 죽음의 백색 가루인 코카인은 강력한 각성제의 일종으로서 중추신경계를 자극하여 교감신경계를 흥분시키는 정신 흥분제이다. 이 약물을 만병통치약(panacea)이나 되는 듯 19세기 유럽에서는 최고의 인기 약물로서 유행해 왔고 코카인의 남용의 심각성을 인식하지 못하고 오늘날에도 전 세계적으로 사용되고 있으며, 특히 종전 마약의 청정국이라는 우리나라에도 급속하게 확산되고 있는 실정이다.

오늘날 우리나라는 청정국가 지위로부터 차츰 멀어지고 있는 실정이다. 식품의약품안전처 자료에 따르면 전국하수처리장에서 필로폰이 검출되었고 그 전에 비하여 마약종류도 매우 다양해졌다.

16세기 말 유럽에 유입된 코카인, 인류를 살릴 수 있는 신기한 묘약(妙藥)으로 알려진 이 약물은 주사 및 복용, 그리고 비강(鼻腔) 즉, 콧속으로 흡입함으로써 생성되는 중독물질의 하나로서 1884년에 이르러서는 점막(粘膜)의 국소마취 작용에 특효약으로 입증된 바 있다.

코카나무 표본이 16세기 말 오스트리아 해군 노바라 탐험대를 통해 유럽에 첫 선을 보인 이후, 19세기에 이르러서 코카인은 강력한 성적 흥분제로서 황홀경(恍惚境), 정신적 쾌락을 극대화시키기 위한 수단의 하나로 고농축된 약물을 포도주 와인 잔에다 콸콸 넘치도록 "꽉" 채워서 마시는 작태가 대유행이 되었다.

이러한 행위는 사실상 웬만한 코카인 중독자보다 더 많은 양의 코카인을 인체에 투약하게 되는 것과 같은 효과를 안겨다 주었던 것이다.

19세기 당시 교황 비오 10세는 휴대용 병(flask)에다 백색 가루 코카인을 가득 채워 놓고서 취생몽사(醉生夢死) 꿈인지 생시인지 몽롱한 상태에서 수시로 시간 날 때마다 마셨고 아편전쟁을 촉발시킨 영국 빅토리아 여왕 및 에드워드 7세, 러시아 황후, 스웨덴 국왕 등 그들의 왕족 및 친인척들까지도 만능 약, 만병통치약(panacea)이나 된 듯 매일같이 마약을 즐겨 애용하는 중독자들이 부지기수였다.

마약이라는 내성에서 필연적으로 유발되는 중독성을 몰랐던 당시 유럽에서의 코카인은 그 시대 참으로 얼마나 인기가 좋은 상품이었는지 짐작이 간다.

20, 21세기 들어 좀비 마약이라는 닉네임(Nickname)을 가지고 유명하게 전파된

펜타닐이란 마약은 미국에서 의료용으로 사용이 1968년에 승인되었으며, "서블리메이즈(Sublimaze)"라는 이름의 정맥 주사용 마취제로 세계적으로 이용되어 왔다.

최근 유행하고 있는 좀비 마약(zombie drug) "펜타닐의 성지(the Holy Land of Fentanyl)"라고 불리고 있는 서울 성북구 소재 병원이 2019년 4,220매, 2020년엔 6,108매에 달하는 펜타닐 패치를 처방해 온 것으로 드러났다. 지난 6월에는 환자 한 명에게 무려 40,000여 명의 치사량(致死量)에 달하는 펜타닐 패치 4,825장을 처방해 준 의사가 마약류 관리법 위반 혐의로 구속되기도 했다.

최근 우리나라 젊은 층이 자주 찾는 강남의 물이 아주 좋다는 유흥가 주변 등에서 적발되고 있는 신종 클럽마약 케타민 및 강력한 "성적 흥분제(좀비 마약)"으로도 불리는 펜타닐을 투약한 10대 40명이 무더기로 검거되는 등 마약류 남용이 심각한 지경에 이르렀다.

백색 마녀(White Witch)의 포근한 치마폭 같은 코카인을 흡입할 경우 그 내성으로 인하여 인체에 현기증 및 구토, 말초신경자극·허탈·혼수상태 등 부작용에 따라 그 독성이 매우 강하여 중독자가 되기 쉽고, 투약자의 "중독량은 0.1g", "죽음에 이르는 치사량 1.0g"이다.

그러나 펜타닐에 의한 "치사량은 0.002g"으로, 2021년도 미국에서만 7만 명이 넘는 사람들이 강력한 신종마약 펜타닐 중독(fentanyl poisoning)으로 사망한 것으로 조사된 바 있다.

2000년대 이후로는 펜타닐보다 10배 더 강력한 서펜타닐(Sufentanil)이 생산에 이르게 되었으며, 이보다 "최대치 100배" 이상 더 강력한 "카펜타닐(Carfentanil)" 등이 세계적으로 광범위하게 유통되고 있는 실정이다.

특히, 얼마 전 서울의 공공분양 텃밭에서 양귀비 230주가 재배되고 있는 것을 발견한 경찰이 수사한 바 있다. 오늘날 절대적으로 금지된 양귀비를 개인이 한두 주도 아니고 수백 주(株)를 무더기로 재배하는 것은 매우 이례적인 일이라 할 것이다.

양귀비 씨앗을 뿌려 어린 싹을 키우는 것은 사실상 남의 시선을 피하여 깊은 산속이나 시골 뒷마당에서 은밀하게 관상용으로 몇 주씩 식재하는 것이 일반적인 일이었으나 사람의 눈에 잘 띄는 공개된 장소에서 양귀비를 버젓하게 재배하고 있는 것을 보면 마약에 대한 의식이 무릇 대범해지고 있는 현시점에서 세계적으로 마약류 퇴치를 위한 싸움은 이데올로기나 영토분쟁으로 인한 전쟁보다도 끝없는 소모전일 수밖에 없다.

　그러한 원인은 마약류를 생산하는 일부 국가들, 특히 소비 국가들과는 180도 다른 정책적 판단을 가지고 마약문제에 관하여 중립적이거나 아주 미온적(微溫的) 방침하에 땜질식 응급대처(tinkering first aid) 형식을 취하고 있는 국가들의 책무만은 아닐 것이다.

2025. 5. 19. 작가가 찍은 사진, 미(美)와 사랑의 여신(女神) 하늘의 비너스(Venus)처럼 눈부시게 황홀한 양귀비

하늘에서 미(美)의 천사가 내려온 듯 눈부시게 황홀한 고혹적인 양귀비, 그러나 매혹적인 아름다운 축복이 너무 지나치도록 넘쳐흐르다 보니 치명적인 독성을 지닌 양귀비 꽃잎으로 낙인찍혀 꽃다운 나이에 희생의 제물(sacrifice of sacrifice)이 되었던 것이다.

그리하여 오늘날까지도 인류 역사와 운명을 함께해 온 양귀비라는 아리도록 슬픔을 간직한 여인은 아름답고 지혜로운 영혼이 담긴 여신(女神) 비너스가 아닌 아편의 원료로서 헤로인을 100배 농축시키면 '인류 최악의 마약'으로 널리 알려진 신제품 펜타닐(Fentanyl)로 탄생하게 된다.

특히 "펜타닐을 과량 투여"하게 되면 신경이 마비되고 뇌로 가는 산소량이 감소하게 됨에 따라 허리를 정상적으로 펼 수 없게 될 뿐만 아니라 뇌가 비정상적으로 활동하여 좀비처럼 걷게 된다.

마약중독의 끝판 왕인 '펜타닐'은 1959년 개발된 강력한 아편성 진통제로 말기 암 환자 및 척추질환자 등 극심한 고통에 시달리는 환자에게 주로 처방되는 약물이다. 그러나 펜타닐은 인지기능장애, 의식이 흐려지는 "섬망(譫妄)", 즉 급성 중독증으로 인하여(착각·망상·불안·심각한 비애·고통·흥분상태 등에 빠짐) 환각현상 등 대표적인 섬망(譫妄)이라는 부작용이 따른다.

세계 역사상 비옥한 초승달 지역, 이집트, 인도, 중국, 남미 안데스산지, 세계 4대 문명의 요람(Cradle of civilization)에서부터 마약의 대명사로 불리고 있는 대마초 및 양귀비뿐만 아니라 코카나무는 남미 안데스 원주민들이 의학적 특성과 하늘에 기원(祈願)하는 주술적 목적으로 5,000년 이상 심어서 기른 식물로서 일상생활과 밀접한 삶의 전부이다.

따라서 코카나무를 경작하는 농민들, 이것을 순도가 높은 강력한 마약으로 정제하여 밀수출하는 조직의 수괴(우두머리), 거래상 및 판매상까지 모두 운명적 공동체(一心同體)로서 자부심을 가지고 마약 밀수출에 사활(死活)을 걸고 있는 실정이다.

형법상 공모공동정범인 이들은 정당성이라는 가치관에 깊이 뿌리를 박고 자신들의 행위에 대하여 굴절된 신념으로부터 온 그릇된 도덕관으로 무장된 이단적 저주받은 사탄, 광신도처럼 마약사범들은 합리화만을 주장하는 확신범들인 것이다.

오랜 세월 그들은 자신들의 행위에 대한 정당성을 하늘처럼 믿고 추종해 왔던 것이다. 이들 확신범, 즉 매일같이 범죄행위를 상습적으로 실행하면서도 자신들이 행위에 대해 전혀 죄의식을 갖고 있지 않다는 것이 마약범죄뿐만이 아니라 모든 범죄에 있어서도 심각한 문제점이다. 따라서 마약밀매로 인한 천문학적인 수익성($)으로 인하여 죄의식이 없는 마약생산국가와 피해국가인 소비자 국가 간 첨예(尖銳)한 대립은 경제적 이해관계가 미묘하게 얽혀 있을 뿐만 아니라 국제적인 조직범죄단체가 그들의 세력 확장과 부의 축적이라는 절대적 특권을 누리는 것을 하나의 발판으로 삼고 있기 때문에 마약의 확산을 방지하기는 참으로 어려운 난제가 아닐 수 없다.

오늘날 거센 파도 일진광풍(一陣狂風)이라는 격랑(激浪)의 한 시대, 태평양 한가운데 변화무쌍(變化無雙)한 극단의 거센 폭풍우(an extreme storm) 속 갈기갈기 찢기고 깨진 돛단배 난파선처럼 침몰직전 비운(悲運)의 운명인 듯 평화롭지 못한 세계사, 러시아의 우크라이나 기습침공 및 이스라엘의 가자지구 공습 등으로 인하여 최소 200만 명 이상 살상(殺傷), 중국에서 마약 원료가 밀수출되어 멕시코를 거쳐 미국으로 유입되고 있는 신종 좀비 마약 펜타닐, 헤로인의 50배 모르핀보다 100배 강력한 마약의 유입을 차단하기 위한 최후의 일전을 치르고 있는 미국에서의 사망자와 중독자가 기하급수적 증가추세에 있다.

미국에서 펜타닐 등의 진통제 남용에 따른 사망 사례가 급증하면서 국가적으로 심각한 문제점으로 대두되고 있다. 미국 질병통제예방센터(CDC)에 따르면, 2009년부터 2019년까지 미 전역에서 50만 명 이상이 마약류 과다복용으로 사망했다.

또한 2023년 추정 인구 통계수치에 따르면 약 2억 5천 500만 명 전 세계 5번째 많은 인구를 가진 파키스탄의 "마약중독자는 약 400만 명"에 달하고 이들에 대한 치료와 재활을 사실상 사각지대(blind spot)에 놓여 있으며 마약 중독자들은 심각한 고통 속에서 오늘도 지옥문 앞에 서성이고 있다는 점에서 19세기 아편전쟁과 제국주의 침략의 시대로 회귀(回歸)한 느낌이다.

마약의 대명사 아름답고 고혹적인 양귀비 식물은 기원전 3,400년경부터 인류 역사와 함께 없어서는 아니 될 친근한 연인이나 된 듯 전설 속에서 뜻밖에 해후(邂逅)한다는 월하빙인(月下氷人)처럼 지금껏 운명공동체로써 인간과 함께해 왔다.

19세기 초 유럽과 미국의 의학자들이 인류의 생명을 구할 새로운 묘약(妙藥; curious herb)을 찾기 시작했을 당시, 그들은 남미의 원주민 공동체가 원시림에서 코카잎을 이용, 성적 흥분제(sexual stimulant)로서뿐만 아니라 인체의 모든 에너지를 증진시키고 있다는 사실을 인지하게 됨에 따라 유럽과 북미 지역으로 코카인이 자연스럽게 유입되었던 것이다.

그러나 오늘날 세계적으로 마약류 오·남용문제가 심각해지면서 마약이 만병통치약(panacea)이나 된 듯 신(神)이 우리에게 누릴 수 있는 쾌락의 식물(plant of pleasure)로 선사(膳賜)한 매혹적인 양귀비가 아니라 저주받은 사탄의 약물이 되어 호기심에서 단 한 번이라도 투약 및 흡입하게 된다면 꿈결 속 나락(奈落)이라는 황천길 명부(冥府)에 그 이름자를 새기게 되는 것이다.

마리화나(대마) 사범 이외에도 신종 마약 '엑스터시'는 무아지경(無我之境)에 이르게 하는 마약으로서 깊이 잠들지도 깨지도 않은 어렴풋한 상태 비몽사몽(非夢似夢) 속을 헤매는 황홀경, 세상의 모든 고뇌를 벗어나 천국의 나라, 성적 흥분제로서 흠뻑 취해 있다는 무아도취(無我陶醉) 상태에 이르게 하는 신비스러운 마약이다.

정신적 또는 육체적 기쁨으로 가득가득 충만해진다는 환희의 극대화, 초현실주의 꿈같은 행복의 도가니라는 의미를 가진 엑스터시(Ecstasy; MDMA)뿐만 아니라 야바(Yaba) 등 신종마약과 의료용 마취제로 사용되는 케타민(ketamine)을 비롯하여 필로폰 대용재(代用財)로서 과다 투약 시 극도로 흥분한 상태에서 흡혈귀 '드라큘라(Dracula)'처럼 사람의 목을 물어뜯는 치명적인 폭력성을 보이기도 해 이른바 "제2의 좀비 마약"으로 불린다는 메페드론(Mephedrone)이라는 신종 마약 등도 최근에 들어서는 우리나라에 지속적으로 밀수가 증가하고 있는 추세이다.

얼마 전 마약사건에 연루된 핸섬한 이미지를 지닌 유명 연예인이 국립과학수사연구원 모발(毛髮) 검사 결과 음성으로 판정되었음에도 불구하고 치욕적인 마약범죄자로 낙인(烙印)찍힌 정신적인 심각한 트라우마(Trauma)라는 두려움을 견디지 못하고 모질게 자살(自殺)이라는 극단적 선택에 이르게 된 것에 대하여 애석하게도 가슴이 저며 온다.

따라서 필자의 개인적 소견이나마 마약남용은 국가적 차원의 문제이기도 하나 인격체 자신 스스로가 자업자득(自業自得) 과보를 행하지 않도록 평정심(Equanimity)을 잃지 말아야 할 것이다.

고대 그리스 에피쿠로스(Epicurus)라는 철학자는 무분별하게 쾌락을 추구한 자로 낙인(烙印)찍힌 인물이었으나, 그가 원했던 진정한 고통의 부재, 고통 없는 삶이란 무엇인가?

그의 철학적 이념은 평온함 가운데 온유한 삶을 얻는 데 있다고 보았다. 인간에게 있어 쾌락과 고통이란 무엇이 좋은 것이고 악한 것은 무엇인지에 대한 척도는 인격적 내면에서 나오는 것이고, 인생에서의 죽음이란 새벽안개 아침 이슬처럼 사라져 가는 영혼이기에 두려워하지 말아야 할 것이며, 신비로운 빛의 향연 무한대(無限大)인 우리 은하계 지구상 자연과학적 모든 현상들은 궁극적으로 빈 공간을 움직이는 원자들의 상호작용으로부터 생성된다.

2,800만 년 전 신생대 중기 물안개가 자욱한 티베트 고원지대 하염없이 이슬에 젖은 넓은 하늘 아래 초원의 공간에서 대마초 화석이 발견된 이래 대마초 및 양귀비뿐만 아니라 코카인 등이 인류가 추구했던 신기한 묘약(妙藥)으로서 정신적·육체적으로 황홀경(恍惚境)에 깊이 몰입(沒入)하게 됨으로써 만족감에서 느끼는 쾌락의 물질로 인류의 영혼과 함께 존재하여 왔다.

매혹적인 양귀비와의 가슴 아픈 사랑에 젖은 눈물이란, 꿈결 속 '설렘' 같은 새하얀 미소를 머금고 다가선 마약이라는 치명적 유혹의 굴레는 "잔혹한 판도라" 상자를 열게 되는 것이다. 따라서 뜨거운 입술을 가진 양귀비와의 치명적인 짝사랑에 단 한 번만이라도 빠져들게 된다면 그 여인의 치맛자락 수렁에서 벗어나기 어려운 절망적인 상황으로 치닫게 될 것이다.

하늘에서 인간을 구원해 주기 위해 강림한 "수호천사"인 듯 해맑은 미소를 간직한 여인 양귀비와의 운명적인 첫사랑 이후 매몰차게 헤어졌다가 뜻밖에 다시 만남으로 인하여 귀신이 혹할 정도로 첫 만남보다도 더욱 매혹적인 모습으로 다가선 그녀의 얼굴을 다시 보니 신비스럽게도 요염한 여인으로 변신한 양귀비와의 또 다른 해후(邂逅), 순수한 감수성을 지닌 사랑이라는 꿈결 속 가슴앓이로 처음 시작하여 오늘에 이르러서는 아주 깊숙하게 매료됨으로써 달콤한 행복과 죽음에 이르는 악몽(惡夢)과도 같은 삶의 경계선상에서 스스로 무너져 가는 인생이다.

매순간 미치도록 뜨거운 사랑만이 존재했던 하늘의 천사 양귀비라는 마약으로 인하여 깊게 파인 상처뿐인 흔적들 내가 만든 "슬픈 자화상" 싱그러운 향기가 있던 생명력은 어느덧 어스름한 황혼녘에 지고 이제는 맑은 영혼으로 되돌릴 수 없다.

이와 같은 어느 아편중독자의 후회와 반성에 대한 서글픈 고백을, 우리는 타산지석(他山之石)의 교훈으로 삼아야 할 것이다.

오랜 세월 인류 역사와 운명을 함께해 온 양귀비라는 고혹적인 여인과의 "슬픈 자화상"에서 보듯 새콤하고도 달콤한 마약으로부터 유혹의 시간은 극적인 순간에 사라지고 결말은 혹독한 슬픔과 고통만을 가져다준다는 사실을 깊이 유의 하지 않고 예사로이 간과(看過)하게 되었던 19세기 말, 붉은 포도주 와인 잔에 코카인을 칵테일(cocktail)하여 가득 넘치도록 "꽉" 채워 술을 마시듯 들이킴으로써 치명적인 중독자를 헤아릴 수 없을 만큼 양산하였던 과거가 다시금 오늘날에도 되풀이되고 있는 실정이다.

특히 허깨비에 홀린 듯한 "사랑의 징검다리"라고도 지칭되는 강력한 환각제, 황홀함 속에서 한없이 다가오는 미소녀 엘에스디(LSD)라는 마약류는 액체 상태로 "체중의 7억 분의 1"에 해당하는 극소의 미량(微凉)으로도 매우 인상적인 무아(無我)의 경지에 이르는 신비로운 초현실적인 환각효과뿐만 아니라 중추신경계를 자극, 정신적 환각의 극치(極致)에 빠지는 효과는 "코카인의 100배", "히로뽕(philopon)의 최대치 300배"에 달하며 인체에 미치는 환각효과를 나타내는 시점은 사용한 뒤 30분 후부터 보이기 시작하여 무려 8~12시간 동안 지속된다.

그러나 신비로운 미소를 머금고 천사처럼 다가선 죽음의 전주곡 자율신경계를 마비시키는 환각성 마약류, 티 없이 맑은 아베 마리아(Ave Maria; 聖母誦) 은혜로운 성사(聖事)와 같은 이성적 즐거움에서 영혼의 아름다움을 찾아야 함에도 보다 강력해진 신종마약으로부터 달콤한 유혹의 올가미는 오늘날에도 계속 이어지고 있다.

따라서 산타(Santa; 성(聖) Saint) 마리아, 거룩한 성서 안에서 우리가 추구해야 할 기쁨은 대자연 우주의 섭리(攝理)로부터 느끼는 온유한 미소와 같은 행복이지 마약에 의한 충동적이고도 흥분된 자극, 끝없는 인간의 성적인 쾌락에 의한 유혹의 덫, 그와 같은 욕망의 충족은 아닐 것이다.

參考文獻

1.單行本

김종운 外, 『호흡기학』, 서울대학교 출판부(서울대학교 의과대학 편), 1994. 3. 10.

김상규, 『아편전쟁을 다시 쓰다』, 서울; 북랩 출판사, 2022. 3. 31.

김주덕, 『국제수사공조에 관한 연구』, 법조 40권 제7호, 1991, 7월 호.

김성진, 『범죄심리학』, 서울; 도서출판 동인, 2004.

김우겸, 『생리학 교실』, 서울대학교 출판부(서울대학교 의과대학 편), 1994. 3. 10.

김성이 外, 『청소년 약물남용 실태와 예방』, 이화여자대학교 한국문화연구원, 1989.

김진규, 『임상병리학 교실』, 서울대학교 출판부(서울대학교 의과대학 편), 1994. 3. 10.

김상희 外, 『마약류통제정책의 현황과 발전방향』, 한국형사정책연구원, 2001.

金耕彬, 『대마초 등 중독물질 사용현황에 관한 연구』(한국형사정책연구원), 1991. 6.

김경림(옮긴이), 미조구치 아츠시(溝口敦: 글쓴이), 『야쿠자 경영학』, 김&정 출판사, 2009.

김경수, 『朝鮮王朝社』, 서울 수막사, 2008. 7.

김재완 外, 『임상약리학 및 실습』, 서울; 수문사, 1992.

권선홍, 『동아시아의 전쟁과 평화』, 연세대학교 출판부, 2006.

고양, 정성호 譯書, 『깊은 궁중의 독』, 서울; 명문당출판사, 1996. 6. 25.

_____, 『서 태후(황제의 패배)』, 서울; 명문당, 1996. 6. 25.

경찰청, 『마약범죄분석』, 2015.

김명복 譯書, 토머스 드 퀸시 지음, 『꿈의 해석』, 펭귄클래식코리아, 2011. 4. 5.

『그랜드 국어사전』, 금성출판사, 1998. 1.

並木賴久·井上博正, 『아편전쟁과 중화제국의 위기』, 논형출판사, 2017.

동북아역사재단, 『서구제국주의 침략과 아편전쟁』, 2024. 8.

대검찰청, 『마약류범죄백서』, 2015; 2000; 2023.

리 즈수이(譯者 손풍삼), 『모택동 사생활』(마오가 건설한 '장막'), 고려원, 1995. 3. 5.

브루노쇼 編, 『중국혁명과 모택동 思想』, 서울 석탑(석탑총서9 譯書), 1986. 10. 31.

마오하이젠(毛海健), 『중국인의 선혈만 앗아간 아편전쟁』, 경지출판사, 2018.

박세진 飜譯, 『푸른 드레스를 입은 악마』, 피니스아프리에, 2024. 12.

법무연수원, 『범죄백서』, 2009. 2015.

백승만, 『대마약 시대』, "과학으로 읽는 펜타닐(Fentanyl)", 히포크라테스, 2023. 11. 10.

_____, 『전쟁과 약』(기나긴 악연의 역사), 동아시아, 2022.

부산지방검찰청, 『마약류 사범의 실태와 수사』, 2001.

박지향, 『제국주의의 신화와 현실』, 서울대학교 출판부, 2000.

박상기, 전지연 共著, 『형법학』, 서울; 집현재, 2021.

박희준 飜譯, 『痲藥-腦-文明』, "物質に関する精神的解明について", 정신세계사, 1991.

박세길, 『다시 쓰는 한국사』, 서울; 돌베개, 1989.

박원호 譯書·小島晋治 著, 『中國近現代史』, 지식산업사, 1988. 1. 5.

배종대 옮김·울프리트 노이만, 『형사정책의 새로운 길』, 홍문사, 1996.

신상구, 『약리학』, 서울대학교 출판부(서울대학교 의과대학 편), 1994.

서경호, 『아편전쟁』, 서울; 일조각, 2020.

서유한, 『약리학 교실』, 서울대학교 출판부(서울대학교 의과대학 편), 1994. 3. 10.

신영호, 『범죄심리학』, 서울; 한국학술정보, 2012.

성호경, 『생리학 교실』, 서울대학교 출판부(서울대학교 의과대학 편), 1994. 3. 10.

先進社會(月刊), 『미국 청소년 마리화나 흡연 급증』, 2021. 10월 호. 통권 제314호.

宋廣燮, 『형사정책』, 서울; 大旺社, 1996.

손풍삼 譯書, 『12억 人民의 神(毛澤東)』, 제14장(타락한 권력의 낮과 밤), 고려원, 1995. 3. 5.

李璟在, 『西洋刑罰史(the Punishment Response)』, 서울; 吉安社, 1997.

吳世敬, 『小法典』, 서울; 법전출판사, 2024. 2. 19.

이종인 飜譯, Misha Glenny著, 『맥마피아』, 책으로 보는 세상, 2008.

엄용빈, 『임상병리학 개론』, JMK, 2015.

이용하, 『최신보건학』, 서울; 신광출판사, 1993.

이정수 外, 『메스암페타민사범의 실태와 대책』, 한국형사정책연구원, 1989.

이상현, 『범죄심리학』, 서울; 박영사, 1992.

이문우, 『마약 히로뽕이란 이런 것이다』, 서울; 유림사, 2001.

조인현, 『마약 아편에 관한 죄, 일본개정형법가안, 보호주의 및 국제조약 등』, 2023.

주왕기, 『본드·마리화나·필로폰』, 서울; 박영률출판사. 1995. 6. 29.

정선태, "마약수사청", 『수사관리자과정 세미나 귀국보고서』, 1989.

조성권, 『마약의 역사』, 서울; 지식과감성#, 2024. 10.

조선호, 『세계의 조직범죄』, 서울; 청목사, 1993. 12.

조좌호, 『세계문화사』, 서울; 박영사, 2005.

전경수, 『마약과의 전쟁』, 서울; 빛과 소금사, 1994.

정규철, 『地域社會保健學』(서울대학교 의학박사), 서울; 동일출판사, 1995. 1.

정구영 外, 『나무 동의보감』(나무의 번식 및 한방 약효비방), 글로북스, 2014. 2. 25.

정비석, 『明成皇后』, 서울; 고려원, 1996. 4.

전재곤, 『약물실무규범집』, 서울; 제일가제법령출판사, 1995.

趙炳仁, 『국제조직범죄의 불법자금』, 제6권 제2호(KIC, 통권 제22호, 1995·여름 호)

차하순, 『서양사총론』, 서울; 탐구당, 1994.

차명일(원작 나관중), 『삼국지』, 서울; 동해출판, 2007. 2. 15.

태윤기, 『아편전쟁과 제국주의 침략』, 서울; 진명출판사, 2001.

한국해양전략연구소 譯書, Stephen Tanner, 아프가니스탄, 2010년 03월 10일/原題 (Afghanistan: A Military History from Alexander the Great to the War against the Taliban). 2012.

2. 論 文

김현우, "일본의 범죄수익이전방지제도에 관한 검토", 한양법학회, 35권 1호. 2024.

김주덕, "외국인 범죄에 대한 국제형사공조", 형사정책연구, 제3권 제3호 통권 제11호.

구만옥, "조선후기 西學 수용과 배척의 논리(星湖學派의 西學史觀 中心)", 동국대학교 동국역사문화 연구소, 동국사학 64집(2018. 6월).

김영재, "마약류사범의 현황과 대책", 검찰 제71호, 1978, 11월호.

김창선, "한국 마약 중독자의 사적고찰", 신경정신의학, 제2권 제1호, 1963.

김용래, "마약류사범의 국제법적 규제에 관한 연구", 연세대학교, 1995.

공창희, "세계 불법마약 거래현황과 각국의 마약전쟁", 검찰, 1988·제2집.

문영호, "약물남용의 현황과 대책", 「제7회 형사정책세미나자료집」, 형사정책연구원, 1992.

신의기, "국제법상 마약류규제에 관한 연구", 경희대학교 대학원, 박사학위논문, 1993.

_____, "마약류 규제에 관한 국제협력", 「형사정책연구」, 1994·여름호, 한국형사정책연구원.

신현덕, "마약남용의 국제관리에 관한 연구", 연세대학교 대학원, 박사학위논문, 1978.

서민교, "명성황후 시해사건에 대한 연구(경복궁에 무력 침입 명성황후를 포함한 조선인 궁중 인사 들을 집단 살해사건)", 2004 제59권, 고려대학교 역사연구소. 2004.

이종화, "미국 마약수사국 DEA(Drug Enforcement Administration) 마약수사훈련과정을 마

치고", 경찰대학 경찰학연구편집위원회, 경찰학연구 제7호(통권 제7호) 2004. 10.

이은모, "마약범죄에 관한 연구", 연세대학교 대학원, 박사학위논문, 1991.

이경재, "국내범죄조직과 외국범죄조직의 연계차단방안", 검사세미나 논문집, 1991.

＿＿＿, "마약범죄수익몰수제도에 관한 비교법적 연구", 연세대학교, 박사학위논문, 1994.

이병기, "조직범죄수익몰수제도", 형사정책연구, 1994·여름호, 한국형사정책연구원.

이병호, "마약류사범의 실태와 대책에 관한 고찰", 한양대학교 석사학위 논문, 1992.

림수진, "중앙아메리카 북부삼각지대 이주, 폭력, 마약의 상관관계", 문화역사지리(KCI), 한국문화
    역사지리학회, 2017. 29권, 2호.

유창종, "마약류사범의 실태와 대책", 제5회 형사정책세미나 논문집, 법무연수원, 1989.

윤해하, "마약류 국제규제에 관한 연구", 동국대학교 행정대학원, 석사학위논문, 1993.

정재훈, 「약사신문」, "펜타닐의 위기, 국민보건을 위한 마약류규제방안", 2023. 12. 15.

조승철, "마약류 사범에 관한 연구", 동국대학교 행정대학원, 석사학위논문, 1993.

조선호, "조직범죄단속을 위한 국제공조", 형사정책연구, 1994, 한국형사정책연구원.

조병인, "마약류문제의 현황과 대책", 형사정책연구, 1997·겨울호, 한국형사정책연구원.

정선태, "마약류사범의 실태와 대책", 서울대학교 대학원 석사학위 논문, 1991.

장연배, "마약류범죄에 대한 국제사회의 대응정책연구", 고려대학교 정책과학대학원, 1994.

최광명, "마약류범죄에 관한 연구", 한양대학교 행정대학원, 석사학위논문, 1990.

최인섭, "조직범죄의 특성과 실태", 형사정책연구, 1994 여름호, 한국형사정책연구원.

최파일 飜譯, 존 헤밍 지음(Written by John Heming), "아마존(정복과 착취) 敬畏와 共存의
    500년", 서울; 미지북스, 2015. 8. 4.

최명숙, "조직범죄에 관한 연구", 서울대학교 박사학위 논문, 1991.

3. 參考相關報道

「Atlas News」, "은하수와 가장 가까운 도시", 2024. 10. 12.

「경향신문」, "남미 마약조직", 2024. 8. 12.

「국립보건원 국립보완통합의학센터」, 마리화나 및 大麻草 製劑, 2024. 3. 4.

「국민일보」, 황금의 초승달 지역의 마약, 2024. 6. 21.

「국제신문」, "신종마약 펜타닐의 습격", 2024. 6. 22.

「내일신문」, "외국인마약사범", 2023. 11. 29.

「네이버 지식백과」, stimulant, 覺醒劑, 2025. 1. 7.

「____」, 아나키즘(Anarchism), 시사상식사전, 지식엔진연구소, 박문각, 2018. 11. 16.

「노컷뉴스」, "신종 마약사범들 무더기 체포", 2023. 12. 2.

「뉴시스」, "돈세탁혐의 전직 대통령 중형선고", 2024. 10. 22.

「____」, "대마 젤리, 대마 사탕, 대마 커피, 대마 크림 등 마약류 확산", 2025. 1. 8.

「위키백과」, 라스푸틴(파계 성직자), 페테르부르크 익사 사고로 인양(위장암살). 25.4. 25.

「두산百科事典」, 日本帝國主義 만주침략과 中日戰爭 [滿洲事變], 2025. 2. 3.

「단비뉴스」, 미친 약 야바[yaba], 2023. 4. 5.

「대한제국 官報」, "고종·순종 독살미수사건과 마약문제", 『論說』 제132호(광무 6년 6. 14.), 국립중앙도서관(古文書).

「대검찰청 보도자료」, 마약사범 통계 분석, 2024. 6. 26.

「____」, 2020년 2023년 마약범죄백서.

「____」, 2022년 마약범죄백서(제3장), 2022. 5. 6.

「동덕여자대학교」, "아편으로 중국 당시를 추측하다", 2015. 9. 22.

「동아일보」, "강렬한 성적 흥분제[최음제]", 러시(Rush)신종마약 주의보, 2020. 5. 27.

「로이슈」, "마약 1억여 원어치 수입판매자 중형선고", 2024. 10. 4.

「매일경제」, [세계의 창을 열고] 네덜란드의 마약 햇볕 정책, 2006. 7. 18.

「식품의약품안전처」, "LSD 유사 신종 각성제 물질", 2024. 10. 21.

「위키백과」, "마약 및 향정신성물질 불법거래방지에 관한 국제협약", 2025. 1. 8.

「약학정보원」, "좀비 마약 펜타닐 국내불법판매 급증", 식품의약품안전처, 2024. 10. 26.

「시사저널」, "미얀마 샨족", 2021. 4. 20.

「서울경제」, 이슬람주의 국가(정치 이데올로기)[코란율법], 2020. 1. 8.

「서울신문」, 조선시대 아편과 毒殺未遂事件(유용하 기자), 2023. 11. 18.

「서울대학교 병원」, "각기병[beriberi], 서울대학교 의학정보실", 2024. 11. 1.

「식품의약품안전처」, 백색 가루(DMBA-CHMINACA)해외학계 보고, 2018. 10. 25.

「서울아산병원」, 유전성 혈액 질환, 혈우병 A(Hemophilia A), 의학유전학센터, 2025. 4. 1.

「천지일보」, 이스라엘 - 팔레스타인 전쟁, "전투 마약", 2023. 10. 21.

「주간동아」, "황금의 삼각지대", 2021. 1. 10.

「조선일보」, "42억 원 상당 케타민 유통하려다 덜미", 2024. 10. 21.

「전남조은뉴스」, 청소년들 마리화나(Special correspondent Hartmann), 2025. 2. 4.

「한국경제신문, 한경 닷컴」, "한경경제용어사전", 오피오이드, 2025. 1. 7.

「한국 경제신문」, 양귀비(아편 유사제) "opioid", 2022. 12. 27.

「＿＿＿」, 성적흥분제 러시(Rush) 국내 유통 급증, 2025. 2. 6.

「한겨레(국제아시아·태평양)」, 마약 밀수 조직원 27명에 무더기 사형 선고, 2024. 12. 28.

「아시아투데이」, 2023년 마약사범 2만 명 이상(10대와 여성증가세), 2024. 6. 26.

「Anthony Hegarty」, EDUCATION 活動家 起稿文, 2021.

「아시아 경제」, (아프가니스탄) 경제난·가뭄에 양귀비 경작지 32% 증가, 2022. 11. 2.

「위키백과」, "lysergic acid diethylamide", 2025. 1. 21.

「＿＿＿」, "마약류에 관한 솅겐 협정", 2025. 1. 8.

「약사신문」, 정재훈, 펜타닐의 위기, 마약류규제방안, 2023. 12. 15.

「주간한국」, 조하연, 「연세대학교 칼럼」, 점점 확산되어 가는 "마약", 2024. 6. 14.

「Journal in News Korea」, "다시 떠오르는 골든트라이앵글의 惡名", 2024. 12. 16.

「매일신문」, "국내 액상코카인 대량유통", 2024. 8. 20.

「미주중앙일보」, "세상을 구한 의학의 전설", October 20, 2024.

「매일경제」, 신종마약의 대유행, 2024. 8. 4.

「문화일보」, 국내 신종마약사범 증가현상, 2024. 7. 15.

박태균, 데일리 푸드앤메드(건강 365), 2020. 12. 6.

「조선일보」, "21세기 판 만병통치약", 2024. 7. 24.

「＿＿＿」, (김나영 記者) 코펜하겐 예술자치구 크리스티아니아 '마약과 전쟁', 2023. 8. 17.

「한국일보」, "펜타닐(Fentanyl)", 2023. 10. 24.

「Financial 뉴스」, "대마 합법화 움직임", 2023. 9. 1.

「＿＿＿」, "청소년 마약범죄", 2024. 2. 15.

「Financial Review」, 일본 야쿠자 조직, 2024. 10. 16.

「크리스천 투데이」, 히잡시위, 2024. 7. 31.

「아주경제」, "대마씨앗 압수량 5,870% 증가", 2024. 9. 21.

「연합뉴스」, 김영현 기자, "남은 돈줄은 오로지 아편뿐", 2022. 11. 22.

「＿＿＿」, "이란 히잡시위", 2023. 9. 18.

「대한경제」, 이슬람주의 국가헌법(코란), 2012. 8. 13.

「매일신문」, 1793. 10. 16, 마리 앙투아네트 단두대(기요틴) 참수형, 2023. 10. 16.

「외교부」, 최근 발효조약(제2258호) UN 초국가적 조직 범죄방지 협약, 2015. 11. 25.; 2024. 2. 14.